“一带一路”年度报告

行者智见

（2017）

赵 磊 主编
一带一路百人论坛研究院 编

2017年·北京

目录

| 人文与传播 |

迎接“一带一路”的2.0版时代（2016—2017）

北京大学全球互联互通研究中心课题组

一、2016年：“一带一路”建设的内外联通性加强

党的十八大以来，“一带一路”与京津冀协同发展、长江经济带建设并称“三大战略”，但与后两者不同之处在于，“一带一路”更具推进内外联通式发展的使命，必须很好地统筹内外两个大局，才能形成良性发展。2016年，“一带一路”内外联通性的进展主要表现在三个方面：

（一）中央层面全面推进“一带一路”建设成为惯例

2013年底中央形成“一带一路”的决策，2014年完成顶层设计，2015年2月张高丽召开“一带一路”建设工作会议，并成为外交工作的重点。2016年是“一带一路”建设全面推进之年，融入方方面面。

第一个重要节点，开年和两会部署“一带一路”工作。2016年1月15日，张高丽再度主持召开推进“一带一路”建设工作会议，总结2015年“一带一路”建设工作，研究2016年总体工作思路，部署下一步重点工作，强调要瞄准重点方向、重点国家、重点项目，推动“一带一路”建设取得新的更大成效。在接下来的全国和地方的“两会”中，“一带一路”继续成为重要工作内容。

【作者简介】北京大学全球互联互通研究中心课题组：组长翟崑（北京大学国际关系学院教授，北京大学海洋研究院全球互联互通研究中心主任）、王继民（北京大学信息管理系教授，北京大学海洋研究院海洋信息研究中心主任）。成员顾春光、陈艺元、王维伟、魏丹、朱小略（以上5位为北京大学国际关系学院博士后），周强（中国科学院地理科学与资源研究所博士研究生，报告协调人），唐新华（中国现代国际关系研究院助理研究员）。

第二个重要节点，“一带一路”成为“十三五”规划的重要内容。2016年3月17日，国家“十三五”规划纲要正式发布，“一带一路”成为未来五年中国经济社会发展的重要抓手和战略任务。随后，各部委相继出台落实推进方案，如教育部、国务院、工信部等部门相继发布《推进共建“一带一路”教育行动》《“十三五”国家科技创新规划》《促进中小企业国际化发展五年行动计划（2016—2020年）》等文件。8月3日，外交部部长王毅概括了三年来“一带一路”建设取得的一系列沉甸甸的早期收获，包括六个方面：合作理念深入人心、规划布局初步完成、互联互通网络逐步成形、产能合作加快推进、机制创新取得突破、人文交流更加紧密。

第三个重要节点，中央召开会议总结部署“一带一路”工作。2016年8月17日，习近平在推进“一带一路”建设工作座谈会上充分肯定了工作成果，认为“一带一路”建设从无到有、由点及面，进度和成果超出预期，并分别从思想统一、规划落实、统筹协调、项目落地、金融创新、民心相通、舆论宣传、安全保障等八个方面提出了要求，为切实推进“一带一路”建设提供了重要遵循原则、指明了实践方向。9月13日，张高丽主持召开推进“一带一路”建设工作会议，会议认真学习贯彻习近平在推进“一带一路”建设工作座谈会上的重要讲话精神，审议有关落实文件，部署下一步重点工作，提出有力有序有效推进“一带一路”建设。

第四个重要节点，突出“一带一路”的软力量建设。2016年12月5日，习近平主持召开中央全面深化改革领导小组第三十次会议，指出软力量是“一带一路”建设的重要助推器。要加强理论研究和话语体系建设，推进舆论宣传和舆论引导工作，加强国际传播能力建设，为“一带一路”建设提供有力理论支撑、舆论支持、文化条件。自2013年以来，“一带一路”成为中央经济工作会议的重要内容。2016年12月14日，习近平在中央经济工作会议上提出，继续实施京津冀协同发展、长江经济带发展、“一带一路”建设“三大战略”，要有重点地推动对外开放，推进“一带一路”建设，发挥好政策性、开发性、商业性金融作用。

（二）“一带一路”由中国倡议演变为全球共识

“一带一路”倡议成功与否，关键是能否被国际社会广泛认同。自“一带一路”倡议提出以来，我国就与不同国家和地区发展战略寻求对接，并与各种地区和国际合作组织及机制探索共建，不断摸索创新“一带一路”国际合作机制。2016 年，“一带一路”的国际合作几乎每月都有新的发展，势如破竹，“一带一路”正由中国倡议转变为全球共识。

双边战略对接合作继续推进，截至 2016 年底，“一带一路”已经与哈萨克斯坦“光明之路”、俄罗斯“欧亚经济联盟”、蒙古“草原之路”、欧盟“容克计划”、英国“英格兰北方经济中心”、韩国“欧亚倡议”、越南“两廊一圈”、印尼“全球海洋支点”、澳大利亚“北部大开发”、东盟“互联互通总体规划”、波兰“琥珀之路”等实现对接。“16+1”（中东欧 16 国 + 中国）多边合作机制和“一带一路”战略层面合作推动进展顺利。

2016 年最大的特点之一是“一带一路”的多边国际合作机制实现突破性进展。1 月，习近平会见海湾阿拉伯国家合作委员会秘书长扎耶尼，加强“一带一路”框架下的合作。同月，习近平在亚洲基础设施投资银行开业仪式上指出，亚投行是各成员国的亚投行，是促进地区和世界共同发展的亚投行。通过各成员国携手努力，亚投行一定能成为专业、高效、廉洁的 21 世纪新型多边开发银行，成为构建人类命运共同体的新平台。积极要求参与“一带一路”的国家和组织超过 100 个；亚投行再次扩容成员可能超过 25 个。3 月底 4 月初，习近平访问中东欧，对接“一带一路”。3 月，李克强在澜湄合作首次领导人会议上强调加强与澜湄国家的“一带一路”合作，包括基础设施建设，推进地区互联互通，开展国际产能合作。

2016 年 4 月，外交部与联合国亚洲及太平洋经济社会委员会签署《关于推进地区互联互通“一带一路”倡议的意向书》，强调双方将共同规划推进互联互通和“一带一路”的具体行动，推动沿线各国政策对接和务实合作，这是中国与国际组织签署首份“一带一路”合作文件。6 月 24 日，联合国经济与社会事务部提出希望将“一带一路”建设与联合国《2030 年可持续发展议程》结合起来，更好推动“一带一路”建设有序开展。6 月，中蒙俄三国元首见证了《建设中蒙俄经济走廊规划纲要》以及三国关于特定商品海关监管结果互认的协定。同月，习近平在上海合作组织框架内推动“一带一路”建设同各国发展战略对接。

2016 年 7 月，习近平在会见世界卫生组织总干事陈冯富珍时提出，愿在“一带一路”框架下开展医疗卫生合作。9 月，中国与联合国开发计划署签署《关于共同推进丝绸之路经济带和 21 世纪海上丝绸之路建设的谅解备忘录》，这是中国政府与国际组织签署的第一份政府间共建"一带一路"的谅解备忘录。9月，李克强在东亚领导人系列会议上指出，中方支持东盟制定《东盟互联互通总体规划2025》，愿加强"一带一路"倡议与这一规划对接，在此基础上推进东亚整体范围的互联互通。

2016年10月，习近平在金砖国家领导人会议上，呼吁各国合作推动"一带一路"建设和"环孟加拉湾多领域经济技术合作倡议"有关规划有机对接。11月，习近平在亚太经合组织会议上推动"一带一路"建设，呼吁通过同区域伙伴共商、共建、共享，为亚太互联互通事业做贡献。11月17日，联合国大会一致通过决议，呼吁各国推进"一带一路"倡议，得到193个会员国的一致赞同，体现了国际社会对推进"一带一路"倡议的普遍支持。这表明，"一带一路"正由中国方案演变为全球共识。

（三）"一带一路"带动国内治理与全球治理相结合

党的十八大以来，中国在统筹内外两个大局方面的新进展，是对国内治理和全球治理的认识更加清晰深刻，既全面深化改革提高国内治理能力，又积极实施中国特色大国外交引领全球治理改革。"一带一路"所涉领域广，时间跨度大，问题复杂，复合性风险高，落实"一带一路"倡议需要综合应对国内外经济、安全、社会、人口、宗教、文化、生态、地理等诸多因素，因此，"一带一路"已超越发展合作的传统范畴，上升到国内治理与全球治理的高度，是内外两个大局的对接。

2016年，"一带一路"的全球治理属性更加突出。外交部部长王毅用"乱"和"变"两个字形容2016年国际形势，说明"一带一路"所面临的国际形势更加复杂，安全风险与挑战同步上升。"一带一路"的推进也根据形势的变化而不断调整。一方面，"一带一路"开始强调全球治理的理念。6月，习近平在塔什干乌兹别克斯坦最高会议立法院发表题为《携手共创丝绸之路新辉煌》的重要演讲时，提出打造绿色、健康、智力、和平的丝绸之路。8月17日，习近平提出推进"一带一路"要切实推进安全保障，完善安全风险评估、监测预警、应急处置，建立健全工作机制，细化工作方案，确保有关部署和举措落实到每个部门、每个项目执行单位和企业。9月，中共中央政治局就二十国集团领导人峰会和全球治理体系变革进行第三十五次集体学习中，习近平提出推进"一带一路"倡议、推动改革全球治理体系中不公正不合理的安排，通过“一带一路”倡议这条重要的路径，传播中国观念、完善全球治理、优化世界秩序的脉络更加清晰。当前，通过“一带一路”推动全球治理的理念框架已基本成形，包括指导思想、行动目标、方针原则、落实手段、保障实施等五大方面。命运共同体是目标，平等相待、公道正义、开放包容、和而不同、绿色发展“五位一体”。共同利益是基础，契合各国尽快走出危机、重现增长的强烈政治意愿。合作共赢是原则，坚持正确义利观、维护自身利益同时兼顾各方利益，促进共同发展。共商共建是主要方式，“五通”政策充分对接各国现实需求。

另一方面，“一带一路”对“在世界经济的共振中实现联动发展”的贡献度增大。习近平在2016年9月3日二十国集团工商峰会上指出“我们要在世界经济共振中实现联动发展”。2016年，“一带一路”六大经济走廊建设都有所进展，其中比较突出的是，中巴经济走廊起步早、进展快，已在公路、铁路、港口等方面实质性启动一批重大项目建设，其中中方运营的瓜达尔港正式开航，这将有助于把广阔的南亚和中亚地区同中东、东南亚等印度洋沿岸地区联结在一起。斯里兰卡科伦坡港口城项目全面复工，预示着海上丝绸之路的重要支点正在形成，加上中蒙俄经济走廊，中亚的瓦—亚铁路、中乌“安格连—帕普”铁路隧道通车，非洲的亚吉铁路投入使用等，加速“一带一路”形成“六廊六路多国多港”的大格局，从而产生地区和全球的共同发展。“一带一路”将当前最具有活力的中国与东北亚、东南亚、中亚、南亚、大洋洲、中东、非洲、欧洲经济等板块联动共振，让过去居于全球化边缘的次区域国家获得发展机会，让传统的发达国家增添发展动力，促动海陆联动、东西互济，南南合作与南北合作的新局面。

二、2016年：“一带一路”的“五通”进展情况

从“一带一路”在2016年的整体发展态势来看，其内外联通性和协同性上了一个层次，那么如何量化评估“一带一路”在2016年取得的进展呢？为量化“一带一路”沿线国家“互联互通”的水平与进展，北京大学海洋研究院、国务院发展研究中心、国家信息中心等单位联合建立了“五通”指数课题组。“五通”指数结合了各国的基本现状与发展趋势，从客观数据出发，对“一带一路”沿线60

多个国家与中国的政策沟通、设施联通、贸易畅通、资金融通和民心相通情况进行了具体深入的评估。

（一）“五通”整体情况

根据测算结果，课题组将“一带一路”沿线国家互联互通的发展现状分为“顺畅型”（60分及以上）、“良好型”（50分—60分）、“潜力型”（40分—50分）、“薄弱型”（40分及以下）四个等级。2016年“一带一路”沿线国家“五通”指数的平均得分为51.4分，互联互通水平总体从2015年“潜力型”进阶步入“良好型”等级，提高了一个等级。其中，俄罗斯继续蝉联“五通”指数榜首（51.4分），东帝汶最低（28.94分），这也凸显了各国互联互通水平不平衡的特点。各一级指标得分差异情况如下：政策沟通10.39分、设施联通8.71分、贸易畅通10.32分、资金融通10.36分、民心相通11.59分，可以看出，五个一级指标得分较为平均，其中“民心相通”的分数相对较高，“设施联通”有待进一步加强。

根据2016年“五通”指数测算结果，沿线国家中“五通”皆畅的“顺畅型”国家达15个，占23.8%，较之2015年（5个）呈现出较大增长趋势；“良好型”国家18个，占28.5%，与2015年持平；“潜力型”国家20个，占31.7%，比2015年减少11个；“薄弱型”国家10个，占15.9%，比2015年增加1个。“顺畅型”国家数量大幅提升和“潜力型”国家数量大幅递减的现象表明，在“一带一路”的引领下，一年来我国同沿线国家互联互通建设取得重大进展。在“良好型”国家发展成为“顺畅型”国家的同时，通过战略推进使得超半数“潜力型”国家晋升为“良好型”国家。“薄弱型”国家数量未发生较大变化也表明，“带路”沿线客观上存有一定数量发展基础薄弱国家和战乱国家，整体情况短期内难有较大改观，这也是我国推进“一带一路”战略必须面对的困难和挑战。此外中东、南亚强国和中东欧国家此次进阶“顺畅型”国家也表明沿线区域传统强国对我“一带一路”倡议的支持和配合。对比2015年，东南亚、中亚蒙古、中东欧、西亚北非、南亚等五大区域各项得分的综合水平总体呈上升趋势，互联互通加强。这与2016年“一带一路”的实际进展情况大致相符。

（二）政策沟通情况

政策沟通位于“五通”之首，是“一带一路”稳步推进的前提和重要保障。2016年沿线国家政策沟通平均得分10.39分，总体处于“良好型”等级，其中“顺畅型”等级17个，约占27%。我国同“一带一路”沿线传统大国和周边国家总体保持较高的政策沟通水准，“薄弱型”国家则以资源型国家和战乱国家为主。其中，中东欧国家如波兰、捷克名次提升明显，得益于2016年我国领导人同欧洲高层互访和中国—中东欧“16+1”合作机制有效推进。2016年，在高层互访的引领下，中国与“一带一路”沿线国家加强政治互信，不断夯实传统友谊，积极拓展合作领域。早在1月16日，习近平在亚投行开业仪式致辞中就强调，中国将始终做全球发展的贡献者，坚持奉行互利共赢的开放战略。中国开放的大门永远不会关上，欢迎各国搭乘中国发展的“顺风车”。这为2016年整体的政策沟通奠定了基调。中国已经同40个国家和国际组织签署“一带一路”合作协议，囊括大多数中亚和外高加索国家，并与欧盟、大湄公河次区域组织、非洲联盟等区域或次区域组织发布联合声明，对接各方支持“一带一路”建设的相关政策规划。亚太经合组织首次在领导人宣言中写入共商、共建、共享等“一带一路”核心理念。

（三）设施联通情况

设施联通是“一带一路”战略重要基础性支撑，在“一带一路”建设中发挥着先导性作用。2016年是中国同沿线国家设施联通建设飞速发展之年，一系列重点联通设施建设上马，呈现出全面建设的良好局面。截至2016年，据不完全统计，我国中欧班列始发城市已达25个，通过近40条线路到达境外10个国家10余个集散地；我国与近20个“一带一路”沿线国家和地区达成电力、石油、天然气等能源基础设施合作；国际海缆和陆缆覆盖范围也不断扩大。年内印尼雅万高铁开工建设，中老、中泰铁路开工在即；中国企业中标皎漂深水港及工业区项目；2016年11月瓜达尔港正式开航，科伦坡港口城项目全面复工；中亚最长的安格连—帕普铁路隧道建成通车；中国企业中标希腊比雷埃夫斯港港务局项目；匈塞铁路签署商务协议，中欧班列常态化运输形成机制。然而，“一带一路”沿线国家设施联通水平整体处于潜力型，联通水平发展不平衡，具有较大发展开发空间。

（四）贸易畅通情况

贸易畅通是“一带一路”合作的核心内容，也是各国重点推动发展领域。在逆全球化的大形势下，“一带一路”沿线国家通过区域化模式发展经贸往来，促进双边和多边贸易发展。根据测算，沿线国家贸易畅通指数平均得分10.32分，总体处于“良好型”等级，在“五通”发展中处于领先水平。2016年上半年我国对“一带一路”沿线国家直接投资68.6亿美元，占同期总额的7.7%；“一带一路”相关国家对我国实际投资金额33.6亿美元，占同期总额的4.8%。实际情况方面，2016年亚太、东亚、欧美双边或诸边贸易投资协定谈判多陷入停滞，但“一带一路”成功实现与欧亚经济联盟对接，中国同格鲁吉亚完成FTA谈判、同以色列启动FTA谈判、同海合会加速谈判、同新西兰升级FTA，等等。与此同时，沿线各国努力提升贸易投资便利化水平，探讨各种类型的自贸区或一体化进程。这说明，在世界经济持续低迷，以英国脱欧、美国放弃TPP为代表逆全球化浪潮席卷全球的大背景下，各国纷纷采取加强贸易壁垒以自守的情势下，“一带一路”框架下的区域合作呈现出较好的发展态势。“一带一路”沿线国家所开展的双边或多边区域性合作加强了该地区的贸易水平，为地区经济发展注入新的活力，这种区域性合作有助于当地经济发展和全球经济复苏。

（五）资金融通情况

资金融通是“一带一路”建设顺利开展的重要支撑，测算结果显示，2016年沿线国家资金融通情况取得跨越式进展，“顺畅型”等级国家达20个，占比31.75%（2015年仅有10个）。从实际情况看，2016年是“一带一路”跨境金融合作里程碑式一年，新型跨国金融机构为“一带一路”持续发展提供重要资金保证。以非传统西方势力为主导的新型跨国金融合作机构为“一带一路”建设提供重要支撑，亚投行、丝路基金、金砖国家银行、上合组织银行联合体和中国—东盟银行联合体等跨国银行合作机制，为“一带一路”提供了强有力的金融和信贷服务，保障“一带一路”稳步向前推进。年内，亚投行开业运营，丝路基金首批投资项目顺利启动。亚投行于2016年6月25日批准了首批四个项目总计5.09亿美元的贷款，涉及孟加拉国、印度尼西亚、巴基斯坦和塔吉克斯坦等“一带一路”沿线国家的能源、交通和城市发展等领域。

（六）民心相通情况

“国相交在于民之亲”，民心相通是“一带一路”建设的社会根基和顺利推进的重要前提。经过测算，2016 年“一带一路”沿线国家民心相通指数平均得分 11.59 分，总体处于“良好型”等级，其中“顺畅型”等级国家 31 个，占比 49.21%，是 2015 年（6 个）的 5 倍。俄罗斯民心相通指数位列第一（18.52 分），东帝汶最低（5.27 分），这也凸显了各国民心相通水平不平衡的特点。从实际看，2016 年 1 月 21 日，习近平在阿拉伯国家联盟总部演讲说，“一带一路”建设，倡导不同民族、不同文化要“交而通”，而不是“交而恶”，彼此要多拆墙、少筑墙，把对话当作“黄金法则”用起来，大家一起做有来有往的邻居。这为全年的民心相通确立了基调。4 月 29 日，习近平在主持中央政治局第三十一次集体学习时强调，人文交流合作也是“一带一路”建设的重要内容。要通过各种方式，讲好“一带一路”故事，传播好“一带一路”声音，为“一带一路”建设营造良好舆论环境。2016 年以来，我国与沿线国家在文教、旅游、青年、党政、民间、智库、卫生医疗科技合作等方面合作的范围进一步扩大，“国家年”“旅游年”、国际会议论坛等形式的民间交流更为密切。

三、2017 年：推进“一带一路”建设升级为 2.0 版

2016 年 12 月 3 日，中国外交部表示，2017 年中国将举办“一带一路”国际合作高峰论坛，这将是 2017 年中国主场外交的重头戏，是中国为提振世界经济采取的战略举措，为深化国际合作搭建的重要平台，也是中国践行合作共赢理念的创新实践。这可能标志着 2017 年，“一带一路”建设将从以搭建框架为主的 1.0 版阶段，进入优化升级为主的 2.0 版阶段。

具体而言，从 2013 年 10 月“一带一路”倡议正式提出至 2016 年底，总体上形成了一个清晰的框架，从时间维度上看是一个长期战略，从空间维度上看是统筹内外两个大局，从内容维度上看是政策、设施、贸易、资金、民心“五通”，从性质维度上看是国内治理与全球治理的协同，从行为体维度上看是致力于国内外多利益相关方的合力共建，从发展维度上看是致力全球的共同发展、惠及民众。

2017 年，“一带一路”的优化升级，巩固提高，主要应把握一个最关键的变

化，采取"以不变应万变、以万变应不变"的原则。

一方面，"以不变应万变"，是指以"一带一路"相对之不变应美国全球新战略之万变。2017年是党的十九大召开之年，中国必将继续以"一带一路"为龙头，实施全球战略，可谓不变。而2017年在全球范围内出现的最大变化，如果不出意外，将是特朗普出任美国总统。特朗普及其团队将出台完全有别于奥巴马总统的新全球战略，可谓万变。特朗普不会对已成气候的"一带一路"视而不见，其全球战略中必然有应对"一带一路"的成分。鉴于"一带一路"的综合性和复杂性，特朗普应对"一带一路"的战略也应该是综合的、复杂的。以"一带一路"之不变应美国全球战略之万变，将是"一带一路"在2017年升级优化所面临的最大外部条件。

另一方面，"以万变应不变"，即以多种方式方法，推进"一带一路"。面对美国全球战略调整的不确定性，"一带一路"占有先机之利，可以高举和平、发展、合作、共赢的旗帜，不断优化、创新推进方式，趋利避害。中国宜向特朗普发出积极信号：一是支持特朗普提倡的美国的基础设施建设。两国共同致力于本国和他国的基础设施建设，既是一种形式的发展战略对接，又是为地区和全球积德行善，有助于双方共同发挥全球责任，合乎道义与利益。二是欢迎美国建设性参与"一带一路"。中国反复强调，"一带一路"不是独奏是大合唱，不是单人舞是集体舞，这就说明"一带一路"欢迎第三方的合作。2017年是东盟成立五十周年，也是亚洲金融危机二十周年。中美如果能够延续2016年中后期形成的难得的稳定局面，共同致力于稳定南海局势，共同推进东盟的互联互通，既有助于推进面向21世纪的海上丝绸之路建设，也有助于中国、美国与东盟之间的良性互动，并有助于推进亚太经济与印太经济的发展。三是尝试依托"一带一路"推进中美欧之间的发展大协调。中美欧是GDP总量超过10万亿美元的三大经济体。三大经济体的互动将在很大程度上决定世界经济、地区合作和全球化的未来。当前，"一带一路"正在形成中欧两大经济体的联动共振，在一定程度上加强了中美欧三边关系中历来薄弱的中欧一边。美国调整全球经济政策不得不面对一个更加紧密的中欧经济关系的事实，如果美国也能建设性参与"一带一路"，则在一定程度上起到优化中美欧三大经济体关系的作用。

特别推荐

坚持规划引领 有序务实推进
——「一带一路」建设三周年进展报告

坚持规划引领 有序务实推进
——“一带一路”建设三周年进展报告

中国人民大学“一带一路”建设进展课题组

“一带一路”顺应了国际经济发展的内在规律，代表着全球经济合作的新趋势，获得了广泛国际共识，打开了良好的局面。本报告从顶层设计、政策沟通、设施联通、贸易畅通、资金融通、民心相通、全国共建、稳步推进等八个方面，对近三年来“一带一路”建设的进展进行了梳理和研究，总结并阐发“一带一路”建设的经验，提出建设“一带一路”的建议，为稳步有序推进“一带一路”建设提供行动参考。

一、顶层设计：搭建共建框架

2013 年 11 月 12 日，中国共产党第十八届中央委员会第三次全体会议通过了《中共中央关于全面深化改革若干重大问题的决定》，“一带一路”首次写入党的重大决定。2014 年 11 月 4 日，中共中央总书记习近平主持召开中央财经领导小组第八次会议，专门研究建设“一带一路”规划。同年 12 月 9 日至 11

【作者简介】中国人民大学“一带一路”建设进展课题组：组长刘伟（中国人民大学校长）；顾问张燕玲（中国银行前副行长、国际商会执行董事、中国人民大学重阳金融研究院高级研究员）、魏本华（国家外汇管理局前副局长、中国人民大学重阳金融研究院高级研究员）、欧晓理（国家发展改革委西部开发司巡视员）、宋立洪（商务部综合司巡视员）、谈践（外交部国际经济司副司长）、刘志勤（瑞士苏黎世州银行北京代表处前首席代表、中国人民大学重阳金融研究院高级研究员）；课题执笔人王文（中国人民大学重阳金融研究院执行院长）、何帆（中国人民大学重阳金融研究院首席经济学家）、贾晋京（中国人民大学重阳金融研究院宏观研究部主任）、相均泳（中国人民大学重阳金融研究院产业研究部副主任）、刘英（中国人民大学重阳金融研究院研究员）；课题组成员王义桅、杨凡欣、程诚、展腾、程阳、杨福鼎、周西蒙、戴然、房琳洁、孙艺源、林凝；校对组成员陈晓晨、陈晨晨、费伊楠（Feride Inan）、常玉迪、黄丹。

日召开的中央经济工作会议将“一带一路”列为2015年重点推进的区域经济发展战略。

国务院总理李克强在2014年和2015年的《政府工作报告》中都提出要建设“一带一路”。2015年2月1日，由国务院副总理张高丽担任组长的推进“一带一路”建设工作领导小组首次公开亮相。领导小组办公室设在国家发展和改革委员会（以下简称“国家发展改革委”），下设综合组、丝绸之路组、海上丝绸之路组和对外合作组四个组，初步建立了落实“一带一路”顶层设计的国内领导和协调机制。

2015年3月28日，国家发展改革委、外交部、商务部联合发布了《推动共建丝绸之路经济带和21世纪海上丝绸之路的愿景与行动》文件，从主要原则、建设主线和建设方向等方面提出了共建“一带一路”的顶层设计框架。

主要原则：中国充分考虑“一带一路”沿线国家和地区的利益和关切，秉持和平合作、开放包容、互学互鉴、互利共赢的理念，提出了恪守联合国宪章的宗旨和原则、坚持开放合作、坚持和谐包容、坚持市场运作、坚持互利共赢的五项原则。这向世界表明，中国倡议的“一带一路”是开放包容、平等互利的，是全球各国均可参与的“大合唱”，而非排他性的倡议；“一带一路”倡议通过推动沿线各国共同参与、共同建设、共同分享，进而实现沿线国家合作共赢和可持续发展。

两翼齐飞：丝绸之路经济带和21世纪海上丝绸之路是“一带一路”建设的两翼。丝绸之路经济带包括中国经中亚、俄罗斯至欧洲（波罗的海），中国经中亚、西亚至波斯湾、地中海，中国至东南亚、南亚、印度洋三大战略方向。21世纪海上丝绸之路包括从中国沿海港口过南海到印度洋，延伸至欧洲；从中国沿海港口过南海到南太平洋两大战略方向。

“一带一路”建设陆上依托国际大通道，以沿线中心城市为支撑，以重点经贸产业园区为合作平台，共同打造新亚欧大陆桥、中蒙俄、中国—中亚—西亚、中巴、孟中印缅、中国—中南半岛等国际经济合作走廊；海上以重点港口为节点，共同建设通畅安全高效的运输大通道。实现陆上路径和海上路径的紧密关联和合作，推动“一带一路”取得更大进展。

二、政策沟通：获得广泛共识

政策沟通是“一带一路”建设的重要保障。有效的沟通与协调有助于培育政治互信，建立合作共识，协调发展战略，促进贸易便利化及多边合作体制机制的建立。

近三年来，中国与沿线国家不断推进合作，落实各项规划与项目，积极利用现有双多边合作机制，有力推动了区域与跨区域合作。关于“一带一路”倡议的重大意义，中国已经同沿线各国及相关国际组织之间建立了普遍的共识。

开展双边合作：中国积极推动与“一带一路”沿线各国签署合作备忘录或合作规划。截至 2016 年 6 月 30 日，中国已经同 56 个国家和区域合作组织发表了对接“一带一路”倡议的联合声明，并且签订了相关谅解备忘录或协议。同时，中方积极探索建立双边联合工作机制，同时进一步完善现有的联委会、混委会、协委会、指导委员会、管理委员会等双边机制，协调推动合作项目实施。截至 2016 年 6 月 30 日，中国已经与 14 个国家签署了自贸区协定，涉及 22 个国家和地区，自贸伙伴遍及亚洲、拉美、大洋洲和欧洲等地区；在“一带一路”沿线，中国也已经与 11 个国家签署了自贸区协定，还与 56 个沿线国家签署了双边投资协定，有力推动了与这些国家的贸易与投资合作。

深化多边合作：围绕“一带一路”倡议，中国积极强化多边合作机制，取得重要进展。上海合作组织（SCO）、中国—中东欧“16+1”合作机制、中国—东盟“10+1”、亚太经合组织（APEC）、博鳌亚洲论坛（BFA）、亚欧会议（ASEM）、亚洲合作对话（ACD）、亚信会议（CICA）、中非合作论坛（FOCAC）、中阿合作论坛（CASCF）、大湄公河次区域经济合作（GMS）、中亚区域经济合作（CAREC）、澜沧江—湄公河合作机制（LMCM）、中国—海合会战略对话等多边合作机制不断取得进展，带动了更多国家和地区参与“一带一路”建设。

推进高层互访：在高层互访的引领下，中国与“一带一路”沿线国家加强政治互信，不断夯实传统友谊，积极拓展合作领域。习近平主席在 2013 年 9 月至 2016 年 8 月期间访问了 37 个国家（亚洲 18 国、欧洲 9 国、非洲 3 国、拉美 4 国、大洋洲 3 国），在多个场合都提出了共建 “一带一路”倡议，也得到了相关国家的热情回应。中国已经与大多数中亚和外高加索国家签署了“一带一路”相关政策的协议，并与欧盟、中东欧16国、大湄公河次区域组织、非洲联盟等区域或次区域组织发布联合声明，对接各方支持“一带一路”建设的相关政策规划。

发展战略对接：在高层互访的引领下，通过各层次的双多边合作机制，中国提出的“一带一路”倡议已经与沿线多国的国家发展战略实现对接，包括：哈萨克斯坦“光明之路”、俄罗斯“欧亚经济联盟”、蒙古“草原之路”、欧盟“容克计划”、英国“英格兰北方经济中心”、韩国“欧亚倡议”、越南“两廊一圈”、澳大利亚“北部大开发”、东盟“互联互通总体规划”、波兰“琥珀之路”等。通过发展战略的对接，沿线各国将携手共建“绿色”“健康”“智力”“和平”四大指向的丝绸之路。

“一带一路”将沿线国家发展战略对接在一起，为地区和跨地区发展规划奠定了基础。“一带一路”路径建设是通过“六大经济走廊”编织沟通欧亚非的经贸和交通网络：新亚欧大陆桥、中蒙俄经济走廊和中国—中亚—西亚经济走廊不仅把最具经济活力的东亚地区与发达的欧洲经济圈联系在一起，同时畅通了连接波斯湾和地中海的经贸之路，为亚欧大陆腹地国家的发展提供了契机；中巴经济走廊、中国—中南半岛经济走廊和孟中印缅经济走廊则将欧亚走廊的经济效应辐射到了南亚、东南亚和印度洋地区，发展潜力巨大。由铁路、公路、海空航线构成的立体交通网络和输电网络、通信网络以及油气管网一起，共同组成了一个复合的基础设施互联互通网络，成为“六大经济走廊”的物理基础。

表1　“一带一路”对接情况

时间	高层出访的国家和地区以及出席的会议和活动	对接“一带一路”的国家和地区
2016年	沙特阿拉伯、埃及、伊朗、捷克、塞尔维亚、波兰、乌兹别克斯坦、上合组织成员国元首理事会第十六次会议、第十一届亚欧首脑会议	沙特阿拉伯、埃及、伊朗、捷克、塞尔维亚、波兰
2015年	津巴布韦、南非、越南、新加坡、美国、英国、金砖国家领导人第七次会晤和上合组织成员国元首理事会第十五次会议、俄罗斯、哈萨克斯坦、白俄罗斯、巴基斯坦、印度尼西亚、亚非领导人会议、万隆会议60周年纪念活动、博鳌亚洲论坛2015年年会、上合组织成员国政府首脑理事会第十四次会议、第四次中国—中东欧国家领导人会晤、东亚合作领导人系列会议、马来西亚、第十七次中国欧盟领导人会晤、比利时、法国、世界经济论坛年会、瑞士、巴西、哥伦比亚、秘鲁、智利	津巴布韦、南非、新加坡、白俄罗斯、巴基斯坦、巴西、哥伦比亚、秘鲁、智利、上海合作组织

（续表）

时间	高层出访的国家和地区以及出席的会议和活动	对接“一带一路”的国家和地区
2014年	亚信会议第四次峰会、第三届核安全峰会、荷兰、法国、德国、比利时和联合国教科文组织、欧盟、韩国、金砖国家领导人第六次会晤、巴西、阿根廷、委内瑞拉、古巴、中拉领导人会晤、蒙古国、上合组织成员国元首理事会第十四次会议、塔吉克斯坦、马尔代夫、斯里兰卡、印度、二十国集团领导人第九次峰会、澳大利亚、新西兰、斐济、太平洋岛国领导人会晤、埃塞俄比亚、非盟总部、尼日利亚、安哥拉、肯尼亚、英国、希腊、第三轮中德政府磋商、德国、俄罗斯、中俄总理第十九次定期会晤、意大利、联合国粮农组织、第十届亚欧首脑会议、东亚合作领导人系列会议、缅甸、哈萨克斯坦、塞尔维亚、上合组织成员国政府首脑理事会第十三次会议、中国—中东欧国家领导人会晤、大湄公河次区域经济合作领导人会议	欧盟、英国、希腊、意大利、荷兰、法国、德国、比利时、韩国、巴西、阿根廷、委内瑞拉、古巴、蒙古国、塔吉克斯坦、土库曼斯坦、马尔代夫、斯里兰卡、澳大利亚、新西兰、斐济、非盟、埃塞俄比亚、尼日利亚、安哥拉、肯尼亚、俄罗斯、缅甸、塞尔维亚、柬埔寨、老挝

三、设施联通：打下坚实基础

基础设施互联互通是“一带一路”建设的优先领域。中国与沿线国家和地区在基础设施技术标准体系对接、基础设施网络联通、能源基础设施联通和畅通信息丝绸之路等领域合作不断加强，共同建设连接亚洲各次区域以及亚欧非之间的基础设施网络。

标准对接：“一带一路”各大标准对接协商会议和论坛在各地陆续举办，初步形成了与沿线国家标准对接路径。2015年10月22日，《标准联通“一带一路”行动计划（2015—2017）》正式发布，明确了10个发展方向，旨在探索形成“一带一路”沿线国家认可的标准互认程序与工作机制，加快推进标准互认工作。中国与“一带一路”沿线国家制定的顶层规划协议和标准体系对接方案，涉及基础设施建设投资、贸易、能源、金融、产业、物流运输、标准及认证、环境保护、农业、人文、信息、智库合作和地方合作等13个重点领域。

交通贯通：三年来，中国不断加快发展“一带一路”沿线国家交通基础设施建设，国有大型企业在沿线国家的交通基础设施布局逐步扩大。截至2016年6月30日，中国已开通中欧班列共计39条，已逐步形成连接亚洲各次区域以及亚非欧之间的交通基础设施网络。自2013年9月和10月习近平主席先后提出“一带一路”倡议至2016年6月30日，由中国中铁股份有限公司、中国交通建设集团等国有大型企业承建的具有示范性作用的大型交通基础设施项目就达38项，涉及“一带一路”沿线26个国家，重点建设关键通道和节点、推动港口合作建设，帮助发展中国家完善交通基础设施建设。此外，中国还在“一带一路”沿线省份新建机场15个、改（扩）建机场28个，中国民用航空局制定的《2015年重点推进的民航大中型项目清单》中，有51个“一带一路”战略项目，总投资高达2000亿元。

能源联通：中国对“一带一路”沿线国家和地区能源基础设施建设输出节奏进一步提速。2013年10月至2016年6月30日，由中国国有企业在海外签署和建设的电站、输电和输油输气等重大能源项目多达40项，共涉及19个“一带一路”沿线国家。其中，2014年，中国中亚天然气管道D线塔吉克斯坦段和中俄东线天然气管道俄境内段相继开工。2015年各大项目取得突破式发展，中国核电企业对罗马尼亚、英国、巴基斯坦、阿根廷展开了核电项目的合作，中国水电企业对安哥拉、巴西、尼泊尔、巴基斯坦、阿根廷展开了水电项目的合作，对巴基斯坦卡洛特水电站项目是丝路基金成立后的首个对外投资项目。仅2016年上半年，中国与“一带一路”沿线国家达成的能源合作项目就有16项之多。

信息畅通：以中国联通、中国电信和中国移动牵头的电信企业正在加快推进“一带一路”沿线国家和地区跨境项目传输系统建设，积极完善国际基础网络布局。目前，中国已通过国际海缆可达北美、东北亚、东南亚、南亚、澳洲、中东、北非和欧洲地区；通过多条国际陆缆可直接连接俄罗斯、蒙古、哈萨克斯坦、吉尔吉斯斯坦、塔吉克斯坦、越南、老挝、缅甸、尼泊尔、印度等国家，进而延伸覆盖至中亚、北欧、东南亚各地区。此外，由中国主导的TD-LTE技术国际化已取得初步成效，在中国发起并主导的TD-LTE全球倡议组织（GTI）中，已拥有116家运营商及97家设备商，包括中国、美国、日本、印度、沙特阿拉伯、俄罗斯、澳大利亚等在内的30个国家已开通共计52个TD-LTE商用网络，另有55个国家的83个TD-LTE商用网计划正在部署中。空中信息合作方面，中国共与15个国家签署了航天合作谅解备忘录，还与法国进行了海洋卫星和SVOM卫星合作，与委内瑞拉有关单位共同承担“委遥二号”卫星的设计、制造、总装、测试、发射和应用处理任务。

四、贸易畅通：取得显著成就

贸易畅通是推进“一带一路”建设的重要内容，也是大有可为的重要领域。过去三年，我国与沿线国家共同致力于推动贸易与投资便利化，加强双边投资保护协定和避免双重征税协定磋商，逐步消除各项贸易和投资壁垒，为区域内各国构建良好的营商环境，贸易畅通取得了显著成就。

贸易便利化：双边自贸协定谈判稳步推进。截至2016年6月30日，我国已对外签署自贸协定14个，涉及22个国家和地区，正在谈判的自贸区8个，正在研究的自贸区5个；同时，多边自由贸易框架也在不断完善。我国积极推进《区域全面经济伙伴关系协定》（RCEP）、中日韩自贸区谈判，开展了亚太自贸区联合战略研究；强化了区域和双边自由贸易体制建设，立足周边、辐射“一带一路”、面向全球的高标准自由贸易区网络逐步形成。

加速实施通关一体化。我国积极推进大通关建设，组织开展了国际贸易“单一窗口”试点；举办了海关高层论坛，推进丝绸之路经济带海关区域通关一体化；推动沿线国家货运班列建设，构建沿线大通关合作机制，建设国际物流大通道；加强了供应链安全与便利化合作，积极参与关税减让谈判；截至2016年6月30日，已与新加坡、韩国、欧盟和中国香港签署了“经认证的经营者（AEO）互认”安排，为我国高信用企业在互认国家和地区争取便利的通关环境。

逐步推进贸易转型升级。我国与沿线国家贸易领域与结构持续拓宽优化，开展了服务贸易创新发展试点，服务贸易合作快速增长。三年来（2013年6月至2016年6月），我国与“一带一路”沿线国家货物贸易额为3.1万亿美元，占我国对外贸易总额的26%。截至2016年6月30日，我国与“一带一路”沿线国家新签服务外包合同金额94.1亿美元，同比增长33.5%。同时，跨境电子商务等创新贸易方式得到了蓬勃发展，设立了一批跨境电子商务综合试验区，支持我国企业建设产品“海外仓”，优化产业链分供布局，推动贸易便利化进程。

投资便利化：双边投资保护协定谈判进程加快。截至2016年6月30日，我国已与104个沿线国家签署了双边投资协定，并建立了经贸联委会机制和投资合作促进机制，为双方企业开展相互投资和合作提供法律和制度保障。在此背景下，我国与“一带一路”沿线国家投资合作稳步推进，增长潜力巨大。截至2016年6

月 30 日，我国对“一带一路”相关国家的投资累计已达 511 亿美元，占同期对外直接投资总额的 12%；其中，2016 年上半年我国对“一带一路”沿线国家直接投资 68.6 亿美元，占同期总额的 7.7%，主要投向新加坡、印度尼西亚、印度、马来西亚、老挝、俄罗斯等；“一带一路”相关国家对我国实际投入 33.6 亿美元，占同期总额的 4.8%。

避免双重征税协定磋商力度加强。截至 2016 年 6 月 30 日，我国已与 53 个沿线国家签署了税收协定，初步形成了覆盖主要投资来源地和对外投资目的地的税收协定网络，强化了消除投资壁垒功能。

共建合作平台：沿边国家级口岸、边境经济合作区和跨境经济合作区等沿边重点地区是我国深化与周边国家和地区合作的重要平台，也是实施“一带一路”战略的先手棋，在共同打造陆上经济走廊和海上合作支点中具有十分重要的地位。截至 2016 年 6 月 30 日，我国已在沿边重点地区设立重点开发开放试验区 5 个（广西东兴重点开发开放试验区，云南勐腊（磨憨）重点开发开放试验区、瑞丽重点开发开放试验区，内蒙古二连浩特重点开发开放试验区、满洲里重点开发开放试验区），边境经济合作区 17 个，跨境经济合作区 1 个（中哈霍尔果斯国际边境合作中心），在建跨境经济合作区 11 个。

表 2　“一带一路”边境经济合作区建设情况　（截至 2016 年 6 月 30 日）

内蒙古 2个	满洲里边境经济合作区	云南 4个	河口边境经济合作区
	二连浩特边境经济合作区		临沧边境经济合作区
辽宁 1个	丹东边境经济合作区		畹町边境经济合作区
吉林 2个	吉林珲春边境经济合作区		瑞丽边境经济合作区
	和龙边境经济合作区	新疆 4个	伊宁边境经济合作区
黑龙江 2个	黑河边境经济合作区		博乐边境经济合作区
	绥芬河边境经济合作区		塔城边境经济合作区
广西 2个	东兴边境经济合作区		吉木乃边境经济合作区
	凭祥边境经济合作区	—	

境外经贸合作区建设取得阶段性成果。我国已初步在境外形成了一批基础设施完备、主导产业明确、公共服务功能健全、具有集聚和辐射效应的产业园区，成为推进“一带一路”倡议和国际产能与装备制造合作的重要平台。截至 2016 年

6月30日，我国在“一带一路”沿线18个国家建设有52个经贸合作区，已通过考核的经贸合作区达13个，累计完成投资156亿美元。其中，中白工业园、泰中罗勇工业园、中印尼综合产业园区等建设取得积极高效进展，成为我国企业集群式“走出去”、与相关国家开展国际产能和装备制造合作的重要载体。

表3 通过确认考核的境外经贸合作区名录表 （截至2016年6月30日）

序号	合作区名称	境内实施企业名称
1	柬埔寨西哈努克港经济特区	江苏太湖柬埔寨国际经济合作区投资有限公司
2	泰国泰中罗勇工业园	华立产业集团有限公司
3	越南龙江工业园	前江投资管理有限责任公司
4	巴基斯坦海尔—鲁巴经济区	海尔集团电器产业有限公司
5	赞比亚中国经济贸易合作区	中国有色矿业集团有限公司
6	埃及苏伊士经贸合作区	中非泰达投资股份有限公司
7	尼日利亚莱基自由贸易区（中尼经贸合作区）	中非莱基投资有限公司
8	俄罗斯乌苏里斯克经贸合作区	康吉国际投资有限公司
9	俄罗斯中俄托木斯克木材工贸合作区	中航林业有限公司
10	埃塞俄比亚东方工业园	江苏永元投资有限公司
11	中俄（滨海边疆区）农业产业合作区	黑龙江东宁华信经济贸易有限责任公司
12	俄罗斯龙跃林业经贸合作区	黑龙江省牡丹江龙跃经贸有限公司
13	匈牙利中欧商贸物流园	山东帝豪国际投资有限公司

五、资金融通：形成合作网络

实现资金融通是保证“一带一路”建设顺利进行的重要支撑。中国积极推动与沿线国家及国际金融机构展开跨境金融合作，以满足沿线国家进行基础设施建设的融资需求和金融服务需求。不断拓展沿线国家及其他经济体间的人民币贸易结算、货币互换和投资信贷等业务，推进人民币的区域化与国际化。同时，加强与“一带一路”沿线各国的金融监管合作，逐步在区域内建立高效监管协调机制。

金融合作：“一带一路”跨境金融合作包含多个层次和参与主体，其中国际开发性多边金融机构是金融合作的重要先导。亚洲基础设施投资银行（以下简称“亚投行”）是一个政府间性质的亚洲区域多边开发机构，重点支持基础设施建设，旨在促进亚洲区域建设的互联互通化和经济一体化的进程，并加强中国及其他亚洲国家和地区的合作。亚投行于2015年12月25日成立，总部设在北京，法定资本1000亿美元。“一带一路”的相关项目是亚投行的重点投资方向之一。亚投行于2016年6月25日批准了首批四个项目总计5.09亿美元的贷款，涉及孟加拉国、印度尼西亚、巴基斯坦和塔吉克斯坦等“一带一路”沿线国家的能源、交通和城市发展等领域。

丝路基金是由中国外汇储备、中国投资有限责任公司、中国进出口银行、国家开发银行共同出资，依照《中华人民共和国公司法》，按照市场化、国际化、专业化原则设立的中长期开发投资基金，重点是在“一带一路”发展进程中寻找投资机会并提供相应的投融资服务。丝路基金2014年12月29日于北京成立，注册资本为615.25亿人民币。截至2016年6月30日，丝路基金已经宣布了三单项目投资，分别是支持中国三峡集团在巴基斯坦等南亚国家投资建设水电站等清洁能源项目、支持中国化工集团并购意大利倍耐力轮胎公司项目、参与俄罗斯亚马尔液化天然气一体化项目等三个项目的投融资，并已经分别与欧洲能源利用有限公司、北京控股有限公司签署三方框架性合作建议，与欧洲复兴开发银行签署合作谅解备忘录，与塞尔维亚签署关于新能源项目合作的谅解备忘录。

新开发银行是金融危机后金砖国家建立的专注于第三世界国家经济发展的开发性金融机构，侧重于基础设施投资，并计划构筑金融安全网，在下一次金融危机时，可借助资金池兑换一部分外汇应急。金砖国家新开发银行成立于2015年7月21日，总部设在上海，注册资本1000亿美元，并于2016年4月21日公布了总额为8.11亿美元的首批贷款项目，支持中国、印度、巴西和南非的绿色能源项目。

国内政策性金融机构是金融合作的有力支撑。截至2016年6月30日，国家开发银行已建立涉及60多个国家、总量超过900个项目的“一带一路”的项目储备库，涉及交通、能源、资源等领域。截至2016年6月30日，中国进出口银行内有贷款余额的“一带一路”项目1000多个，项目分布于49个沿线国家，涵盖公路、铁路、港口、电力资源、管道、通信、工业园区等多个领域，新签约“一带一路”国家项目500多个。截至2016年6月30日，中国出口信用保险公司累计支持的国内外贸易和投资的规模为2.3万亿美元，为数万家出口企业提供了出口信用保险服务，为数百个中长期项目提供了保险支持，包括高科技出口项目、大型机电产品和成套设备出口项目、大型对外工程承包项目等。

国内商业银行是金融合作的后续跟进力量。以五大行为主力军的中资银行在沿线国家的布局已初具规模。截至 2016 年 3 月 31 日，共有 9 家中资银行在“一带一路”沿线 24 个国家设立了 56 家一级分支机构。此外，共有来自 20 个“一带一路”国家的 56 家商业银行在华设立了 7 家子行、18 家分行以及 42 家代表处。

除此之外，上合组织银行联合体和中国—东盟银行联合体等跨国银行合作机制也为“一带一路”战略的开展提供了金融便利。

人民币区域化与国际化：人民币跨境贸易和投资使用加速拓展，截至 2016 年 6 月 30 日，中国与“一带一路”沿线国家和地区经常项下跨境人民币结算金额超过 2.63 万亿元。

中国人民银行与其他央行货币合作深化，截至 2016 年 8 月 15 日，中国人民银行已经和境外 35 个国家和地区的中央银行或者其他货币当局签署了双边本币互换协议，其中 21 个国家和地区是“一带一路”沿线国家和地区，总额度已经超过了 3.12 万亿元（不含已失效或未续签）。截至 2016 年 6 月 30 日，中国银行间外汇市场也已经陆续实现了 11 种货币的直接交易。

人民币跨境支付、结算和清算体系加速建立。截至 2016 年 8 月 20 日，我国已与俄罗斯、白俄罗斯等多个国家央行签署了一般贸易本币结算协定，与吉尔吉斯斯坦、哈萨克斯坦等国家央行签订了边贸本币结算协定。截至 2016 年 6 月 30 日，人民币业务清算行已拓展到 20 个，其中 7 个在“一带一路”沿线国家和地区。2016 年 6 月 7 日、25 日，中国人民银行分别与美联储、俄罗斯中央银行签署了在美国、俄罗斯建立人民币清算安排的合作备忘录。

人民币离岸市场相继建立。目前，除了中国香港、中国台湾、新加坡是最主要的离岸人民币存贷款市场之外，部分欧洲主要国家，如英国、德国等，也在加速推进离岸人民币市场的发展。欧洲将成为亚洲之外最重要的离岸人民币市场。

表 4　人民币区域化和国际化概况

<table>
<tr><th>资金融通类别</th><th>合作领域</th><th>截至时间</th><th>成就</th></tr>
<tr><td rowspan="6">人民币区域化与国际化</td><td rowspan="2">跨境贸易和投资</td><td rowspan="2">2016 年 7 月 30 日</td><td>中国与“一带一路”沿线国家和地区经常项下跨境人民币结算金额超过 2.63 万亿元</td></tr>
<tr><td>与中国开展贸易和投资的境外国家达到 192 个</td></tr>
<tr><td rowspan="2">货币合作</td><td>2016 年 8 月 15 日</td><td>中国人民银行和境外 35 个国家和地区的央行或者货币当局签署了双边本币互换协议，其中 21 个国家和地区是“一带一路”沿线国家和地区，总额度已经超过了 3.12 万亿（不含已失效或未续签）</td></tr>
<tr><td>2016 年 6 月 30 日</td><td>中国银行间外汇市场实现了 11 种货币的直接交易</td></tr>
<tr><td rowspan="2">跨境支付、结算和清算体系</td><td>2016 年 6 月 30 日</td><td>人民币清算行拓展到 20 个，其中 7 个在“一带一路”沿线国家和地区</td></tr>
<tr><td>2016 年 6 月 7 日、25 日</td><td>与美联储、俄罗斯央行分别签署了在美国、俄罗斯建立人民币清算安排的合作备忘录</td></tr>
</table>

金融监管合作：中国人民银行积极参与金融稳定理事会、巴塞尔银行监管委员会等国际组织及其下设工作组的工作。继续在东亚及太平洋中央银行行长会议组织机制下加强区域经济金融监测，不断完善危机管理和处置框架。截至 2016 年 8 月 20 日，中国人民银行已与 39 个境外反洗钱机构正式签署金融情报交流合作谅解备忘录；中国银监会已与 28 个“一带一路”国家的金融监管当局签署了双边监管合作谅解备忘录或合作换文；中国证监会已相继同 59 个国家和地区的证券期货监管机构签署了 64 个监管合作谅解备忘录。此外，中国保监会加强与国际保险监管管理协会的联系，积极推动建立了在“一带一路”沿线国家的保险监管合作。亚洲保险监督论坛决定秘书处常设中国，以加强亚洲地区保险监管的交流合作。

六、民心相通：实现稳步推进

民心相通是“一带一路”建设的社会根基。三年来，中国积极传承和弘扬丝绸之路友好合作精神，同“一带一路”沿线国家和地区广泛开展文教合作、旅游合作、卫生医疗合作、科技合作、青年合作、党政合作、民间合作和智库合作，为“一带一路”建设奠定了坚实的民意基础。

文教合作：随着“一带一路”建设的推进，中国与“一带一路”沿线国家在文化教育领域合作空间广泛，发展潜力巨大。中国每年向沿线国家提供1万个政府奖学金名额，并向发展中国家提供12万个来华培训和15万个奖学金名额，为发展中国家培养50万名职业技术人员；地方政府则采取了诸如增设“丝绸之路专项奖学金”等措施来鼓励国际文教交流。此外，如“中国—东盟教育周”这样的教育合作与对外援助活动多达33项，为“一带一路”沿线国家和地区教育互通提供了交流合作平台。

截至2016年6月30日，中国与沿线国家先后举办19次“国家年”活动，设立25个海外中国文化中心，遍布125个国家和地区的500所孔子学院，累计签署41个文化合作谅解备忘录，并先后在乌鲁木齐、泉州举行了“丝绸之路经济带国际研讨会”和“21世纪海上丝绸之路国际研讨会”。以“一带一路”建设为契机，中外文化交往达到了空前的高度，在全球遍地开花，成绩斐然。

旅游合作：“一带一路”建设是推动沿线各国合作发展的新构想，同样也是旅游业发展的新视角和新思路。截至2016年6月30日，已有包括海南、新疆、宁夏等24个省/自治区/直辖市与“一带一路”沿线国家建立了明确的旅游合作项目；中国同相关国家互办各类“旅游年”9次，举办“旅游周”“旅游推广周”“旅游月”等各类推广宣传活动达130余次。同时，中国积极与沿线国家提高签证便利水平。截至2016年6月30日，面向中国普通旅行开放免签的国家和地区有21个，施行落地签的有37个，极大便利了不同国家的民间交往，出境游也可以“说走就走”。此外，据国家旅游局预计，“十三五”时期，中国将为“一带一路”沿线国家输送1.5亿人次中国游客、2000亿美元游客旅游消费；同时还将吸引沿线国家8500万人次游客来华旅游，拉动旅游消费约1100亿美元。

卫生医疗合作：截至2016年6月30日，我国已与中东欧、东盟、阿盟等地区或国家的卫生部、医学院等部门展开了医疗人才培养、公共卫生服务和传统医药等方面的合作，已签订国家级协议达23个，中非减贫惠民合作计划、中非公共卫生合作计划等合作项目达29个。中国参与国际医疗援助52年来，共派出援外医生23 000多名，医疗队的足迹遍布世界67个国家和地区。截至2016年6月30日，中国在51个国家派有52支医疗队，其中在非洲42个国家派有43支医疗队。中国国家救援队还是第一支参与尼泊尔地震救援的、经过联合国认证的国际重型救援队，体现了大国的担当。

科技合作：从“互联网 +”战略在亚欧大陆上不断开花结果，到“中亚第一长隧”启动通车这又一“高铁出海”项目成功完成，再到《“一带一路”空间观测国际合作北京宣言》的发表，中国与“一带一路”相关国家间的科技合作日益紧密。截至 2016 年 6 月 30 日，中国与“一带一路”沿线国家签署的关于科技方面的合作谅解备忘录多达 56 项，涵盖航天、能源、生态等多个领域，覆盖亚欧拉非等地区。此外，在“十三五”规划下建立的“一带一路”智慧园区、联合实验室、国际技术转移中心、产业合作中心、新产品孵化中心等一系列科技中心共计 38 个，深化了双多边科技合作。

青年合作：当代青年肩负前所未有的历史使命，是国家建设的生力军，更是“一带一路”建设的主力军。目前，中国同相关国家已互办包括中俄青年友好交流年、中德青少年交流年在内的青年交流年活动 8 次，推出了以非洲人才计划、亚非杰出青年科学家来华工作计划为代表的 9 项青年人才培养计划，为相关发展中国家培养青年人才；还举办了如“一带一路”创新创业国际高峰论坛这样的以“创新创业”为主题的论坛、会议，整合各国优势资源，积极开拓和推进中国与沿线国家在青年教育、就业等方面的合作。

党政合作：加强沿线国家政党、议会等政治组织的友好往来，对于增进友谊、巩固发展成果具有重要意义。中国共产党历来重视与国外政党的友好交往，已建立了一批包括亚洲政党丝绸之路专题会议、中欧政党高层论坛经贸对话会在内的政党交流机制。通过密切政党交往，推进沿线国家政党互信和政治互信，促进沿线国家民心相通。在议会交往方面，在亚洲议会大会框架下，中国全国人大已先后与超过 42 个国家的议会在“一带一路”方面展开交流，这对于稳固推进国家关系、增进地区间人民相互了解、推动“一带一路”向长远发展具有重要意义。

民间合作：截至 2016 年 6 月 30 日，中国在“一带一路”的基础上与沿线国家民间组织开展了 63 次交流合作，其广度和深度都在逐年增加。文化传媒方面则受邀参加了“一带一路”发展战略中外媒体高峰论坛等 35 项重要会议；在公益环保和减贫开放方面，中国先后与沿线国家合作开展包括世界防治沙漠化“一带一路”共同行动高级别对话、青少年和平友好国际联盟、中国—东盟社会发展与减贫论坛等 26 项活动，合作体系全面丰富。

智库合作： 在“一带一路”推进的过程中，智库承担着政策沟通、咨政建言、形成智慧合力的作用。“一带一路”战略构想提出之后，一大批聚焦于“一带一路”研究的智库如雨后春笋般涌现，其中既有政府智库、企业或高校智库，也有民间独立智库，各具特色和优势。为整合不同领域的研究资源，搭建跨学科、多领域的研究平台，中国先后成立了智库合作联盟、国际智库合作联盟、丝路国际智库网络、一带一路百人论坛、高校智库联盟等联盟性组织及机制 11 个，成果丰富。国内智库还积极加强与“一带一路”相关国家的智库间交流，就“一带一路”主题先后组织了中国伊朗智库对话、中国土耳其智库对话、中国哈萨克斯坦智库对话、中美智库对话等活动 29 次，取得重要国际影响。

表 5　“一带一路”民心相通建设成就　（截至 2016 年 6 月 30 日）

合作内容	已取得成就		数量
文教合作	教育方面	政府奖学金名额	1 万个
		教育合作与对外援助活动	33 项
		青年交流年活动	8 次
		青年人才培养计划	9 项
	文化方面	“国家年”活动	19 次
		海外中国文化中心	25 个
		孔子学院	500 所
		文化合作谅解备忘录	41 个
		文化传媒重要会议	35 个
旅游方面	旅游合作项目		24 个省 / 自治区 / 直辖市
	“旅游年”活动		9 次
	免签的国家和地区		21 个
	落地签的国家和地区		37 个
卫生医疗合作	卫生医疗合作协议		23 个
	卫生医疗合作项目		29 个
	公益环保和减贫开发活动		26 项
科技合作	合作谅解备忘录		56 项
	建立科技合作关系的国家		150 多个
	科技中心		38 个

七、全国共建：布局立体框架

为响应"一带一路"倡议，三年来，中国充分发挥国内各地区的优势，实行更加积极主动的开放政策，加强东中西部的互动合作，全面提升开放型经济的水平。

西北、东北地区：新疆维吾尔自治区利用自身区位优势、资源优势以及民族人文优势，积极响应"一带一路"倡议，在新亚欧大陆桥经济走廊、中国—中亚经济走廊建设上，推进了诸如亚欧博览会和亚欧商品贸易博览会、喀什和霍尔果斯经济开发区、阿拉山口和喀什综合保税区、中哈霍尔果斯国际边境合作中心等"一带一路"相关重大项目的建设。

陕西省、宁夏回族自治区、甘肃省、青海省积极响应"一带一路"倡议，抓住了新亚欧大陆桥经济走廊、中国—中亚—西亚经济走廊、中巴经济走廊、中蒙俄经济走廊的建设机遇，在互联互通、国际产能合作、开放平台建设、经贸技术交流、人文交流合作等方面取得了显著成绩。诸如欧亚经济论坛、丝绸之路经济带城市圆桌会议机制、宁夏内陆开放型经济试验区、中哈霍尔果斯国际边境合作中心、中阿进出口商品贸易中心、兰州新区综合保税区、兰州国际港务区、黄金口岸国际保税购物中心、成洽会、青洽会、青食展、东川铁路货运中心以及"兰州号"中亚、中欧货运班列等重要"一带一路"相关建设获得了重大推进。内蒙古自治区主动响应"一带一路"倡议，重点依托中蒙俄经济走廊，打造与俄、蒙新型的合作模式。

黑龙江省、吉林省、辽宁省利用自身区位优势，加强与俄远东地区的陆海联运合作，推进北京—莫斯科欧亚高速运输走廊的构建，加强了与日韩等国的经济联系。三年来，诸如黑龙江陆海丝绸之路经济带、长平经济带、白通丹经济带、呼伦贝尔中俄蒙合作先导区、哈尔滨新区、沈阳空港经济区、中德装备园、兴隆综合保税区、"沈满欧"铁路通道等重要"一带一路"相关机制、项目获得了重大推进。

西南地区：广西壮族自治区、云南省、贵州省积极响应"一带一路"倡议，统筹内外发展，大力建设北部湾经济区和珠江—西江经济带、中国—中南半岛国际经济合作走廊等，推进了泛北部湾经济合作机制；积极参与孟中印缅经济走廊、大湄公河次区域经济合作，加强中国—东盟合作机制，开创了中马“两国双园”合作新模式，建立了东兴国家重点开发开放试验区、中国—印尼经贸合作区等一批国家级开放合作平台。一些“一带一路”相关重大机制、项目也已在西南地区落地：贵州内陆开放性经济实验区获批，昆明综合保税区获批，贵安综合保税区和红河综合保税区封关运行，勐腊（磨憨）重点开发开放试验区获批，黔深欧国际海铁联运班列、黔渝新欧货运班列、云南中欧集装箱货运班列开通运营。瑞丽重点开发开放试验区、临沧边境经济合作区、中老跨境经贸合作区获得了重大推进，提升了与周边国家的多边、双边合作水平。同时，西南地区亦拓展了与泛珠三角、长三角、环渤海、京津冀和港澳台等区域合作，并鼓励和支持企业“走出去”。西藏自治区加快建设面向南亚开放的重要通道，推进环喜马拉雅经济合作带、吉隆跨境经济合作区建设，开放型经济发展呈现新局面。

内陆地区：河南省积极参与“一带一路”倡议，目前中国（郑州）跨境电子商务综合试验区已经获批，郑州新郑综合保税区三期项目基本建成，已与国内 9 个关区、11 个检区实现了通关一体化，与沿线国家达成一系列合作成果；推动与卢森堡货航公司、卢森堡国铁公司、波兰国铁公司的战略合作。山西省主动融入“一带一路”建设，加强与京津冀、环渤海地区的联系，推动“黄河金三角”“长江金三角”的建设，面向全球“以煤会友”，鼓励煤炭企业“走出去”，推动国际产能合作。江西省与“一带一路”沿线国家的经贸文化交流互动取得积极成效，推进赣欧国际铁路货运班列建设，赣州综合保税区正式封关运行，九江城西港区正式对外开放，在对国内互联互通方面，加强与长江经济带及泛珠三角、长三角、闽三角等区域的开放合作。

重庆市主动融入国家“一带一路”建设和长江经济带发展，建立长江经济带综合立体交通走廊，加强沿江产业统筹规划；推进长江中上游地区和俄罗斯伏尔加河沿岸联邦区——“两河流域”的合作。同时，中新（重庆）战略性互联互通示范项目也已启动，蓉欧快铁、渝新欧铁路等重要中欧陆路交通机制也获得重大进展。

湖北、湖南、安徽主动融入国家“一带一路”和长江经济带建设，努力形成“一带一路”重要腹地和枢纽；积极组织企业开拓金砖国家、“一带一路”沿线国家市场及新兴市场，拓展国际交流合作渠道；建设和推进诸如武汉新港空港综合保税区，建立襄阳、宜昌保税物流中心，湘南承接产业转移示范区，中德（安徽）经贸交流合作机制等关于“一带一路”倡议的重要合作框架。

沿海地区：北京市、天津市、河北省全力推进京津冀协同发展重点领域对接合作，更加主动响应“一带一路”倡议、环渤海地区合作发展大格局，大力开拓国际市场，尤其加强与欧洲、美国、日本、韩国、东南亚和澳大利亚经济界的合作，积极推进国际产能和装备制造合作，完善与亚洲基础设施投资银行、丝路基金等平台的对接机制。

浙江省、江苏省、上海市积极参与丝绸之路经济带和21世纪海上丝绸之路、长江经济带战略实施，大力推动长三角一体化的发展。推进中国（上海）自由贸易实验区、浙江海洋经济发展示范区和舟山群岛新区建设。建设和推进诸如宁波—舟山港一体化、“义新欧”中欧班列、洋山保税港区扩区、中哈（连云港）物流合作基地等“一带一路”倡议相关的互联互通合作项目。提升开放型经济的发展程度，推动一批国际产能和装备制造项目，加强与“一带一路”沿线国家的经贸合作。

广东省、福建省主动响应“一带一路”倡议，与港澳台侨携手，加强与港澳的深度合作，构建多层次常态化交流平台与合作机制；促进珠江口两岸协同发展以及泛珠三角等更广范围的区域合作；在具体的“一带一路”相关机制下面，加强深圳前海、广州南沙、珠海横琴、福建平潭等开放合作区的作用。稳步推进福建海峡蓝色经济试验区建设；积极推进粤港澳大湾区、汕尾“3+2”经济圈建设；加快广东（石龙）铁路国际物流中心和中俄贸易产业园建设。

海南省主动融入“一带一路”战略，加强与沿线有关国家、地区合作交流；积极参与中国—东盟自由贸易区、泛珠三角区域合作、博鳌亚洲论坛建设。推进海口服务外包示范城市建设、洋浦国际能源交易中心建设，扩大对外贸易，拓展了“一带一路”新兴国际市场。

港澳台地区：香港特别行政区积极配合“一带一路”倡议，充分发挥自身优势，为“一带一路”倡议提供所需要的集资融资、商贸物流、贸易环境、专业及基础设施服务和民心相通的平台。集资融资方面，香港可以为各地提供基础设施建设所需的资金，也有多元化的融资渠道，可以吸纳“一带一路”的财富并满足风险管理服务需求，继续推进人民币离岸中心的建设。

商贸物流方面，在约60个“一带一路”沿线国家中，香港已经与40个国家签订民航运输协定或国际民航过境协定，香港将继续争取与沿线其他民航伙伴商讨民航运输协定，巩固香港国际航空枢纽的地位，成为“一带一路”主要的商贸物流平台之一。

贸易环境方面，香港发挥自身优势，加强与“一带一路”沿线国家的经贸关系，签订更多自贸协议和投资协议。目前，香港在新加坡设有经贸办，在欧洲有三个经贸办，并计划在印度尼西亚及韩国各设立一个经贸办。

在专业和基础设施服务方面，香港为“一带一路”沿线地区提供顾问服务、参与营运管理，为国家提供专业的国际法律及解决争议服务，协助建立完善海外业务风险管理。

促进民心相通方面，香港加强“特定地区奖学金”和“优质教育基金”机制建设，鼓励更多“一带一路”相关国家学生来港学习。同时发挥自身多元文化的社会优势，加强与“一带一路”国家的艺术文化交流。香港推动成立“一带一路”办公室，协调中央和香港“一带一路”政策。

澳门特别行政区配合“一带一路”倡议，充分发挥自身在中医药产业、旅游业方面的特殊优势，巩固特区自身作为“中国与葡语国家商贸合作平台”的地位，深化与东盟、葡语系和拉丁语系国家的交流与合作。

大陆为台湾地区参与“一带一路”建设做出了妥善安排，国务院台湾事务办公室和国家开发银行于2016年2月5日颁布的《促进两岸经济融合发展合作协议》中指出，将支持两岸企业赴第三地共同投资，支持台湾企业以适当名义参与“一带一路”建设，参与海外生产制造基地、经贸合作试验区、基础设施等项目；支持有条件有能力的陆资企业赴台投资，通过资金、股权、技术等方式，加强与台湾企业的双向投资、相互持股；支持两岸经济功能区的基础设施建设和金融创新试点行动，加大对台商投资区、台湾农民创业园、两岸农业合作试验区、产业梯度转移承接基地、两岸文化交流基地等基础设施和产业配套项目的信贷支持。

八、稳步推进：务实有序建设

“一带一路”是迈向人类利益共同体、责任共同体、命运共同体的伟大尝试，开创了互利共赢、非零和博弈的新模式。中国不仅是倡议者，更是负责任、有担当的实践者，要坚持稳步务实有序建设“一带一路”。

“一带一路”建设是一项长期的、系统性的工程，最重要的是让各方理解，得到各方的支持，形成真正的共识，进行认真的投入。因此，在宣传和推广上不可操之过急，在项目建设上不可急功近利。三年来，“一带一路”建设取得了预期成效，但也面临诸多挑战与风险。对此，课题组提出了以下五点建议：

第一，建立统筹协调机制，实现高效一体推进。“一带一路”是一项长期、复杂而艰巨的系统工程，因此高效有力的统筹协调机制至关重要。目前，各部委、各省区市间的统筹协调机制建设仍需不断加强。中国企业海外投资经营缺乏协调机制，影响“坚持市场化运作”的“一带一路”建设进展。因此，要重视顶层设计，探索建立高效有力的全国统筹协调机制，全面统筹协调“一带一路”建设。一方面，可以推出“一带一路”建设“正面清单”，引导各方认清“一带一路”建设的方向，推动各级政府形成更为理性的政策预期。另一方面，还要推出“一带一路”建设“负面清单”，明确“一带一路”建设不可为的领域，充分激发各主体参与“一带一路”建设的主动性和创造性。

第二，坚持长期推进原则，鼓励机制平台创新。在推进“一带一路”建设的过程中，各地对“一带一路”建设将释放的“发展红利”有较高期待。一些地方将“一带一路”视为传统招商引资的新招牌，还有一些地方存在造声势、做文章的现象，缺乏实实在在的发展举措。为此，一方面要在全国树立建设“一带一路”的正确观念，充分认识到“一带一路”建设是一项长期、复杂而艰巨的系统工程，坚决防止“一窝蜂”式盲目跟风建设。另一方面，“一带一路”建设没有成熟的经验可供参考，需要不断去探索创新建设的路径和方法。

第三，讲好“一带一路”故事，凝聚共商共建力量。“一带一路”是中国积极主动参与全球治理的重要体现，是构建中国特色大国外交的重要实践，倡导合作共赢、共同发展理念，弘扬正确义利观，旨在打造政治互信、经济融合、文化包容的利益共同体、命运共同体和责任共同体。“一带一路”沿线有众多典型多民族、多文化、多语言和多宗教信仰的国家或地区，要大力弘扬“和平合作、开放包容、互学互鉴、互利共赢”的丝路精神，充分阐释“一带一路”的内涵和外延，明确“一带一路”的正面意义，引导大家更好地、深入地开展国际合作。在国内，全国上下形成对“一带一路”建设的统一认识，进而凝聚成共建合力；在国外，消除或减少国际社会对我国“一带一路”建设的误解，进而促进共商共建大局的形成。

第四，利用全球华人网络，深耕国际人才储备。华人华侨是中国的独特优势和重要资源。据统计，目前海外华侨华人已超过 6000 万人，分布在全球 198 个国家和地区。他们熟知海外文化，具备双语、多语能力，掌握着资金、技术、信息和关系等大量资源，并且他们之间已经形成了正式或非正式的松散联盟，即全球华人网络，比如世界华商大会、世界华人华侨社团等组织。在建设“一带一路”的过程中，加强中国与沿线各国间的制度与文化的交融至关重要，而全球华人华侨则是帮助中国跨越与东道国间的制度鸿沟的重要纽带。因此，中国需要充分利用现有的世界华商大会、世界华人华侨社团等全球华人网络，建立能够为我所用的全球华人网络，形成服务于中国“一带一路”建设的人才储备库。

第五，完善商务支撑体系，实现全面有效支撑。中国企业“走出去”过程中，缺乏针对“一带一路”沿线国家和地区投资与国际化经营战略，不能很好地利用国际国内金融市场，也缺乏有效的风险管理与应对能力，迫切需要综合性的商务服务支撑体系。因此，强化对投行、信托、企业管理、法律、审计、咨询与调查等商务服务业领域中国企业的支持，鼓励企业做大做强，形成对中国企业“走出去”建设“一带一路”的强大支撑。

九、结语

三年来，我国政府积极推动“一带一路”建设，加强与沿线国家的沟通磋商，推动与沿线国家的务实合作，实施一系列政策措施，取得了积极进展。

“一带一路”是全方位的合作，创造了立体化的国际经贸关系新形式。传统的国际经贸关系是“扁平化”的：以关税为基础，进行围绕产品的“平面”贸易关系谈判。而“一带一路”《愿景与行动》文件发布后，中国所有省区及部委均完成了"一带一路"建设的政策对接与落实工作。"一带一路"创建了国内外从政府到企业的全方位的立体合作模式，和平合作、开放包容、互学互鉴、互利共赢的丝路精神和核心理念已凝聚成为国际国内全社会的一项重要共识。

"一带一路"是长远性的合作，创造了可持续的国际经贸关系新形式。在目前可持续发展为主导的时代，"一带一路"倡导的经贸关系不是短期的商品贸易，把基础设施建设和互联互通纳入双边关系，使得经贸关系有了"时间轴"，能够在未来取得更长足的发展。

"一带一路"是包容性的合作，拓展了多元化的国际经贸关系新内涵。目前，我国经贸发展出现新趋势，以境外经贸合作区等形式为载体的产能合作、经贸合作成为重要的新形式，形成了"你中有我、我中有你"的国际经贸新内涵。境外经贸合作区成为推进"一带一路"建设的重要载体，国际产能合作已经逐步机制化，投资贸易便利化和创新贸易方式不断深化，双向投资保持加速态势。

"一带一路"是创新性的合作，创造了联动性的国际经济关系新格局。经济全球化深入发展，把世界各国利益和命运更加紧密地联系在一起，形成了"你中有我、我中有你"的利益共同体。"一带一路"通过加强基础设施建设的互联互通、政策沟通与政策支持的软联通，合作应对挑战，合作实现共赢，加强各国经济全方位互联互通和良性紧密互动，形成国际经济联动发展的新格局。

总之，"一带一路"对于加强各国之间的合作，构建政治互信、经济融合、文化包容的人类命运共同体具有战略意义，即将成为世界经济发展的新引擎，谱写建设丝绸之路经济带和21世纪海上丝绸之路的新篇章。

政府与政策

“一带一路”建设中的南京实践：讲好“城市故事”

南京市人民政府外事办公室

南京，六朝古都，经贸繁荣，人文昌盛。“一带一路”、长江经济带、长三角区域发展一体化等国家重大战略的叠加实施，特大城市的地位和东部地区重要中心城市的定位，为提升南京的发展能级、增强城市的辐射带动能力提供了重大政策机遇。南京市主动融入“一带一路”建设，充分发挥城市特色和优势，打造平台，营造环境，优化服务，推进经贸往来，加强人文交流，加快发展友城，一批批有影响力的项目在丝路落地开花，一场场精彩的文化活动在世界各地奏响南京乐章。

一、打造“四个平台”，为企业“走出去”铺路奠基

（一）政策平台

南京主动融入“一带一路”和长江经济带发展战略，积极鼓励企业参与国际竞争与合作，大力营造有利企业“走出去”发展、向“国际化要生产力”的政策环境。南京在发展过程中坚持现代化国际性人文绿都城市定位，紧紧围绕“四个全面”战略布局，主动适应经济新常态，加快建设“四个城市”，即“一带一路”节点城市、长江经济带门户城市、长三角区域中心城市、国家创新型城市，大力发展创新型、服务型、枢纽型、开放型、生态型“五型经济”，打造国际软件名城、中国“互联网+”名城、智能制造名城、现代服务业名城；着力建设区域金融服务中心、区域商贸物流中心、区域文创旅游中心、区域健康医疗中心。出台了《南京市贯彻“一带一路”暨长江经济带发展战略的实施意见》《南京市贯彻“一带一路”暨长江经济带发展战略的工作推进计划》；结合供给侧结构性改革总体要求，制定实施《关于加快全市开发区转型升级创新发展的实施意见》《争当江苏先进

制造业排头兵行动计划》《争当江苏产业科技创新中心建设排头兵行动计划》等；结合国家和省国际产能合作部署，制定实施了《南京市推进国际产能和装备制造合作实施方案》；结合落实外交部服务民营企业文件要求，制定了《外事参与“一带一路”建设工作要点》《2016 南京市友城交流和民间交流计划》。

（二）互联互通平台

作为长三角区域中心城市，南京最大的优势是水陆空兼备的综合交通枢纽：成立了省级空港枢纽经济区，拥有禄口国际机场，还将规划建设六合马鞍机场，2016 年 1 月底实现江浙沪机场 144 小时落地免签。南京南站是亚洲最大铁路枢纽，往全国六个方向通行高铁，每年带来 5500 万人次的人流，能级超过京广深。国际班列也陆续开通，中亚班列 2014 年 8 月 7 日首开。沿丝绸之路，途经津浦线铁路，转道陇海线铁路，经兰新、北疆线铁路，从阿拉山口出境，7 天可达中亚五国。截至 2016 年 7 月，累计发送 90 列，累计运输 3930 车、7860 标箱。目的国主要为哈萨克斯坦和乌兹别克斯坦，发车数分别占总发车数的 51.63% 和 42.63%，合计占总发车数的 94.26%，服务覆盖城市由开行之初的 5 个扩大至目前的 47 个。中欧班列 2016 年 6 月 29 日首开，是南京国际班列中首次以莫斯科为目的地的班列，15 天可抵达莫斯科，比传统海上运输节省 30 天时间。中欧班列的开通，将扩大中俄企业以及两地经贸合作、文化交流，放大南京空港、海港、高铁港三大枢纽经济区的联动优势，提升南京城市的国际影响力、综合竞争力和辐射带动力。南京通过正在建设的长江 12.5 米深水航道最上游龙潭港区、西坝港区南北两大公铁水集疏运体系连接京沪、宁芜及欧亚大陆桥，辐射中西部地区，扩大深水航道辐射范围，放大深水航道效应；并进一步加速航运、物流等现代服务业向沿江临港地区集聚，增强区域国际竞争力，进一步放大南京大枢纽集聚效应。

（三）国际推广平台

南京作为开放大省的省会城市，创建和形成了一批独具特色和影响力的涉外工作平台。2013 年亚洲青年运动会和 2014 年第二届青年奥运会，铸就了南京对外工作的“青奥”品牌，“后青奥”效应正逐步释放和显现。自 2008 年以来先后承办了第四届世界城市论坛、中欧领导人会晤和中欧工商峰会、二十国集团研讨会等重大外交活动，让南京在服务国家总体外交中，对外开放水平不断跃升。每年一度的海峡两岸企业家紫金山峰会、两年一度的历史文化名城博览会、每年召开的中国·南京科技创业创新与重大项目洽谈会、中国南京金秋经贸洽谈会、中国（南京）国际软件产品和信息服务交易博览会、国际梅花节、南京国际青年文化周、世界森林音乐会等一批国家层级、南京主办的重大涉外活动，更是成为南京扩大对外交流合作、展示自身形象的重要舞台。此外，南京还发挥文化特色优势，积极承接了“央地合作——对非文化交流”项目；外宣部门加强与境外的全媒体合作，开展“双城记”系列城市互动活动，形成对外宣传的集束效应；外事部门利用对外工作资源，持续开展“携手国际友人共建和平之都”“名城手拉手”“外国记者看南京”“外国驻华使节看南京”等内容丰富、形式多样的活动，更加全面、立体地展现南京的对外形象。

（四）涉外安全服务平台

深入贯彻落实“总体国家安全观”，为积极应对当前国际安全问题多元化、传统安全因素与非传统安全因素日益交织的新特点，抓住企业涉外安全这一关键，积极构建涉外安全服务平台，预防与处置并举，管理与服务并重，为企业“走出去”提供涉外安全保障。建立完善了突发事件处置协调、海外领保协调、涉外安全处置等机制，加强联动协作，整合多方资源，形成工作合力。坚持依法循规管理，制定了《涉外安全事件处置预案》，完善涉外突发事件应急机制，开展涉外安全应急演练。不断扩大涉外政策的宣传，积极开展“领事保护月”活动，推进领保进企业、进社区、进学校、进旅行社（“四进”活动），不断提升企业和市民海外风险防范意识和自我保护能力。通过网站、微信、微博等各类信息载体向企业传递境外投资、劳务、旅游等信息；积极为企业办理外国人来华签证通知函、APEC 商务旅行卡，为企业“走出去”提供便利。

二、打造“两个圈”，为企业“走出去”营造良好环境

（一）企业发展生态圈

以开放、共享、平等、共赢为原则，打造服务企业“走出去”的“生态圈”。

一是坚持企业的主体地位，市场主导、政府推动，加大服务力度，促进“走出去”企业发展进入良性循环轨道。南京企业对外投资、经济合作步伐不断加快，品质逐步提升，方式日趋多元。二是政府部门当好服务企业“走出去”的“店小二”，深入落实中央和省里各项文件精神，建立和完善推进企业“走出去”的中央、省、市涉外服务联动机制，由分管市领导牵头，成立“走出去”企业家交流沙龙，央企、省属企业、市属企业、民营企业共同交流企业“走出去”的经验，相关政府部门现场解答问题，积极构建“走出去”企业信息共享网络平台，切实为企业和项目发展创造良好环境。三是发挥南京科教名城优势，建立政府、企业、高校联动平台和机制。每年召开“一带一路”项目对接会、政策说明会、校企对接会，强化资源整合，注重互动合作，为企业“走出去”参与国际竞合提供智力支撑。

近年来，通过国家、省等多方面合作渠道，南京已积极推进关键合作项目的落地。如积极推动由中德两国总理见证签约的中德智能制造合作研究所项目，举办了中德智能制造企业家大会；以江北新区为依托，集中打造由法国高端制造产业集群、法国生命科技集群、法国文化创意集群三个核心产业集群组成的中法产业合作示范园项目已经签约；作为国家级新区的江北新区正在打造国际健康服务社区，创建了南京高新—美国劳伦斯伯克利生命科学研发中心，与英国伦敦国王学院合作的南京南丁格尔国际护理学院已经奠基。目前，南京市民营企业“走出去”参与“一带一路”的主要特点表现在：

第一，境外投资热情高涨，境外投资品质、数量迈上新台阶。截至 2015 年年底，南京累计在 104 个国家和地区兴办境外企业（机构）837 家，中方协议投资额达 70.9 亿美元。其中赴“一带一路”沿线 33 个国家投资了 135 家境外企业，近八成境外项目投资主体是民营企业。2015 年，南京赴“一带一路”沿线国家投资 24 个项目，较 2014 年同期增加 11 个，同比增长 3.3 倍。目前许多企业在“走出去”过程中，积累了丰富的实战经验。对于扑面而来的“一带一路”机遇，它们更是跃跃欲试。在拓展海外业务的同时，还在摸索借助海外管理经验提升国内相关产业核心竞争力。

第二，投资方式呈多元化发展。南京市民营企业在境外投资过程中，从以往赴落后国家和地区进行小规模试水，发展到现在紧紧抓住全球经济危机、欧债危机带来的商机，采取海外并购等形式投资研发中心、境外营销网络。作为我市走出去发展的成功典范，三胞集团及旗下企业先后并购了纳斯达克中国电商第一股“麦考林”、英国第三大百货连锁 House of Hraser、英国著名玩具店 Hamleys、美国最大的新奇特连锁 Brookstone、以色列最大的养老服务公司 Natali 等海外知名企业；苏宁集团收购了日本乐购仕（Laox）株式会社；金浦集团收购了西班牙马略卡岛 VALPARAISO 酒店；南京大地建设集团有限责任公司先后在乌兹别克斯坦、柬埔寨、阿尔及利亚等近 30 个国家和地区完成了大量的经援、工程总承包等外经工作；南京西普集团在埃塞俄比亚、越南等国投资了多个水泥制造厂项目；南京丰盛集团在澳大利亚收购了道格拉斯港喜来登海市蜃楼酒店、拉古纳综合产业园、圣灵群岛海市蜃楼酒店、墨尔本红山酒庄。

第三，境外投资与“一带一路”建设紧密结合。“一带一路”沿线的大多数国家资源丰富，处于工业化阶段，为南京市企业的产业结构调整、资源配置能力的强化以及市场的拓展带来了新的机遇。如为解决以汽车轮胎为主的黑色污染问题及目前再生橡胶生产的高污染、高能耗、再生胶性能不稳定问题，南京红太阳集团与俄罗斯、荷兰、德国进行国际合作研究，历时三年，成功研制了世界唯一的、拥有全部知识产权的、再生胶新型生产工艺和成套设备专利技术。红太阳将在马来西亚投资建设一个以新型再生橡胶为主的低碳循环经济产业园。国电南京自动化股份有限公司将产品卖到了白俄罗斯、厄瓜多尔、越南、巴基斯坦以及非洲等“一带一路”国家和地区，2015 年公司出口业务呈两位数增长。此外，金智科技在保加利亚投资了光伏项目，晨辉矿产在尼泊尔投资了采选矿项目，大地建设集团有限责任公司及江苏建筑工程集团有限公司等优质工程承包公司在柬埔寨、乌兹别克斯坦、约旦、南非等“一带一路”国家和地区均有承包工程项目。

第四，“走出去”与“引进来”紧密结合，促进国内企业转型升级效应明显。南京市知名民营企业都十分注重在“走出去”的同时不忘“引进来”，充分利用国内国际两个市场、两种资源，在“走出去”并购国外企业的同时，也注意引进其先进的产品、技术、商业模式、管理系统和相关人才，助推国内企业快速转型升级。苏宁云商集团在控股日本乐购仕后，即在南京设立了乐购仕（南京）商贸有限公司，一方面通过乐购仕引入国内市场缺少的动漫游戏、玩具模型、乐器及大量 3C 家电周边配套产品，另一方面通过苏宁的规模采购将中国制造引入日本，并依托苏宁电器在中国的完善店面和售后服务网络，为在日本乐购仕购买免税产品的中国顾客提供售后服务。三胞集团在收购英国弗雷德百货后，即在南京设立弗雷德百货中国总部，并将在位于南京最繁华商业区的新街口东方商城打造弗雷德首家中国门店。红太阳集团在成功打造环保农药产业链、合成医药产业链、生态肥料产业链等的基础上，又通过“引进来”的渠道，与德国宝马公司签约，收购英国CCA公司和英国英特诺帝公司，积极打造节能环保汽车产业链。

第五，境外承包工程企业队伍不断壮大，国际竞争力明显增强。截至目前，南京市有资质的民营境外承包工程企业由2012年的27家增加到现在60家，行业由传统的房屋建筑、交通工程延伸到水泥工业、石化装置、通信工程、楼宇智能化、新能源、节能环保等领域。其中大地建设集团、江苏建筑工程集团有限公司、南京交通工程有限公司、南京西普水泥工程有限公司、南京大吉铁塔制造有限公司等一批优质民营企业已经成长壮大。部分民营境外承包工程企业在施工实体“走出去”的同时，积极探索EPC、PPP、BOT工程总承包模式与境外投资相结合的方式，市场开拓能力、项目管理水平都有所提升，企业效益明显上升，国际品牌影响力逐步增强，进一步巩固了尼日利亚、沙特阿拉伯、安哥拉、莫桑比克、新加坡、柬埔寨等优质市场。

（二）国际交流合作的朋友圈

目前，南京已与16个友好城市、45个友好合作城市保持良好交往。随着“一带一路”建设的不断推进，南京正在加强与东盟、南亚、中亚、西亚和中东地区、中东欧地区的友城建设，搭建友城联盟平台，围绕绿色、健康、智力、和平丝绸之路建设的主题，举办更多友城联盟活动，不断扩大南京的“朋友圈”。

一是积极与“一带一路”沿线国家建立人文交流机制。2016年初，南京市被国家文物局列入首批“海上丝绸之路”申遗城市名单，目前正大力推进“海上丝绸之路”文化遗产保护和申遗工作。着手打好“郑和文化牌”。着力打造海上丝绸之路郑和文化旅游精品线路。围绕国家“一带一路”总体战略，联合相关旅游企业，整合南京众多“海丝”遗迹及南京重量级旅游资源，研发多条“丝绸之路”主题精品旅游线路；赴新加坡、马来西亚、印度尼西亚等我市东南亚主要客源市场，开展“海丝”旅游专题推介活动；制作各类宣传材料时侧重对郑和文化产品线路的宣传介绍，其中最新组织编印的《南京旅游完全手册》（中、英、日、韩、俄五个语种）专门设置“海丝遗迹”篇章，并在“南京景点游”线路的“大明文化游”中特别推出了“海丝文化游”线路。选派南京大学历史系教授赴印度尼西亚举办郑和下西洋系列讲座，扩大郑和在印度尼西亚的影响。进一步加深与友城马六甲市的联系，年初向该市赠送了一对象征两市友谊的石狮，并就围绕“郑和品牌”进一步加深两地旅游、文化合作展开交流。

二是打造文化体育交流独特品牌项目。借助“小红花”品牌，依托国家对外文化交流“央地合作”城市地位，大力推进与沿线国家和地区的文化交流，推广中华文化。“欢乐春节”“南京文化日”等活动已成为对外文化交流的知名项目。放大“后青奥”效应。积极参与国际奥林匹克联盟峰会，与国际轮滑联合会共同打造“世界轮滑之都”。2016年希腊马拉松市长首次参加了在希腊以外城市举办的南京马拉松赛，并与南京签订了友好协议。近年来，南京每年派出代表队参加俄罗斯雅罗斯拉夫尔和文莱的龙舟赛，已成为加强友好交往的品牌项目。

三是加强健康教育交流。向非洲派出医疗队。举办中医走进莫吉廖夫的活动，2016年，南京市与莫吉廖夫市正式签订友城协议，将进一步推进在莫吉廖夫市设立中医中心等相关工作。策划“百名外籍人士讲述南京故事、百名南京人讲述海外创新故事”的“双百”活动。积极向海外留学生宣传南京市政府奖学金计划，2015年与南京市教育局联合下发《关于印发〈南京市友好城市及友好合作城市留学生全额政府奖学金实施暂行办法〉的通知》，向友城、友好合作城市的优秀留学生或进修、访学人员提供政府奖学金，强化经济人文交流，扩大对外开放合作空间。

三、讲好“南京故事”，打造“一带一路”的南京品牌

（一）创业的故事

自2011年起，南京实施“领军型科技创业人才引进计划”，先后出台《进一步鼓励和促进留学回国人员在我市创业创新的若干政策》《南京人才居住证实施办法》，2009年蓝卡制度（现人才居住证）出台，至2015年底，为海内外人才发放蓝卡和蓝卡VIP卡合计3175张，其中拥有外国国籍并持有外国护照者占28%；拥有博士学位者占64%，创办高新技术企业的占81%。南京每年举办中国

留学人员南京国际交流与合作大会、南京留学人员创业大赛等，每年吸引2000多名海内外高层次人才走进南京，共有近200人入选南京领军型科技创业人才引进计划，同时促成了1500多个项目与我市企事业单位对接合作，引进海内外博士3400多人。南京市级留学人员创业园共引进留学人员企业254家，集聚了千人计划专家49人，省双创人才40人、南京领军型科技创业人才引进计划入选人才197人。2015年，南京市位居中国大陆最宜创业城市排行榜第五位。

南京企业对外投资、经济合作步伐不断加快，品质逐步提升，方式日趋多元，不断向世界讲述着南京企业家的创业故事。以苏宁为例：1990年12月，27岁的张近东辞去固定工作，开始了个人和苏宁电器的创业历程。15年下来，苏宁电器从当初的10人壮大到70 000人，从200平方米的一个店面扩张到全国的300家店面，从年销售额400万元提升到400多亿元。目前，以“百年苏宁、全球共享”为理念，苏宁全球化业务布局已全面展开。苏宁“走出去”业务已覆盖连锁零售、海外商品引入、品牌服务升级、技术创新及投资并购五大板块。目前已经进入中国香港、日本、美国、欧洲市场，并正全面进入东南亚、澳洲等市场。同步开展对印度、俄罗斯等快速增长市场的研究工作。2016年，苏宁国际业务营业收入预计达到50亿美元，展望未来，苏宁将借助互联网零售核心优势、多元化平台资源和领先的国际化经验，预计未来三年内国际业务将形成100亿美元的规模。

（二）和平的故事

打造世界和平之都，侵华日军南京大屠杀遇难同胞纪念馆、南京抗日航空烈士纪念馆，正以全新的历史视角向世界人民讲述着南京“和平的故事”。

配合国家总体外交，以“12.13”南京大屠杀死难者国家公祭日表明中国人民反对侵略战争、捍卫人类尊严、维护世界和平的坚定立场。南京大屠杀档案正式列入《世界记忆名录》，并成立了南京大屠杀史研究所，扩大南京大屠杀历史真相的国际宣传。南京大屠杀纪念馆接待丹麦女王玛格丽特二世作为首位参观的现任外国元首，并先后接待德国驻华大使柯慕贤，韩国驻华大使金章洙，英国内政部国务大臣、议会上院议员、枢密院顾问官麦克·贝茨勋爵，澳大利亚达尔富拉姆反日罢工事件发生地卧龙岗市市长等外宾参访，进一步用史实向国际社会证明，抗日战争是中华民族奋起抵御外侮的伟大抗争，也是世界反法西斯战争的重要组成部分，使南京大屠杀这段“中国记忆”“民族记忆”成为“世界记忆”。法国画家帕赫参观完纪念馆回国后，收集了大量的史料，创作出以反映日军大屠杀为主题的画作，并将画作赠送给纪念馆。此外，还出版了《拉贝传》英文版和《抗日航空联盟》英文版画册，赴俄罗斯举办“抗日战争中的苏联航空英雄”图片展，让抗战史实宣传迈出国门、走向世界。2015 年 5 月 8 日，在中俄两国联合进行红场阅兵、纪念俄罗斯卫国战争胜利 70 周年前夕，“中国抗日战争中的苏联航空英雄”图片展在莫斯科展出。这是南京抗日航空烈士纪念馆首次跨出国门，在俄罗斯国防部中央军事博物馆展出，并被列入“中俄共同庆祝第二次世界大战胜利 70 周年人文领域活动计划”。俄罗斯联邦驻华大使馆将根据俄罗斯联邦总统令签发的“伟大卫国战争胜利 70 周年”纪念奖章颁发给南京抗日航空烈士纪念馆，再续中俄两国人民共同反对战争、争取和平的故事。

（三）郑和的故事

600 多年前，郑和船队途经 30 多个国家和地区，其航海的规模远超哥伦布的航海。郑和七下西洋的意义不仅在于海上交通连通世界，东西方的物产、技术和文化也得以在更大范围内交流。南京是郑和下西洋的策源地、起终点和物资人员汇集地，也是郑和的人生归宿地，现存大量郑和相关的文化遗址遗迹，如郑和宝船厂、郑和府邸旧址、郑和墓、浡泥国王墓、天妃宫、静觉寺等，作为“一带一路”发展战略中的重要节点城市，南京具备统领郑和文化高地的先天条件。

大报恩寺是中国历史上最为悠久的佛教寺庙，于明永乐十年（1412 年）在建初寺原址重建，历时 19 年，是中国历史上规模最大、规格最高的寺院，为百寺之首，位列中世纪世界七大奇迹，被当时西方人视为代表中国的标志性建筑。郑和参与主持了寺院的建造，并专门为大报恩寺手书了一卷《妙法莲华经》，经文全用金粉写成，长达 40 多米。2008 年，从大报恩寺前身的长干寺地宫出土了震惊世界和佛教界的世界唯一一枚“佛顶真骨”“感应舍利”“诸圣舍利”以及“七宝阿育王塔”等一大批世界级文物与圣物，是中国规格最高、规模最大、保存最完整的寺庙遗址，2011 年被评为“2010 年度全国十大考古新发现”，2012 年作为中国海上丝绸之路项目遗产点列入中国世界文化遗产预备名单，2013 年被国务院核定公布为全国重点文物保护单位。2015 年底，大报恩寺遗址公园正式开放。

郑和宝船遗址公园在明代宝船厂遗址上挖掘开发而成，是目前中国挖掘出土的最大造船船坞遗址。宝船厂遗址建有郑和下西洋碑廊、雕塑群、遗址出土文物展馆等景观和设施，全景式再现了当年宝船厂的盛况。郑和宝船遗址公园已成为我市对外宣传“郑和文化”，展示南京市作为郑和七下西洋策源地、起始点、物资人员汇集地的重要窗口。很多外宾参观完遗址公园后都说，郑和下西洋这一行动把中国和世界其他国家连接起来，使得商品、文化和思想有了碰撞和交流。

如今，南京正发挥郑和文化与“一带一路”里“走出去”和“引进来”的共同特性，赋予郑和文化新时代价值，提升郑和文化的世界知名度，扩大郑和文化在全球的影响力和号召力，弘扬“郑和文化”，传承海上丝绸之路的和平、共赢精神。

（四）青年的故事

“青春”是南京鲜明的城市底色。作为全国四大科教中心之一，在校大学生超过 100 万人，每年毕业近 20 万人，每万人大学生数量全国第一。这里孕育着无数青春的故事、创业的故事。

承办亚青会和青奥会等重大赛事，让南京的“青春”之名获得了更广泛的认知。青奥会期间，针对青年人的 4 个篇章、5 大主题、20 类项目、4828 场教育文化活动，生动地向世界讲述了“青春故事”“南京故事”和“中国故事”。“同心结”学校国际合作交流项目让 106 所青奥示范学校与世界连接，搭建起传扬奥运精神、增进世界青少年友谊的桥梁。

2015 年 12 月 1 日，第二届江苏留学生“丝路青年行”在南京玄武湖畔启动，来自“一带一路”沿线 21 个国家的 60 多名外国留学生参加了活动，亲身感受南京文化和风俗人情，拉近了南京与世界各国青年的距离。始于 2012 年的澳大利亚友城交流项目——“我和珀斯合个影”学生交流活动，为南京和珀斯两市青少年交流提供了桥梁和平台，成为我市友城教育交流的品牌项目，至今已有 32 名南京的中学生赴珀斯进行教育交流。青年教育文化的交流也进一步促进了两市在多领域的互动合作。在南京与珀斯两市的共同推进下，诺贝尔生物和医药奖得主马歇尔教授将幽门杆菌研发中心落户我市，进一步增强了南京市的医疗研发能力。

“一带一路”建设中的乌海实践：能源与文化并重

冀晓青

“一带一路”倡议为沿线国家和地区优势互补、开放发展开启了新的机遇之窗。其中，“丝绸之路经济带”覆盖我国中西部的大部分地区，更赋予了相关内陆省市新的发展契机与功能定位。内蒙古在4200多千米的边境线上，已经形成了以口岸为依托的沿边开放带，成为全国向北开放的主要口岸经济带；特别是内蒙古接壤俄蒙，中俄间陆路运输的65%、中蒙间货物运输的95%都经过内蒙古的相关口岸。内蒙古自治区抓住国家实施“一带一路”战略带来的机遇，创新同俄罗斯和蒙古的合作机制，在融入和服务丝绸之路经济带建设中拓展发展空间，努力形成“南接内陆、北连俄蒙、直达欧洲”的欧亚陆路新经济走廊的总体布局。《内蒙古自治区建设“丝绸之路经济带”实施方案》明确提出“‘将乌海打造成能源交易和加工中心’、举办‘中国乌海·红酒文化节’、加强葡萄酒文化对外交流”，这些都为乌海参与丝绸之路经济带，特别是中俄蒙经济走廊建设提供了政策保障与支持。

乌海是内蒙古自治区西部新兴工业城市，是“一五”时期布局的全国十大煤炭基地之一。乌海地处华北与西北交汇处的黄河上游中段，是东北、华北通往西北的重要交通枢纽，是国家丝绸之路经济带重要节点、蒙宁陕甘经济区结合部和沿黄经济带中心，也是国家呼包银榆经济区、内蒙古沿黄河沿交通干线经济带重要支点，在国家西部大开发、面向俄蒙开放、振兴老工业基地中都占有重要地位。作为一座资源型城市，乌海找准自身在国家和自治区发展战略上的定位，在实现能源产业转型升级、打造国家级能源产业基地的基础上，遵循“一带一路”战略，

【作者简介】冀晓青，内蒙古自治区乌海市副市长。

找到城市的文化定位，推动书法文化产业和沙漠葡萄酒文化产业加速发展。近年来，乌海全力推动“生态立城、形态塑城、业态兴城、文态铸城、动态创城”五态一体发展，突出民生优先、绿色优先、旅游优先，加快推进经济转型和城市转型，建设内蒙古自治区西部区域中心城市，成为国家第三批资源型城市转型试点、国家首批循环经济示范城市。乌海将通过“生态立城”彰显自然之美，通过“形态塑城”展示现代之美，通过“业态兴城”塑造实力之美，通过“文态铸城”呈现书韵之美，通过“动态创城”打造活力之美。

一、坚持“生态立城”，保障丝绸之路经济带畅通运行

乌海地处乌兰布和、库布其和毛乌素三大沙漠交汇处，荒漠化土地面积占全市国土面积的比重达60%；2009年全国第四次荒漠化和沙化监测结果显示，乌海市境内荒漠化面积还有981平方千米，沙化土地面积还有357平方千米。如果没有乌海地区的开发建设，三大沙漠可能已经连成一片，不仅影响国家东西大动脉——包兰铁路、京藏高速、荣乌高速、109国道、110国道的畅通运行，还可能直接阻断黄河，致使黄河改道，带来极大危害。

同时，黄河在乌海境内流经105千米，在乌海境内形成总面积6420公顷的湿地，对推动人与自然和谐发展、维护黄河中上游水生态安全意义重大。存在的问题是，黄河西岸就是乌兰布和沙漠，每年大量泥沙输入黄河，使乌海成为单位长度内黄河水含沙量最大的区域之一，而且乌兰布和沙漠已经逼近或部分越过包兰铁路、110国道等交通干线，如不加紧治理，将直接威胁丝绸之路经济带的畅通运行。

基于恶劣的自然生态环境，在开发建设过程中，乌海始终坚持“生态立城”，特别是近年来按照“五位一体”的要求，主动把生态文明融入经济建设、政治建设、文化建设、社会建设各方面和全过程，树立促进生态系统可持续发展下的生产观和生活观，加快形成节约资源和保护环境的增长模式、产业结构、空间格局、生产方式和生活方式，切实提高生态文明水平，增强可持续发展能力，先后成为内蒙古第一个地级全国绿化模范城市和国家园林城市，列入了首批全国水生态文明城市和第二批全国生态文明先行示范区；特别是2013年黄河海勃湾水利枢纽工

程建成投入使用，形成118平方千米的舒缓水面——乌海湖，极大地改善了地区生态环境。乌海变成集高山、湖泊、岛屿、沙漠、湿地为一体的“大漠湖城”。

二、坚持循环、低碳、绿色发展，实现能源城市“壮年转型”

在能源产业方面，乌海前些年就开始谋划“壮年转型”，走新型工业化道路，打造了一条煤—焦—化产业链条。在国家战略支持下，乌海市加快建设全国重要的煤焦化工和氯碱化工基地，目前已形成焦炭产能1800万吨，占全国焦炭产能的1/12，具备煤焦油深加工能力90万吨，全市煤焦产业已形成了焦炉煤气、煤焦油、甲醇、LNG等多个深加工产业链条，拥有世界上最大的焦炉煤气制液化天然气项目。氯碱化工PVC产能达120万吨，占全国电石法PVC生产的1/7，深加工能力12万吨，精细化工、农药医药中间体等新兴产业蓬勃发展。目前，两大产业无论在技术装备、节能环保设施方面，还是在生产管理、安全生产方面，均处于全国领先水平。

从国民经济与产业结构及主要经济指标分析，2015年年末乌海市地区生产总值完成609.82亿元，人均达到1.8万美元，三次产业结构比例0.8∶60.3∶38.9；全社会固定资产投资完成398.6亿元，三次产业固定资产投资比例1∶54∶45；公共财政预算收入完成80.48亿元，社会消费品零售总额完成139.06亿元，城镇常住居民人均可支配收入33 968元，农区常住居民人均可支配收入14 402元。

总体上看，乌海市60多年依托煤炭等矿产资源禀赋和产业基础、遵循国家宏观政策和重大生产力布局、顺应市场选择和产业梯次转移形成的发展路径，短期内仍然具有不可替代的作用。同时，乌海工业发展面临的资源消耗与环境保护约束、化解过剩产能压力等矛盾与压力日益凸显，倒逼乌海加大主导产业延伸升级力度、迈向中高端，构建低能耗、低排放、高效益的低碳、绿色、循环产业“新体系”，保障经济健康可持续发展。

乌海是典型的煤炭资源型地区，优质焦煤储量占自治区的60%以上。开发建设过程中，乌海市按照“食物链”方式科学设计产业、产品链条，工业经济的整体性和配套性较好，形成了完备的煤炭精深加工产业体系和生产能力，煤炭资源就地转化率达到90%左右，煤炭综合利用率达到70%左右。

如果保障乌海现有主导产业——煤炭洗选与焦化及精细化深加工产能满负荷

运转，需要每年大量调入青海、新疆以及蒙古国等丝绸之路经济带沿线地区的原煤支撑发展，这不仅带动沿线运输和物流业的发展与基础设施建设，还大力发展煤焦化工，构建起焦炉煤气、煤焦油、苯、硝、硫等多个深加工产业链。乌海正在通过“焦炭气化”有效激活煤焦化传统产业链条、助推全产业链转型升级开辟新的发展路径，先后成为全国资源型城市转型试点、首批国家循环经济示范城市创建地区、首批国家低碳工业园区试点、国家级循环化改造示范试点园区。此外乌海正在推进的“智能微电网＋清洁能源” 的能源互联网模式，为丝绸之路经济带沿线地区提供能源保障。目前，乌海“智能微电网＋清洁能源”的能源互联网模式已经得到国家能源局的明确认可与支持，拟建设国家新能源微电网示范区。

这一项目主要依托乌海及周边的光伏和风电装机、抽水蓄能电站、采煤沉陷区光伏基地、经济开发区和新能源公交车出租车充电站等大型用电户，有机整合乌海及周边地区清洁能源、储能装置、用电负荷，有效解决区域内风电和光伏消纳、抽水蓄能利用问题，促进区域能源结构的革命性调整和经济社会健康、可持续发展。乌海正在成为丝绸之路经济带上的能源交易和加工中心，实现能源城市的“壮年转型”。

三、深入挖掘文化资源，发展文化事业和文化产业

乌海深入挖掘文化资源，大力发展文化事业和文化产业，通过完善公共文化服务设施、开展群众文化活动，群众性文化活动遍及城乡街巷、农家院落，清音雅乐萦绕城乡，浸润着广大群众的心田，已经拥有了中国书法城、中国硬笔书法名城、中国赏石城等荣誉，并成为全国公共文化服务体系示范区，“中国书法城·乌海”荣膺内蒙古自治区十大宣传文化品牌之列。

（一）“翰墨飘香”打造走向全国乃至全世界的城市名片

乌海的书法文化起源于矿区开发，经过 20 余年不遗余力的推动，已连续举办了八届黄河明珠·中国乌海书法艺术节和五届国际书法产业博览会，带动了文房四宝、书画奇石、文化创意、文博会展等文化产业发展，并拿出真金白银用于书法理论研究、创作、人才培养、展览和对外交流。中小学全部开设书法课，

50 000 余人常年习练书法。乌海“书法五进”（进企业、进校园、进机关、进社区、进军营）普及模式获得了全国公共文化服务体系示范项目。乌海书法精品入选国礼赠送东盟国家。

1998 年启动的“书法万里行”工程使乌海书法开始“走出去”，开展对外文化交流。不仅在北京王府井步行街和中国美术馆举办了城市形象展和乌海书法美术摄影展，还与韩国、日本、新加坡、马来西亚、中国台湾等地开展了书法文化交流活动。同时，全国单体面积最大的书法主题馆——当代中国书法艺术馆建成以来，先后举办了朝鲜油画精品展、瑞士画家盖勒现代绘画艺术展、依兰染薰——当代书画名家精品特邀展、内蒙古师范大学师生作品展等各项展览 22 次 30 个，组织各类笔会 11 次，年接待观众 27 万多人次，成为乌海市及全国书法爱好者学习、交流的平台，依托当代中国书法艺术馆着力打造全国最大的书画交易平台，还设立了文化产业发展专项基金，扶持和帮助各类文化企业做大做强，全市以书法为主要内容的创作、展览、培训、交易及配套服务的企业和商户千余家，书法文化产业年营收超亿元。

此外，结合“书法五进”创建项目等地域特色文化品牌，乌海市 90% 的行政村文化综合服务中心都设置了书法室或书法练习区域，以满足农区居民和基层群众的精神文化需求。习练书法在乌海已成为人们修身养性、提高文化品位的一种生活方式，乌海的“煤城”印象正悄然被翰墨飘香的“文化之市”所替代，生活习惯、工作习惯在潜移默化地发生着改变，“书法城”也成为乌海的文化标识，增添了城市的“文化底蕴”和“人文情怀”。“翰墨飘香”为乌海打造了一张走向全国乃至全世界的城市名片。

（二）“沙漠葡萄酒文化”成为通往古丝绸之路世界的通行证

经历半个多世纪的培育发展，乌海已经形成了葡萄种植、采摘、深加工为一体的发展格局。2008 年，乌海葡萄取得农业部颁发的全国首批农产品地理标志认定证书、乌海市被评为全国优质葡萄生产基地。2015 年“乌海葡萄”地理标志证明商标成功注册，葡萄和葡萄酒通过欧盟有机认证，葡萄酒品牌影响力不断扩大。乌海葡萄产业为酿造高品质的葡萄美酒创造了良好的条件。在一系列相关产业政策的扶持下，乌海成长起一批品质高端的红酒企业。2010 年，乌海汉森系列葡萄酒成为上海世博会联合国 DEVNET 馆的唯一指定用酒。

此后，乌海市的红酒产业顺势发力，借助国家“一带一路”战略远销法国、英国、丹麦、澳大利亚等国家，有种说法是：“乌海人喝法国酒，法国人喝乌海酒。”2015 年乌海提出打造“中国・乌海沙漠葡萄酒之都”；2016 年 9 月，乌海借助葡萄种植与酿酒深加工与“欧洲的酒窖”意大利圣特拉姆市成为国际友好城市，双方将在葡萄产业方面加强合作。

翻开历史篇章，古丝绸之路沿线沙漠地区就有种植葡萄和酿造葡萄酒的先例，并成为丝绸之路贸易和文化交流的重要内容。2016 年 9 月，乌海提出“沙漠葡萄酒”的概念，并成功举办丝绸之路世界沙漠葡萄酒文化节暨第 22 届全国葡萄学术研讨会，比利时布鲁塞尔国际评酒会主席卜杜安等来自 18 个国家和国内 31 个省（自治区、直辖市）的国内外著名评酒专家与葡萄酒界知名人士千余人出席，共同研讨沙漠产区葡萄酒的特殊属性及其与古丝绸之路经济带的历史契合，追寻中国葡萄酒酿造历史及酿造技术的古今传承。全球 11 个沙漠葡萄酒生产国主要产区的千余种沙漠葡萄酒参展。

沙漠葡萄酒文化节期间，世界沙漠葡萄酒联盟在乌海成立；乌海被比利时布鲁塞尔国际评酒会定为世界沙漠葡萄酒大赛永久举办地；依托北京国际酒类交易所建立了世界沙漠葡萄酒交易中心；为支持乌海发展沙漠葡萄酒产业，提升产品质量，国家质量监督检验检疫总局批准在乌海设立中国西部唯一一家葡萄酒检测区域性中心实验室。这一系列举措全面推进了丝绸之路经济带沿线国家沙漠葡萄酒加工贸易及文化交流合作，增强了乌海在世界沙漠葡萄酒产区的影响力和知名度。“沙漠葡萄酒文化”成为乌海通往丝绸之路的通行证。

四、全域旅游焕发能源城市新生机

作为能源城市，一直未被关注的乌海境内的大山、大河、大漠、大湖、大湿地等，其实都是难得的自然景观。“一带一路”倡议提出后，乌海市借助政府、部门、企业、媒体多方力量，把现代信息技术、先进营销理念、文化旅游元素融入旅游宣传推介，使旅游形象的培育切实转化成城市形象的提升；同时，依托书法文化、蒙元文化、赏石文化、岩画文化等地区特有的内涵与元素，以文化提升旅游的内涵品质、以旅游促进优秀文化传承弘扬，架起了与丝绸之路经济带沿线地区进行文化交流的桥梁。

乌海坚持“全域旅游”的发展理念，高端规划、系统谋划、强力宣传，在节点、亮点与突破点上下功夫、做文章，围绕重点景区、主打品牌，加强旅游资源和旅游产品的统一规划、整体开发、协同营销，最大限度地发挥市场效应；坚持旅游开发、建设、管理、服务并重，加快交通、景区、住宿、公共标识等建设，建成一批上档次、上规模的旅游项目和配套设施，增强游乐功能和接待能力，推动旅游形式由传统的观光游为主向休闲度假游、商务会展游、户外运动游、研学体验游等多种旅游业态转变。

2015 年乌海市成功承办了内蒙古自治区文化与旅游融合发展系列主题活动，来自内蒙古（12 个盟市）、宁夏、甘肃 3 个省区的 1000 个企业和个人参展，展销了民族传统工艺美术品、文物复仿工艺品、文化创意产品万余件，50 000 人次观展，现场销售额达 3200 余万元，拉动交通、住宿、餐饮、旅游和购物等相关消费 9600 余万元；活动中，组织了 30 个项目的对接洽谈，经对接协商，在签约仪式上有 15 个项目成功对接，签约涉及驻场演出剧目、工艺品创意制作生产、旅游项目开发、文化产业园区建设等领域，项目签约额约 232 亿元。

同时，乌海市通过参加旅游推介会，改造升级乌海旅游网，开通官方微信、微博，拍摄旅游卫视“乌海三课”旅游专题片，制作发行《乌海旅游》专刊，举办手工艺品暨旅游商品展销会、乌海旅游主题宣传口号和旅游形象标识征集活动、“乌海湖杯”散文大赛征文活动、全市旅游推介大赛、“我在乌海等你”旅游微信及微电影征集活动、“乌海湖杯”摄影大赛、满巴拉僧庙传统蒙医药文化节等一系列旅游宣传营销活动，为乌海旅游擦亮了招牌、聚集了人气。

当前，乌海旅游业步入了发展的快车道。其中，“乌海湖”水面在有效提升乌海及周边地区自然生态修复功能，大幅改善乌兰布和、库布其和毛乌素三大沙地交汇区域生态环境的同时，成为地区经济转型与未来产业发展的主要支撑，结合甘德尔山治理沙化形成的高山草甸及黄河生态湿地与沙漠，迎来了乌海旅游业发展的大好时机。

目前，乌海湖入选国家水利风景区，乌海湖旅游公司和黄河明珠文化旅游产业投资公司组建成立，乌海湖水上娱乐、沙漠营地等项目陆续投入运营，乌海湖休闲度假旅游区被列入2015年全国优选旅游项目名录，金沙湾获评国家沙漠公园，龙游湾湿地列为国家级湿地公园试点，“十二五”全市旅游业总收入年均增长40%，正在着力打造丝绸之路经济带上的“乌海——中国户外城”和集观光旅游、体育竞技、休闲度假、会议会展于一体的乌海湖黄金岸线与沿黄河生态文明产业带。

此外，多年以来，乌海市着力整合以古汉城遗址、古汉墓、明代烽火台、满巴拉僧庙为代表的特色人文景观，以乌海湖、龙游湾湿地、金沙湾、奇峡谷、胡杨岛为代表的优美自然景观，以桌子山岩画群、学术界称为“活化石”的国家级保护植物四合木、亚洲之最的石炭纪硅化木为代表的世界级旅游产品，在旅游线路上积极融入丝绸之路经济带沿线风景区。围绕“山”，重点打造以蒙元文化、草原文化、赏石文化为特色的甘德尔山生态文明景区；围绕“水”，以沿黄生态文明产业带开发建设为重点，着力打造集观光旅游、体育竞技、休闲度假、会议会展于一体的乌海湖黄金岸线；围绕“城”，充分发挥“六张名片”品牌优势，着力打造生产空间集约高效、生活空间宜居适度、生态空间山清水秀的“沙地绿洲、水上新城”，打造中国西部旅游集散中心和国际特色旅游目的地，让乌海成为“一带一路”沿线旅游景区的有机组成部分和重要旅游目的地城市。

五、强化城市建设和民生改善，打造丝绸之路经济带上的“明珠城市”

（一）区域中心城市功能完备

乌海市先有矿、后有市，最初的居住区大多依矿而建，基础设施与公共服务底子薄、欠账多。目前，乌海建成区面积达到了62.92平方千米、辐射周边20 000多平方千米，用水普及率、城市生活污水集中处理率、生活垃圾无害化处理率、燃气普及率、集中供热普及率分别达到100%、95.05%、96%、85%和84.5%；特别是随着黄河海勃湾水利枢纽主体工程完工，依托118平方千米的“乌海湖”水面，14.7千米环湖路成为市民休闲健身的理想场所，亲水码头、岸线步道等沿黄景观工程成为市民游览、休闲的好去处，特别是城区水系的加快建设，让“城在水中、水在城中、依水而居”逐步成为现实。同时，乌海构建起了多层次、立体式交通体系，京藏、荣乌、青银高速公路和包兰、东乌铁路穿境而过，“呼和浩特—乌海—银川”

客运专线（高速铁路）即将开工建设，全市公路密度达到每百平方千米51.65千米、人均拥有城市道路面积25.5平方米。乌海机场航班经中转可当日抵达各省会城市（自治区首府、直辖市），多年保持全国民用机场旅客吞吐量百强行列，人均年乘机次数列自治区第二位，“一刻钟生活圈、半小时经济圈、一小时城市圈”已经形成，乌海成为全国文明城市提名城市、全国绿色交通城市、国家智慧城市试点、国家住宅产业化综合试点城市、全国科技进步先进市、国家社会信用体系建设示范城市、全国无障碍示范市，是名副其实的宜居城市。

（二）社会事业全面发展

乌海市教育体育、医疗卫生、文化等社会事业从20世纪50年代起步到90年代后期，主要由企业承办，分散运作、规模小、基础差、欠账多。随着全国经济的高速增长，地方实力不断增强，为弥补历史欠账提供了大量可用财力，不断加大社会事业领域的投入力度，加快硬件与软件建设，2005年实行农区和城镇低保家庭义务教育阶段中小学生“两免一补”，2007年实行义务教育阶段中小学生“四免一补”，2011年率先实现公办普通高中、民族教育、中等职业教育全免费政策，实现了十二年免费教育。同时，“十二五”期间，累计投入上百亿元建设了一批教育、医疗、文化、体育、养老等社会事业和公共服务项目。

（三）民生保障能力不断增强

作为工矿城市，企业在岗、下岗和退休职工数量庞大，社会保障任务十分艰巨。长期以来，乌海坚持实施积极的就业政策，社会保障体系不断健全，残疾人、低收入群体等保障水平稳步提高，社会救助体系逐步完善，成为全国首批全民参保登记计划试点城市和国家级创建创业型试点城市。

同时，乌海扎实推进保障性安居工程，80 000户煤矿棚户区居民、库区移民、特殊困难群体迁入新居；全市仅煤矿棚户区搬迁改造工程就涉及51 000户、151 000人，占全市户籍人口的1/3。

此外，2004年以来，乌海深入推进城乡一体化改革，统一户籍，农区居民在就业、社保、子女就学与参军入伍等方面享受城市待遇，已经向城区、农业园区和二、三产业转移农区居民34 000人，占农区人口的68%；2014年以来，按照自治区的统一部署与安排，高标准实施了农区危房改造、安全饮水、街巷硬化、农电网改造、广播电视通信网络、中小学幼儿园、文化活动室、连锁超市、养老医疗、社会保障全覆盖的新农村建设工程，农区生产生活条件极大改善、村容村貌焕然一新，城市基本公共服务延伸覆盖农区，乌海及周边区域公交一体化全面实现，19条公交线路延伸到周边村镇，农区环线实现免费乘坐，农区居民生活更加殷实，城乡差距进一步缩小，城镇化质量稳步提高。

在扶贫攻坚方面，乌海将贫困人口信息全部纳入智慧民生服务平台动态管理，并由市、区两级实行对口帮扶，实现了贫困人口包联全覆盖。结合致贫原因精准施策，配套出台了覆盖就业、养老、医疗、住房、教育等10个领域的帮扶政策措施。

总体上看，乌海在融入并参与“一带一路”建设、打造丝绸之路经济带上“区域节点城市”方面，有内容、有品牌、有品质、有人气；今后，需要进一步对接“一带一路”重大战略机遇，充分利用乌海丝绸之路世界沙漠葡萄酒文化节、宁夏中阿博览会、新疆亚欧博览会、广西中国东盟博览会、生态文明贵阳国际论坛等平台，积极主动融入“一带一路”朋友圈，不断深化乌海市与“一带一路”沿线国家及国内省区市的经贸往来与人文交流，提升乌海市与“一带一路”沿线国家和地区的合作水平。乌海作为自治区西部区域中心城市，经济活跃、文化包容，以乌海为中心辐射周边百千米的地域范围，是较为集中的进出口贸易区。乌海国际陆港的建设和即将开通的中欧班列，使乌海成为真正的内陆港，进一步实现向西向北开放，成为贯通欧亚大陆的进出口贸易集散地，牢牢掌握未来“新丝路”的商业脉搏。

今后，乌海将继续积极推进与丝绸之路沿线国家和地区的教育、医疗、体育等方面的交流合作，全力打造经济联动、文化并行、服务共享的“丝路城市”，逐步增强乌海及周边地区在“文化丝路”“绿色丝路”上的辐射效应和示范带动作用，依托地区特色走出一条合作之路、发展之路、共赢之路，实现与“一带一路”沿线国家和地区政策沟通、道路畅通、贸易畅通、资金融通、民心相通，促进共商共建共享，推动互利互惠互赢。

融入国家“一带一路”构想 重构防城港市口岸经济新思考

高　明　沈永光　肖　虎　黎江影　罗南瑞

“一带一路”正在成为区域经济乃至整个世界经济的风口，吸引了每一位力图借势起飞的参与者。广西壮族自治区防城港市是中国改革开放时代在广西的缩影，是广西区位优势和资源禀赋在“一带一路”战略构想的指引下继续阔步迈上新征程的体现。

一、防城港市各口岸发展的历史与现状

防城港市位于祖国大陆海岸线的最西南端，广西壮族自治区的南部边陲，既沿海又沿边，背靠中国大西南，面向东南亚，南临北部湾，北连广西壮族自治区首府南宁，东接沿海城市钦州，西南与越南接壤，被誉为“西南门户、边陲明珠”。作为广西北部湾经济区的核心城市之一、国家重点布局的钢铁能源基地和东兴国家重点开发开放试验区、云南广西沿边金融综合改革试验区的组成部分，防城港市在中国—东盟自由贸易区、泛北部湾区域合作中承担起特殊重要的战略作用。经过 30 多年的建设，防城港市目前拥有防城港、企沙、江山、东兴 4 个国家一类口岸和峒中 1 个二类口岸，是广西国家一类口岸最多的城市，口岸设施及条件已经初具规模。

【作者简介】高明，研究员，兼职教授，高级工程师，中国传媒大学“一带一路”经济发展研究中心研究部主任。
沈永光，广西防城港市商务局副调研员，外贸、边贸及口岸管理研究与实践者。
肖虎，美国南加州大学访问学者，中国传媒大学“一带一路”经济发展研究中心事业部主任。
黎江影，法学硕士，美国乔治城大学研修生，先后在大学、海关、政府、国企从事研究与管理工作。现任广西宏桂酒店管理集团董事长。
罗南瑞，广西防城港市商务局口岸科科长，长期从事外贸、边贸及口岸管理工作。

防城港海运口岸：国家一类口岸，位于防城港市港口区。1983年经国务院批准对外开放，是大陆海岸线最西南端的深水良港口岸，地处中国大陆资源丰富的大西南和经济活跃的东盟经济区的中心，是连接我国大西南和东南亚的重要枢纽。

防城港的港口功能定位为：防城港是西南沿海地区的3个全国主要港口之一，是全国沿海24个主要港口之一，是13个接卸进口铁矿石港口之一，是19个集装箱支线港之一。

企沙边地贸口岸：地处防城港市港口区，是1994年经国务院批准、1995年5月9日正式对外开放的国家一类边地贸口岸。口岸位于北部湾西北部的企沙半岛南端，东面和南面濒临北部湾，东北面与广西钦州市的钦州港相邻，西面为防城港口岸，东邻粤港澳，北面背靠我国大西南，距越南永实岛28海里，距越南最大的国际贸易港——海防港81海里。

江山边地贸口岸：前身是白龙边贸过货码头，国家一类边地贸口岸，位于防城港市防城区江山半岛西南端，西南与越南隔海相望，两端距离不足10海里，离防城港城区35千米。

1994年5月，经国务院批准设立为广西江山港边地贸口岸。1995年2月，经广西壮族自治区人民政府验收合格后正式对外开放。

东兴陆路口岸：位于防城港市东兴市内，地处中越边境的最东端，东南濒临北部湾，通过北仑河大桥和越南最大的边境口岸——芒街连接，是对外开放的国家一类口岸，也是直接通往东盟的国际通道和枢纽。

在防城港建立中国大西南出海口通道的过程中，越南广宁省也在积极建设东盟自由贸易区与广西接壤的通道，这两个通道正好重合为“海上丝绸之路”的防城港市大通道。如此，东兴中国—东盟“大门户”概念跃然纸上，其经贸往来及人员交往活跃度可从东兴陆路口岸出入境人员数据中得到强有力的印证。

峒中陆路口岸：位于防城港市防城区西南角，与越南广宁省平辽县的横模口岸相对应。自1991年11月7日峒中陆路口岸恢复开通以来，在国家、自治区和防城港市大力推动下，该口岸的各项基础设施建设有了很大的进步。

峒中口岸自恢复开通以来，业务保持了较快的增长。2014年货物量为15.98万吨，同比增加107.74%；出入境人员15.36万人次，同比增加185.92%；出入境交通工具 1.5 万辆，同比增加 101.25%。目前，峒中口岸正在申请升格为一类口岸。

二、北部湾产业整合与挑战对防城港市口岸及口岸经济发展的迫切要求

北部湾经济区是广西多年来发展战略的重心，“湾区经济”的发展好坏，直接关系到海上丝绸之路能否在广西这个东盟大枢纽中顺畅通行、有效连接的大问题。近年来，广西北部湾经济区的经济增长速度一直领跑自治区，总量逐年增大，初步形成了颇具特色的若干产业集群，临港经济初见成效，成绩喜人。然而由于历史原因，北部湾经济区仍然存在总量偏小、产业趋同、同质竞争、品牌单薄、商品成本高、内生动力不足等问题。

面对国内改革形势的日新月异和国外经济的迅速调整，我们既要冷静思考对策，又要迅速行动起来。从广西周边看，国内，广西所处的西部各省区市你追我赶，外向型经济迅速提升；重庆、四川吸引跨国公司投资卓有成效；陕西、新疆发展高科技，构筑特色产业独具特色，同时在建设丝绸之路经济带上出手迅速；贵州发展大数据也先声夺人。国外，与广西陆海相连的东盟共同体各国步调一致，呈现出迅猛发展的新态势；新加坡已成为发达国家；马来西亚、泰国、越南外向型经济颇有成效；印尼综合实力快步提升；柬埔寨、老挝、缅甸奋起直追。我们尤其应当看到，东盟共同体作为一个整体，经济一直保持较快的发展势头，在未来五年内将成为世界第七大经济体，GDP 总值在 2020 年前将达到 40 000 亿美元，成为全球经济增长的新动力。

防城港市作为广西北部湾经济区的核心城市，拥有中国西部第一大海运口岸和中国出入境人数最多的边境口岸之一，拥有直接连通东盟共同体的海路和陆路优势，当前，该市又迎来了东兴国家重点开发开放试验区的好政策。她的发展除了自身已具有的第一产业、崭露头角的第二产业外，更重要的是发展第三产业，即“口岸经济”，为中国西部地区服务，为东盟共同体服务，为“一带一路”服务。

口岸是对外开放的重要门户和展示形象的独特窗口。我们认为，就防城港市的资源禀赋与条件而言，“口岸经济”的发展应着重考虑：建立国际物流大平台，引天下商贾逐利而来；充分运用东兴国家重点开发开放试验区的政策，乘势搭建全国性、亚洲性乃至全球性的商品交易大平台；利用防城港在中越两国间得天独厚、山

水相连的地缘优势“筑巢引凤”，引导国际国内企业进入试验区参与自由加工贸易区建设，形成“港湾经济”的产业支撑极；积极融入东盟经济共同体，引领国内企业充分分享资本、货物、专业人才的自由流动红利。

三、防城港市口岸经济的整合构想

港口是防城港市的立市之基、兴市之本，是最重要的资源和优势。依照“以港立市”的战略，着眼于建设中国—东盟港口城市合作网络，建设超亿吨的国际枢纽大港，是防城港市为实现科学发展和跨越发展、加快迈进沿海开放城市第一集团宏伟目标的必由之路。当前，必须倾全市之力，同时巧借外力，全面推动防城港市从“通道经济”向“口岸经济”转型，从收“过路钱”的热闹到建“经济带”的埋头实业，以服务于北部湾经济区、大西南地区和中国—东盟自由贸易区发展的主方向。唯有如此，防城港市在广西作为海上丝绸之路大通道、我国中南西南地区开发开放新的战略支点、“东盟”有机衔接的重要门户之独特地位才能充分凸显，才能真正实现防城港市“在全区率先崛起，在沿海后来居上，迈入沿海开放城市第一集团”的宏伟目标。

在防城港市各口岸及口岸经济整合与发展的布局中，我们认为，应当牢牢把握以下发力点：

（一）服务于国家“一带一路”愿景及促进防城港市口岸经济整合与发展

从某种意义上说，“一带一路”是一场我国企业与沿线国家企业互利共赢的跨世纪行动，防城港市必须加快融入，充分发挥东兴国家重点开发开放试验区沟通中国与东盟国际大通道的区域优势，坚定不移地加快实施试验区及防城港市“建设国际枢纽大港”的发展战略。

（二）加强防城港市与越南北部地区的互联互通

这种互联互通包括交通、信息、商贸、物流、投资、产业、金融甚至旅游、文化、生态环保等领域。目前重点是规划、建设好东兴—芒街（中越）跨境经济合作区，以此为平台，发展互利互惠的跨境产业“集群”。充分利用东盟共同体正式启动的契机，抓好中越两国商定的“两廊一圈”深度合作，迅速把项目具体化和实务化。加强与越南广宁省芒街—海河经济区的沟通与合作，办好每年轮流举办的东兴—芒街（中越）商贸旅游博览会，大胆探索以组建特色产业“集群”为目标的吸收国内外产业转移的优质产能模式，达成“品牌＋技术＋资本＋人力资源＋市场”的优化配置。

（三）加快入境植物种苗、粮食和水果三大进口指定口岸及基地建设

这是防城港市独具特色的“区位＋口岸＋政策”的贸易优势。2013年国家质检总局批准东兴为我国入境植物种苗（景观树）指定口岸，这是当时全国第三个、广西首个指定口岸；2014年国家质检总局又批准防城港口岸为入境粮食指定口岸；2015年防城港口岸获批为进口水果指定口岸。这三大特许政策，对加快物流、冷链、仓储、配送、基地直至再加工与营销的规划、强化集散地功能并筹建交易、拍卖、期货和资本市场平台带来了千载难逢的机遇。

第一，在“一带一路”的六大经济走廊中，目前仅有东兴国家重点开发开放试验区口岸具有进口植物种苗的特许权。随着我国城镇化建设步伐的加快，景观树求大于供的状况将会持续，并在我国巨大的城市绿化市场中独树一帜。防城港市进口东盟国家的热带、亚热带树种与苗木有着得天独厚的条件，同时，由于港口的优势，全球植物苗木进口平台的建立指日可待。将植物苗木进口后形成示范基地，加快建设设施齐全、配套完善的景观树经营市场，成为全国景观苗木和花卉盆景的交易中心和集散中心。

第二，2014年，防城港口岸获准成为国家粮食进口指定口岸，为该市的经济发展锦上添花。众所周知，东盟为世界稻米的主产区，全球大米约有32％产于东盟（约1.1—1.2亿吨）。防城港市是国内距离世界稻米最重要输出地——中南半岛最近的地方，与越南更是海陆相连，与泰国、柬埔寨也相距不远。粮食进口指定口岸的确定，使防城港市架起了一条直通东盟产地的粮食走廊。除贸易之外，粮食进口将可能纳入国家粮食安全体系的组成份额。加快粮食进口指定口岸及基地建设，与植物苗木、水果进口一道规划、同时建设、共同推进，尽快形成物流、冷链、仓储、基地、再加工、营销等体系。尤其重要的是做好顶层设计，精心建设全国独一无二的大平台，从现货、期货、加工、资本到试验区内的货币兑换方式，

尽快形成独特的竞争优势和强大品牌。

第三，防城港口岸作为我国进口水果的指定口岸，必须迅速形成特色水果的到岸集散地。为了对接东盟各国乃至全球的水果市场，打造立足北部湾、面向世界、覆盖中南半岛、辐射大西南的水果进口贸易枢纽，在防城港市政府及企业的共同努力下，入境水果指定口岸于2015年通过国家质检总局的验收批准，成为广西第一家海港入境水果的指定口岸。短短一年多的时间，东兴国家开发开放试验区已经成为我国最大的水果进口口岸。

（四）加速港口设施、物流区、保税业务区和基地的四大基础设施建设

港口是防城港市建市的基础，港口设施、物流区、保税业务区和基地的四大基础设施共存于一个生态体系之中，必须统一规划与管理。首先，要以拓展港口功能为重点，以高水平推进港口基础设施建设为载体，以科技创新为动力，以健全完善机制体制和打造支撑体系为保障，全面推动港口大型化、深水化、专业化、信息化、国际化建设，努力建成满足区域经济要求的体系；其次，物流区要有预见性的规划与建设，满足各港口大中小泊位优化组织、合理匹配的要求；再次，保税业务区要区隔合理、管理先进，真正做到保（税）得有序、交（税）得合法；最后，基地是开展研究和拓展的集中支撑点，也是孵化、生产和组织配送等重要经济活动的家园，如植物苗木种植基地等。要合理组织，加强与经营主体的沟通联系，以试验区的独特资源和国内外市场为目标，在整体规划指导下，成熟一个，审批一个，建好一个。真正把体系建成运输方便、装卸快捷、中转灵活、储运有序、临港工业布局合理及保税、加工等管理科学、运行高效的海上丝绸之路的口岸样板。

（五）重点打造防城港、企沙、江山、东兴、峒中五个口岸

防城港海运口岸：进一步完善与东盟国家海路交通的互联互通，抓紧建设40万吨级码头及配套航道，同时，加快搭建港口物流公共信息平台，做好信息的互联互通。建设中国—东盟防城港进出口商品采购基地、中国—东盟果蔬大型流通集散中心及北部湾沿海煤炭储运基地，提升大口岸物流发展层次。同时，根据新常态下经济生态、港城和谐发展等战略的需要，2020年后将干散货从渔沥港区调

整到企沙南作业区转运。尽快建成以矿石、煤炭等大宗干散货和粮食、杂货、液体化工产品转运为主的大型综合港区，抓紧完善集装箱配置，进口铁矿石、硫磷、重晶石、煤炭、粮油和液体化工产品专业化运输的“七大板块”以及第三方物流，建设防城港港航服务中心和电子物流信息平台，形成立体、综合的港航服务体系，进一步提升港口的综合竞争力。

企沙边地贸口岸：以完善港口基础设施建设为抓手，尽快建设企沙南作业区码头及航道，以大宗干散货、杂货运输为主，服务临港工业布局，逐步发展转运功能。重点发展核电、钢铁、能源等临港工业，结合布置物流三大作业区，建成防城港市重要的临港工业基地。其中，企沙港区内规划的潭油作业区、云约江作业区和赤沙作业区主要服务于其毗邻的临港工业企业；企沙南作业区近中期主要服务于企沙工业区和大西南临港工业园，为防城港市打造千亿元产值的有色金属产业提供有力支撑，远期随着作业区设施的完善逐步承接从渔沥港区转移过来的大宗干散货中转运输，并为超大型集装箱船和散货船的到港预留靠泊和装卸作业区。

江山边地贸口岸：完善江山半岛路网建设、休闲旅游配套设施建设，建成防城港市主要的滨海旅游港区，同步建设相关物流园区、滨海景观带、休闲娱乐区、疗养度假区、综合服务区等，使其具有物流、旅游观光、休闲养生等功能，并加快打造具有亚热带边海风情、东盟格调的国际旅游度假胜地。

东兴陆路口岸：重点是完善东兴与越南的互联互通，建设东兴—下龙—河内高速公路、东兴—下龙—海防铁路、中越北仑河二桥。积极向国家质检总局申请将东兴口岸加批为肉类指定口岸。注重发展电子商务，创建“电商东兴”并对接“电商东盟”。集中精力抓好东兴—芒街（中越）跨境经济合作区的申报与建设，发展跨境产能合作示范基地、商贸物流园区，实现投资贸易便利化。使东兴真正成为中越两国经济深层合作的试验区，中越边境地区的商贸、物流、文化、大健康中心，成为我国对越南开放合作的重点示范区。

峒中陆路口岸：在扩大峒中口岸对外开放的基础上，建成以边贸加工并举、以边贸促加工、以加工兴边贸的国家一类口岸。布局和发展边境贸易业、出口加工业、口岸物流业、旅游业等，对接东盟产业开发，形成新的加工出口基地，强化进出口、加工、商贸、旅游观光等功能。

根据开发开放发展进度，建议增加如下边境贸易点：

里火边民互市贸易点：将里火边民互市贸易点升格为口岸，依托口岸抓紧申请设立国家级里火边境经济合作区，建成以口岸边贸带动物流业、加工业、服务业、旅游业的国家口岸。

滩散边民互市贸易区：将滩散建成未来升格后的里火口岸的辅助通道，使之具备商贸、物流配送、旅游观光等功能。

（六）需要强化领导，统一部署，有序行动

为保证口岸功能整合及口岸经济重构目标的实现，需要强化领导，统一部署，有序行动。建议防城港市政府和试验区管委会统筹协调、统一领导，定期研究加强口岸管理、发展口岸经济及落实口岸发展规划等重大措施，协调解决口岸管理工作中出现的重大问题。加强口岸管理办公室的机构建设，按照建设“大港口必须大口岸”的思路，切实做好“三定”，完善口岸办职责，根据西部最大口岸的功能与发展定位，充实管理队伍，强化归口管理，切实履行其规划、协调、管理和服务的职能，切实推动功能整合如期实施。其措施为：

1. 口岸功能整合必须科学规划，有序推进。以高标准、高质量规划为导向，统筹审批，加快口岸建设。

2. 拓宽融资渠道，加大资金投入。大胆拓宽口岸建设资金融资渠道，建议设立东兴开发开放试验区口岸发展专项基金。在传统项目的合资、合作与独资的基础上，在发行基本建设各种债券的基础上，积极探索多元化的投融资模式，引导、鼓励各种所有制企业参与口岸企业重组和口岸基础设施建设；顺应形势发展，大胆推行PPP（Public-Private-Partnership）模式、BOT（Build-Operate-Transfer）模式等，加快现有国有企业的股权再造，直至推出多家上市公司的引导性工作。此外，充分利用好国家给予广西的沿边金融改革试验区政策，先行先试。探索在东兴口岸开辟银行专区或金融一条街，吸引国内外各类银行的“一带一路”基金或专用贷款到试验区建立业务拓展的桥头堡，开展信贷及货币兑换乃至布局未来的人民币自由兑换等业务。

3. 与时俱进，推进口岸管理信息化。积极采取先进技术和管理办法，积极推动口岸电子执法系统建设，完善升级“电子口岸”，实现口岸管理信息化、网络化。

4. 建立保障机制，确保口岸良性发展。要建立口岸设施维护、有效运行的保障机制。在财政预算中拨出一定的资金作为口岸管理发展专项资金和设施维护保养费用，确保建成的口岸设施能够正常使用、顺畅运营。

5. 培养专业人才，提高管理水平。制订口岸专才发展计划，明确人力资源开发与培养、能力考核与评估的目标、原则和措施。

（七）用好试验区，建成“海丝”上的经济明珠

加快各口岸的整合与发展已经成为东兴国家重点开发开放试验区发展的重中之重。加快建设防城港渔沥、企沙和企沙东三大主枢纽港区，统筹发展竹山、京岛、潭吉、白龙、榕木江、茅岭等中小港点，使之接入试验区体系，转化为新的经济增长点，并成为建设21世纪海上丝绸之路重要枢纽与节点。扩大防城港口岸、东兴口岸对外开放范围，将防城港口岸区扩大至东起企沙港区，西至江山港区、潭吉港区、京岛港区、竹山港区；东兴口岸区扩大至北仑河二桥，推进峒中口岸升格为国际性口岸，里火边贸互市点升格为国际性口岸对外开放，推进滩散通道纳入升格后的里火国际性口岸，推动中越双方共同提高口岸通关效率和服务水平，在万沥半岛申请新开放万西边地贸水运口岸、潭吉港边地贸水运口岸、竹山港边地贸口岸，提高东兴边地贸口岸功能，扩大贸易范围。

四、加快建成海上丝绸之路大通道，重塑核心竞争力

加快建成新海上丝绸之路上的中国—东盟全方位合作大通道，既是中国和越南、中国和东盟共同体的国际大合唱，也是防城港市和我国腹地城市、兄弟区域的大联盟，在这个意义上，防城港市肩挑两头：一头连着我国大西南乃至整个西部地区，与丝绸之路经济带省区市相互衔接，直至贯通中亚、西亚、东欧乃至整个亚欧大陆腹地，与西出的传统丝绸之路形成对接环路；另一头连着越南，进入中南半岛经济走廊和海上东盟国家，全线贯通21世纪海上丝绸之路，并从西部进入南亚、西亚、非洲大陆等区域。因此，必须牢牢把握以口岸经济带动防城港市经济，最终实现“在全区率先发展，在沿海后来居上，迈入沿海开放城市第一集团”的目标，使防城港市真正成为我国中南、西南地区乃至全国对外开放的新高地。

建成新高地，关键在于选准突破口，按照战略部署中的轻重缓急安排资源，历练团队，并用目标管理的有效方法，一步一个脚印地推动目标的实现。

在发展思维上，首先要摒弃通道经济的小打小闹思路，将通道经济变为口岸经济；其次要部署立足长远、可持续发展的临港产业，形成若干富有特色和竞争力、符合生态经济发展的产业集群；再次要创建多个口岸园区，使产业集约发展，做强做大；最后根据防城港市既沿海又沿边的独有优势，建成海上丝绸之路加工贸易经济带。

多年来，防城港市先后经历了改革开放的“窗口期”和“门户期”，目前已进入“双行道”阶段。所谓“双行道”，就是一方面外资以跨国公司方式继续进入，另一方面国内企业以海外投资的方式“走出去”。对东盟共同体各国来说，共建、共商、共享 21 世纪的海上丝绸之路利益既是大家共同的愿望，同时又是沿线国家共同的目标。

在“一带一路”愿景的指引下，防城港市在建设海上丝绸之路上的中国—东盟大通道中，其发展的指导思想和行动，将要面临一次重大的转折——渐次从“政府行为”转变为“企业行为”。这种转变，在未来，意味着我们需要从传统的管理思维进入全新的管理思维，从传统的发展模式进入全新的发展模式，从传统的经济管理方式进入全新的全球视野的经济管理方式，尤其是在当前的经济新常态下，风险中隐藏着大量的机会。对防城港市来说，正确认识新常态、适应新常态、引领新常态，具有重要的探索意义。东兴国家重点开发开放试验区给了我们一个试验的平台和机会，是一个放手一搏的好舞台。只有这样，才能通过政府和市场的力量，求得投入的“乘数效应”，让“看得见的手”和“看不见的手”有机联动，最终达到吸引中外企业家云集防城港，形成跨国经济、技术、人才和资本的最优组合，用互利共赢的思维，共同建设一个“一带一路”上的“沿海开放城市 + 大西南出海通道 + 北部湾经济区 + 海上丝绸之路海陆门户 + 东兴国家重点开发开放试验区”的属于“世界的防城港”。

“一带一路”：香港专业服务的软实力作用

李芝兰　李建安

“一带一路”思路提出初期，内地不少讨论围绕中国经济及发展战略需要展开，一些国际智库的分析随即指出：“一带一路”思路进取并强调中国需要的取态，容易引起各国猜忌。[①]中国自改革开放以来大幅提升综合国力，逐渐在国际舞台扮演更吃重的角色，但过去百年转折历史导致的国际沟通断层和东西文化隔阂，令国家现代化的进程持续面临挑战，大国责任的角色也为内政和外交政策带来新的要求和标准。理论界早有共识，一个国家的实力除建基于军事及经济力量等“硬实力”，同时也要看文化、意识形态、价值观等“软实力”，[②]因为用强制手段或利益交换争取回来的支持不会长久，成本也高；但如果赢得他国从心底的认可，便有机会获对方自愿协调和开展长期合作，这样的合作关系不单较牢固也更持久。中国学术界关于“一带一路”最新的研究亦已不限于服务中国经济发展，而更多着眼于中国如何通过“一带一路”来有效履行负责任大国的功能。[③]国家发展改革委、外交部、商务部于2015年3月联合发布的

【作者简介】李芝兰，香港城市大学公共政策学系政治学教授，香港持续发展研究枢纽召集人。近年致力于可持续发展的研究及工作，研究领域包括有效管治、中央地方政治、政府改革、农村公共财政、均衡教育、跨境关系等。希望通过香港持续发展研究枢纽这个策略应用研究开放性平台，促进更多跨界别及跨学科的合作，识别和分析香港可持续发展面临的挑战及机遇，并提供解决方案。

李建安，早年毕业于香港城市大学公共政策学系，资深财经传媒工作者，香港持续发展研究枢纽成员。

① Irina Ionela Pop, “Strengths and Challenges of China’s ‘One belt, One road’ Initiative”, *Centre for Geopolitics & Security in Relation Studies,* 2016; Francois & Agatha, “‘One Belt, One Road’: China’s Great Leap Outward”, *European Council on Foreign Relations,* 2015; Thomas Zimmerman, *The New Silk Roads: China, the U.S., and the Future of Central Asia* , New York University, 2015; Moritz Rudolf, “China’s ‘Silk Road’ Initiative is at risk of failure”, *The Diplomat,* 24 Sep 2015.

② Joseph S. Nye, Jr., “Soft Power: the Means to Success in World Politics”, *Public Affairs*, 2004, pp. 2-11, p. 31; Nye, Jr., *The Paradox of American Power: Why the World's Only Superpower Can't Go It Alone,* Oxford University Press, 2002, pp. 8-9.

③ 赵磊《一带一路：中国的文明型崛起》，中信出版社，2015年。赵从文化经济学的角度解读“一带一路”，提出中国不应局限于经济崛起，也要发挥文化优势，建设软实力，赢取国际尊重。

“一带一路”纲领性文件《推动共建丝绸之路经济带和21世纪海上丝绸之路的愿景与行动》，阐明“一带一路”就是要通过“五通”来实践“合作共赢”的新型国际关系。同年9月，国家发展改革委提出在涉及“一带一路”的公文中统一采用“倡议”，不建议使用“战略”或“议程”等措辞，期以促进各国合作，使“一带一路”成为多方共同参与的开放协作平台。

香港在过去百多年来与不同国家商贸往来的经验累积，使法制、教育和文化、社会治理、商业与金融、管理和项目建设等各方面都达到了世界级水平，香港的“软实力”正好补充中国内地的痛点，为“一带一路”建立国际法律框架、理顺利益分配以及提升项目管理质量等方面提供支持。

一、中国经济起飞与大国责任

中外学界对中国经济急速发展以及如何在世界秩序中承担起相匹配的责任讨论很多，基本的共识是能力愈大，责任愈大。① 国家参与国际事务的过程可分成三个阶段：强制认同、利益认同及观念认同。身处“强制认同”阶段的国家正值国民经济发展之初，首要追求的是基本安全及财富，较少注意国际事务，偏向较被动遵守国际上已建立的游戏规则；“利益认同”阶段的国家累积了一定程度的经济力量，发现参与包括遵守国际守则许多对己有利，因此会主动参与国际组织去维护权益及扩大影响力；“观念认同”的国家已具备较强的实力，在全球事务开始获得较大发言权，因此会期待自己某些价值主张成为构建国际规则的一部分，拥有议程设定的能力，并得到别国跟从。② 亦基于能力愈大、责任愈大的期许，

---

① Peter Van Ness, “China and the Third World: Patterns of Engagement and Indifference” , in Samuel S. Kim ed., *China and the World: Chinese Foreign Policy Faces the New Millennium*, Westview Press, 1998, p. 154；陈智宏《在全球事务中的责任和遵守行为：一个分析框架》，收于熊景明、关信基编《中外名学者论21世纪初的中国》，香港中文大学出版社，2009年，第315页。

② Alexander Wendt , “ Three Degrees of International”, in *Social Theory of International Politics,* Cambridge University Press, 1999, pp. 266-279；秦亚青《国家身份、战略文化和安全利益：一种关于中国与国际社会关系的三个假设》，《世界经济与政治》2003年第1期，第10页；肖欢容《中国的大国责任与地区主义战略》，《世界经济与政治》2003年第1期，第46—51页。

别国也要求这些国家负起相适应的国际社会义务。[1]

中国自改革开放后奉行“善于守拙、绝不当头”的外交原则，期以留有足够空间促进自身尤其是国民经济的发展。这策略看来相当成功，近 30 年来中国 GDP 持续高幅增长，凭着成本优势逐步成为世界工厂，走出了百年的经济凋敝，国力提升下渐渐重视“有所作为”，陆续恢复参与或加入各种国际组织以获得更多发展机遇。[2] 及至 2008 年金融海啸，欧美日等发达国家的进口需求减弱直接打击了以贸易为主导的经济模式，领导层调整发展策略扩大内需，中国亦在 2010 年超越日本成为仅次于美国的全球第二大经济实体。

被视为国际投资学术始祖的英国经济学者 J. H. Dunning 提出海外投资周期理论，指出国家经济发展与人均收入会影响 FDI 的流向，[3] 一个国家在发展之初由于建设需求庞大、投资回报吸引，海外流入的资金（FDI）会远大于流出的资金（ODI），但当发展较成熟后，在地投资回报率下降，加上累积了一定资本的国内企业需要向外寻求更高回报项目，ODI 便会反过来高于 FDI。中国自 2009 年起鼓励企业“走出去”，2003 年中国企业海外投资并购金额约 30 亿美元，而单在 2016 年上半年，ODI 金额据报已达 1340 亿美元。[4] 随着金融海啸后美国、日本、欧洲连番推行量化宽松政策，环球资产价格迅速膨胀，中国依靠多年外贸盈余累积的庞大外汇储备购买力下降，也构成了中国政府以及企业加快“走出去”的动力。可以说，“一带一路”思路的提出也符合一个国家由产品输出、累积资本、再输出资本的发展规律。经济发展逻辑和发展大国责任的要求在“一带一路”思路内可以说是相辅相成的。

---

① 这些义务包括调停国际冲突、派遣维和部队、给予国际组织（例如 IMF、联合国）更多资金支持以及协助弱国应对天灾等，更多讨论可参考 Hedly Bull, *The Anarchical Society: A Study of Order in World Politics,* third edition, Columbia University Press, 2002。

② 由 20 世纪 80 年代起，中国先后恢复了在国际货币基金组织的代表权、世界银行的席位，加入成为联合国国际贸易法委员会正式成员，参加了国际清算银行，加入亚洲开发银行，加入 APEC，并在 2001 年完成加入世贸的谈判，然后再与东盟等签署多项双边贸易协议。详见蔡鹏鸿《变动中的国际组织与中国的和平崛起》，《世界经济研究》2004 年第 10 期，第 37 页。

③ J. H. Dunning, “Explaining the International Direct Investment Position of Countries: Towards a Dynamic or Developmental Approach”, *Weltwirtschaftliches Archiv*, Bd. 117, H.1, 1981, pp. 30-64.

④《上半年中企海外并购金额增长近 4 倍达 1340 亿元》，《大公报》2016 年 8 月 11 日。

二、香港在“一带一路”的角色：建构“一带一路”软实力枢纽

回顾历史，香港在中国经济发展过程中一直角色关键，在改革开放之初香港是中国外资流入的主要来源地，[①]大批港商及技术工人为珠三角等地的发展做出了重要贡献，香港也由于善用内地经济起飞的机会巩固了国际金融中心的角色，包括协助中国企业以香港为基地募集海外资金进一步壮大业务。[②]从20世纪90年代起，香港不少生产性专业服务（譬如会计、法律、测量以及工程）均开始到内地发展，令中国的商业、会计、金融等制度建设走向国际水平。香港向来是一个海纳百川的城市，在环球四大会计师事务所之一的德勤（Deloitte）2016年全球软实力报告中，香港排在亚洲城市中的第一位，报告指出香港的人才来自世界各地，从事知识型产业的77万人分别来自39个不同地区，全球与香港有直接联系的院校或企业高达3491间，有业务往来的国家达79个，[③]任何企业来香港都可以轻易找到对应的协作伙伴。此外，美国传统基金会连续22年选出香港为全球最自由经济体系、瑞士洛桑国际管理学院2016年的报告中香港的竞争力也是名列全球第一。[④]笔者一项关于香港会计业持续发展的研究发现，虽然逾五成的会计专业被访者认为国际会计准则频繁改动将增加业务成本，但绝大多数被访者均同意加强监察同业的专业操守，也支持香港继续紧跟国际会计准则，[⑤]这充分反映香港秉持的专业素质和制度理性等核心价值。

深入香港社会各业操作的优良制度传统（如尊重人权、包容多元、法治等）将对“一带一路”的开放思路发挥具体的推进作用。关键是如何转化香港既有的专业力量、核心价值和制度文化，使之成为建设“一带一路”所需软实力的原料和催化器。下面我们初步勾画一些可能的方向。

---

① 根据商务部的数字，截至2015年底，内地累计批准港资项目386 213个，实际使用港资8333.3亿美元，占境外投资总额50.7%。内地对香港非金融类投资累计4059.6亿美元，占海外投资存量总额53.1%。

② 跻身2016年《财富500》头50位的中国公司中，绝大部分都有在港挂牌，当中包括了中石油、中石化、四大国有商业银行、中国建筑以及平保等。

③ Deloitte, *Global Cities, Global talent, London rising Soft Power,* 2016, London.

④ 瑞士洛桑国际管理学院的竞争力评分包括四个大项：经济表现、政府效率、营商效率、基建，而香港的“政府效率”及“营商效率”都名列全球第一。

⑤ 李芝兰等《香港会计业持续发展与社会流动》，《灼见名家》2016年5月11日。

（一）建立适应“一带一路”的国际法框架

随着“一带一路”项目推进，中国企业对外签订的合约将越来越多，可以预见涉及合约条款和项目执行的纠纷也随之增加，如何妥善解决商业矛盾将非常重要。不少评论已指出，面对项目违约将会是中国发展“一带一路”的重大风险因素，以缅甸水电站及斯里兰卡基建项目为例，由于当地政府更替的影响致使项目遽然中止，①中国企业面临外地企业或政府违约往往欲诉无从。中外学者似乎都有共识，遵守国际法是国际合作的基础，如果不能构建出一套共同认可的理论，国与国之间将无法检验条约、国际习惯或其他协议，也无法做出违规仲裁或落实执行仲裁。问题是中国在国际法的经验尚不足以应对“一带一路”即将带来的新要求。②中国解决商业纠纷的仲裁机制发展迅速，2015 年全国的商业仲裁案件超过 13 万宗，当中涉外的案件 2085 宗，占总数的 1.5%，且绝大多数是与港、澳、台合资企业有关。③中国仲裁法学研究会承认，中国的仲裁机制与国际认可的水平仍有距离，缺乏国际认可的仲裁机构约束了中国仲裁机制的进一步发展。

香港的优越司法体制正可补足这方面的短板，香港早在 1985 年就设立了香港国际仲裁中心处理跨国商业纠纷，2015 年受理案件涉及金额达 62 亿美元，参与仲裁的当事人来自 41 个国家。④伦敦大学的全球最受国际商界人士欢迎仲裁中心的调查指出，香港排名全亚洲第一、全球第三，仅次于伦敦和巴黎。大多数受访者指出，选择仲裁地点时首先考虑当地整体法律体系的信誉，其次是相关仲裁法律是否完善。⑤香港的普通法体系向来备受称颂，亦是亚洲国际法律服务业的枢纽，拥有超过 10 000 名执业律师及大律师，当中注册外地律师超过 1300 名，全球排头 100 位最具规模的律师事务所有一半在香港设有办事处。香港法律教育体系完善，其中香港城市大学多年来提供度身订造的硕士学位课程及短期课程给内地的初级法官，为提升中国司法水平持续出力。

① The Economist Intelligence Unit, *Prospects and Challenges on China's 'One Belt, One Road': A Risk Assessment Report,* The Economist Intelligence Unit Limited, 2015.

② 韩永红《国际法何以得到遵守》，《环球法律评论》2014 年第 4 期。

③ 中国仲裁法学研究会《中国商事仲裁年度报告》(2015)。

④ 香港国际仲裁中心统计，2016 年 10 月 14 日下载自：http://hkiac.net/zh-hant/about-us/statistics。

⑤ 2015 International Arbitration Survey: Improvements and Innovations in International Arbitration, School of International Arbitration Queen Mary, University of London.

香港国际仲裁中心于2015年11月进驻内地，在上海自贸试验区设立代表处。有内地法律学者建议，内地仲裁机构可与香港国际仲裁中心合作组建新的“一带一路”仲裁中心，相互取长补短，共同草拟“一带一路”专用的合同文本。[①] 香港内部也有建议港府委任“一带一路”法律专员并建立服务综合大楼。[②] 中国以香港为基地发展及完善“一带一路”的仲裁体系，不但可以保障中国企业在海外项目的法律权益，也是国家积极参与国际规则这些重要的国际公共产品的表现，体现大国责任的承担。

（二）建立项目风险共担、利润共享的平台

大型基建乃目前“一带一路”具体项目的重点方向之一，根据亚洲开发银行以及经济学人等的推算，2010年至2020年的十年间亚洲总共需要投入80 000亿美元用于基础建设，以维持各国的经济增长水平，亚洲区内传统的跨国基建金融机构亚洲开发银行每年能提供的融资金额约为210亿美元，资金缺口极大。[③] 在这种情况下，虽然中国已牵头设立亚投行（初始规模1000亿美元），并辅以丝路基金（初始规模400亿美元）、金砖开发银行（初始规模500亿美元）等新的支持平台，但面对每年数以千亿美元计的基建开支需求仍然捉襟见肘。中国投入巨资参与邻国基建不单加重了自身的金融风险，很多时候还引来非议，批评中国意图主导别国公共建设。[④]

香港可以成为“一带一路”项目寻求国际商业融资的平台。以三峡南亚参与巴基斯坦水电站项目为例，三峡南亚为中国三峡集团在香港设立的子公司，中国三峡集团与巴基斯坦签订水电站建设协议后，通过三峡南亚在香港为项目融资，结果获得世银旗下国际金融公司入股，亦成为丝路基金入股的首个项目。日后中

① 韩成科、宋小庄《“一带一路”建设中的香港高端专业服务平台》，林健忠主编《“一带一路”与香港》，香港三联书店，2016年，第210—216页。

② 香港政策研究所、香港愿景《香港成为国际法律枢纽：把握“一带一路”的机遇》，2016年。香港愿景召集人为香港立法会前主席曾钰成。

③ 王冬胜《“一带一路”建设中的香港集资融资和财富管理平台》，林健忠主编《“一带一路”与香港》，香港三联书店，2016年，第155—166页。

④ 有些评论质疑中国可以通过要求借贷国偿还利息等手段操控别国的经济政策，也有意见认为中国将会在工程中偏向选用中国制组件，借此形成垄断，详见“Massive Chinese Lending Directed to Silk Road”, *Global Trade Review,* 01-07-2015。

国企业亦可以在香港为项目引入国外的主权基金、私募基金或其他私人投资者，多元化的股权分布可以减轻中国主导“一带一路”的印象，和多国投资者共享利润有利减少执行过程中不必要的阻力。通过香港这个金融平台，既方便了“一带一路”项目募集多元化的资金，也为外资参与“一带一路”提供了渠道，落实“共商、共建、共享”项目的理念。

（三）项目设计和管理

中国近年不少大型基建傲视全球，由穿州过省的高铁以及高速公路、横江而立的多座大型水坝到各地高耸入云的摩天大厦，均见证了中国项目建设的能力。不过问题仍然不少，诸如前期可行性评估和建设过程监督的表现均足以影响项目的质量。[①] 中国企业聚焦工程进度而相对轻视项目对周遭人文及生态环境影响的形象，亦往往不利项目在当地顺利执行。[②]

张德江 2016 年 5 月来港访问时，指出尼泊尔 2015 年大地震，当时首都加德满都大量房屋倒塌，唯独由香港工程师监理的援建建筑（当中包括尼泊尔国家武警学院）丝毫无损，引证香港的项目管理质量，[③] 如果中国建造的速度加上香港管理的严谨，项目效果将相得益彰。香港的公益类非政府组织在不少发展中国家设有许多小区项目，中国企业可以邀请他们协助处理涉及居民及环境的事宜，有助改善企业与当地居民的关系。

事实上，项目如果失去了当地民众的支持，不单在推进时会受阻，也会在国际上形成负面的口碑，因此任何项目都应该致力使在地民众切身感受到项目的良好效益，亦唯有如此，才能做到“一带一路”祈求的“民心相通”效果。

---

① 有研究以中国高铁为例，指出部分中国企业到各地竞标都以低价为卖点，影响了工程质量，可参考 Hongpeng Ma，“SWOT Analysis on China’s High Speed Rail to the Overseas”，International Conference on Logistics Engineering, Management and Computer Science,2015。

② Alexander Cooley, “New Silk Route or Classic Developmental Cul-De-Sac?”, *Ponars Eurasia*, 2015, pp.1-7.

③《“一带一路”沿线商机多 建筑界盼港府搭桥政策扶持》，《大公报》2016 年 5 月 23 日。

（四）建立新评级体系

金融海啸后各国更确认信贷评级机构的重要作用。有研究指出，金融海啸爆发的成因之一是标普、惠誉以及穆迪三家美国国际评级公司向不合资格的债券贸然发出AAA评级，令市场失去判断风险的指标，大笔资金因而流向了拿取AAA评级的次按垃圾债券，最终令大批投资者血本无归。[①]这三家评级公司事后虽然受到责难，市场地位并未因此而根本动摇。2011年三家评级公司连环下调欧洲诸国的主权评级，更直接催生了另一场金融风潮，[②]由于三家机构威力强大，因而被业界形容为“不见硝烟的子弹”（invisible shoot）。为了摆脱影响，包括金砖五国在内的一些新兴市场国家都拟另起炉灶设立新的评级机构与之竞争，唯至今成效未彰。

中国亦有多家具有一定规模的评级机构在国内建立了一定的公信力，但未能突破国际瓶颈，中国企业今在境外发行债券时仍要采用三大国际评级公司。中国评级机构和三大评级公司给予同一家受评企业的评级往往亦不一致，成为外界质疑中国评级质量的口实。

表1　中国部分企业国内与海外评级差异

	离岸债评级	在岸债评级
中石化	A+	AAA
国家电网	A+	AAA
万科	BBB+	AAA
兖煤	BB−	AAA
恒大	B+	AAA

数据来源：“Can All Chinese Debt Be Rated Top Quality?”，*The Wall Street Journal*, 26 July, 2015。

为了加强与国际接轨，包括中诚信、大公以及鹏元等评级公司近年陆续来香港设立分公司，意图扩大公司的影响力。但内地评级机构成立历史尚短，缺

① Paul Ramskogler, “Tracing the origins of the financial crisis”, *OECD Journal: Financial Market Trends,* Volume 2,2014.

② Paudyn, Bartholomew, “ Credit Rating agencies and the Sovereign Debt Crisis: Performing the Politics of Credit Worthiness through Rrisk and Uncertainty”, *Review of International Political Economy,* 20(4),2013, pp. 788-818.

乏令人信服的往绩。从交易所或监管者的角度看，香港监管机构必须依循市场运作和力求保护投资者利益。提高国内评级机构的认受性方向唯有两条：一是扩大市场需求。继沪港通以及深港通后，港交所已开始与内地商讨实行债券通（bond connect），务求让外国及中国香港投资者可以通过香港投资内地债券市场，和内地投资者参与外国债券市场，届时在港有分支机构的内地评级公司便会多了工作机会，并可借此逐步建立品牌。二是持续地提高评级工作的质量和标准，重视人才培训，以与三大国际机构看齐并超越之为目标。

三、结论

理性选择理论从20世纪中叶起成为政治学重要一支，主张人们在行动前会考虑利害得失来做决定，行动本质上都是理性的。理论中所说的理性，范围较狭隘，只是指每个个体在衡量过成本和收益之后，选择出能够让个人获得最大效益的方案，并付诸行动。此理论并没有把个人利益与共同利益（common good）对立，亦没有忽略与别人一起创造更好的生活环境的重要性。[①]中国对“一带一路”的倡议强调创造共同利益和合作，一方面当然要保证己方利益，同时兼顾合作方的利益。尤其是中国作为“一带一路”中的“大国”，更需要负起责任超越“利己”，创造出与他国分享的共同利益。在这过程中，香港的“软实力”正好补充内地的痛点，为“一带一路”建立国际法律框架、理顺利益分配、在提升项目管理质量等方面提供支持，并促进政府间和社会间的有效沟通。

香港协助推进“一带一路”，共同创造大环境，或有助增加自身的发展。香港年轻人近年社会流动机会减少，大学生收入中位数持续下跌，[②]香港立法会一份报告揭示香港在1994年至2015年间薪酬较高的专业及辅助专业职系增加66万个职位，同期大学毕业生数目增加近90万人，致越来越多的大学生要投身薪酬较低的较低技术工作。

①Jane J. Mansbridge,“The Rise and Fall of Self-Interest in the Explanation of Political Life”, in Jane J. Mansbridge ed., *Beyond Self-Interest*, The University of Chicago Press,1990.

② 新论坛《香港各世代大学生收入比较研究报告》，2015年7月27日。

表 2　具大学学历人士从事的工种比例

	1994—2001 年	2001—2008 年	2008—2015 年
专业人士、经理及行政人员	47%	43%	38%
辅助专业人员	36%	38%	33%
文员、服务及销售人员	12%	12%	26%

数据来源：香港立法会秘书处资料研究组《人力调整为香港带来的挑战》，2016 年 6 月。

“一带一路”的推进将有利于香港增加专业职系的工种类别和工作机会，有助于年轻人向上流动。同时，要做到持续的“利己”效果，关键在能“利他”，香港需要运用和发展好既有的制度优势和文化理念，在香港建设起为“一带一路”服务的“软实力枢纽”，譬如各国共同信纳的法律仲裁机制、有利于共享成果及分配利润的透明机制以及促进项目管理质量和效果的管理方法，令“一带一路”项目惠及更多的地区与人民，我们自会从中获益，共生共荣。

澳门参与和助力“海丝”建设的基本思路

邓伟强

海上丝绸之路（简称“海丝”）作为一个特定的历史概念，是指汉代至近代的以丝绸、陶瓷、茶叶等中国商品为主要贸易的海上交通运输线，东起中国，经东南亚、南亚、西亚，最后到达非洲、欧洲，[①] 其中葡萄牙人也在此发展澳门与印度果亚的贸易，并通过果亚与葡国里斯本以及西欧各国进行贸易活动。[②] 随着时间的推移和各国政治经济环境的改变，今天“海丝”的内涵和外延已发生了很大的变化。从 2013 年 10 月 3 日，国家主席习近平在印度尼西亚国会的演讲时，首次提出共同建设“21 世纪海上丝绸之路”的构想；以后，直至 2015 年 3 月 8 日，国家发展改革委、外交部及商务部联合发布《推动共建丝绸之路经济带和 21 世纪海上丝绸之路的愿景与行动》，当中提出“发挥海外侨胞以及香港、澳门特别行政区独特优势作用，积极参与和助力‘一带一路’建设”，标志着澳门是“海丝”的一个重要部分，“海丝”的成功建设不仅关系国家的发展，也直接攸关澳门的未来。

自从“一带一路”倡议提出后，中国各相关地方政府纷纷启动了相应的对接规划方案，澳门是“海丝”的一个重要节点，如何配合国家政策来对接“海丝”，不仅对于澳门推进经济适度多元发展具有现实意义，更是主动落实“一国两制”的重要使命和责任承担。本文将对此做深入讨论，并为澳门更好地参与和助力“海丝”提供政策建议。

【作者简介】邓伟强，澳门特别行政区政府教育暨青年局职务主管，澳门科技大学兼职讲师。研究领域为公共政策、宏观经济、教育规划。目前的主要研究议题包括公共部门绩效治理、政府公关和舆论应对、教育经费投入、教育现代化和国际化、青年创业等。

① 陈奉林《建设 21 世纪海上丝绸之路的初步构想》，《人文杂志》2015 年第 10 期，第 27—35 页；于铭、徐祥民《海上丝绸之路的布局和结构》，《湘潭大学学报》（哲学社会科学版）2015 年第 5 期，第 133—144 页。

② 黄启臣、邓开颂《明嘉靖至崇祯年间澳门对外贸易的发展》，《中山大学学报》（哲学社会科学版）1984 年第 3 期，第 88—97 页。

一、澳门现况

澳门地处中国东南部沿海，珠江口西岸，背靠中国内地广大腹地，是一个自由、开放的微型经济体。澳门是中国一个享有高度自治权的地方行政区域，直辖于中央人民政府，拥有“一国两制”的制度优势，而且奉行简单低税制度，享有自由港、单独关税区地位，资金进出自由，无外汇管制。根据澳门贸易投资促进局资料，美国传统基金会和《华尔街日报》联合发布的《全球经济自由度指数》（2015年）报告指出，澳门在全球178个经济体中排名第34位，而《FDI外国直接投资》杂志更评选澳门为“亚太区未来外商直接投资战略城市”第8位。同时，澳门中西多元文化交融，在政治制度、法律文化、社会结构、人口结构、教育制度、风俗习惯、宗教信仰等方面形成了独特性，30.4平方千米的小城市，亦诞生了中国历史上第一所西式大学、教会大学的圣保禄学院，也成为东学西传、西学东渐的摇篮；澳门历史城区包括20多座历史建筑于2005年获列入世界文化遗产名录，见证了400多年来东西文化在澳门融合的特点；澳门人口64万，人口总量虽少但内涵丰富，澳门素有社团社会之称，以乡族、氏族、行业、地域、爱好组成的各类社团星罗棋布，还有归侨侨眷、土生葡人等。

作为中国唯一博彩合法化的地区，受惠于2002年幸运博彩经营权的适度开放，澳门本地生产总值由回归前约60亿美元增长至2014年的554亿美元，倘若按照世界银行的统计（以美元计算），澳门人均生产总值稳居全球第三，已经达到中上等发达地区的水平，而且公共财政滚存超过500亿美元，为新阶段发展打下强心针。此外，澳门已经形成具有世界影响力的旅游城市，澳门旅客数量超过3000万人次，以到访的国际旅客作为指标，澳门于2014年位列全球前百大城市中的第6位，与第5位的巴黎相当，成为全球最受欢迎的旅游目的地之一；据世界旅游组织资料，澳门旅游收益位居全球旅游城市第5位，旅游收益超过500亿美元。综合而言，在参与和助力“海丝”的建设上，无论在地缘、历史、人文，还是在经济实力、开放程度、制度环境、合作平台上，澳门都有着中国内地其他地方无可比拟的优势。

二、参与和助力“海丝”建设的基本思路

（一）粤港澳区域合作是“海丝”建设的必然要求和必然选择

澳门自古以来发挥着中国连接亚、欧、美、非四大洲的中转港的桥梁作用。早在 14 世纪，明朝为防止沿海军阀余党、海盗滋扰、倭寇作乱，下令实施海禁政策，除允许部分国家或部族进来朝贡外，其他私人的海外贸易一律禁止，促使澳门成为海禁期间中国对外贸易交流的唯一通道。[①] 直到 1553 年，广东海道副使汪柏受贿，默许葡萄牙人在澳门搭棚暂住以后，正式为葡萄牙逐步占领澳门揭开序幕。1845 年，葡萄牙女王玛丽亚二世单方面宣布澳门为自由港，推行殖民政策，并允许外国商船停泊澳门进行贸易活动，自此澳门成为当时中外国际贸易的重要枢纽，不仅大量外国人士在澳门居留和游览，而且从澳门输出的货物中包含例如丝绸、陶瓷、茶叶等中国商品，而西方科技、宗教、人才亦通过澳门传入中国内地。历史上，澳门在中西文化交流中也起着特殊的作用，康熙四十九年（1710 年）命赵昌等传旨给在京的洋教士，“新来之人，若叫他们来俱不会中国的话……朕意，且教他们在澳门学中国话”，澳门不仅成为当时天主教在远东的传教中心，也是“中西信使往来的中继站和西方传教士被逐出中国的流放所”[②]。不过，鸦片战争后，由于香港的崛起和广州等多个通商口岸的开放，澳门逐渐失去了中国对外贸易交流的唯一通道的优势。

20 世纪七八十年代，澳门经济迅速发展，主要得益于国家实行改革开放政策，尤其是广东扮演着“领头羊”和“发动机”的重要作用。当时，粤港澳的合作和互补采用了“前店后厂”的模式，港澳接单、设计，再在较低的土地、劳动力、原材料等成本的广东生产加工，然后以港澳作为中转站将商品销往欧美等地区，这种模式在当时劳动密集型产业发展的时期，具有很大的国际竞争力优势。随着广东的经济发展，粤港澳三地的发展水平差距逐步收窄，尤其是 1999 年亚洲金融风暴和 2008 年环球金融海啸对粤港澳经济所造成的影响，凸显了这种低层次垂直分工的要素互补模式已经不合时宜，有必要转变为结构性、整体性分工合理与错

---

① 陈文璇、郑天祥、陈丽君《澳门在“丝路”中的桥梁作用——建设澳门航空中转港》，《当代港澳研究》2015 年第 3 期，第 3—25 页。

② 邓开颂《十六至十八世纪澳门东西方科技文化交流的特点》，载于《东西方文化交流选书——国际学术研讨会论文选》，澳门基金会，1994 年。

位发展的合作关系，以提高粤港澳三地的抗风险能力。[①]

粤港澳区域合作是实现三地提升竞争力、参与全球化、协调发展的现实选择，已提升到国家发展战略的层次。根据美国《全球大都市发展监测》报告资料，2014年全球三百大城市总计人口仅为全球人口的20%，但经济总量却占了全球经济总量的一半。从改革开放到《关于建立更紧密经贸关系的安排》（简称CEPA）签订前，澳门与广东的合作方式以市场和民间的非官方合作、集中于生产领域为主，澳门企业将较低端的产品生产和组装等环节转移在广东的工厂之内，至于两地政府则各自规划该地的发展；到了1995年，《珠江三角洲经验区城市群规划》出台并提出广州与澳门的发展主轴，粤澳开始在产业、交通、基础设施等局部领域探索可行的合作方式。[②]2003年，CEPA的签订及其在广东的“先行先试”，粤澳迈向制度化合作，随后还有《泛珠三角区域合作框架协议》《珠江三角洲地区改革发展规划纲要》《粤澳合作框架协议》《珠江三角洲产业布局一体化规划》《关于深化泛珠三角区域合作的指导意见》《中国（广东）自由贸易试验区总体方案》以及《2015年广东自贸试验区珠海横琴片区改革创新发展总体方案》的公布，标志着澳门与广东、香港全方位的交流与合作正获得前所未有的高度发展，三地必须以区域经济的大格局来发展，将技术、市场、资源、劳动力连为一体，争取在全球经济重心向亚太转移的大浪潮中抢得先机，全面推动粤港澳成为世界级的城市群、亚太地区重要的创新中心和成果转化基地。

1. 为中国与“海丝”沿线国家合作提供可复制、可推广的成功经验。

国际贸易和经济合作是中国与“海丝”沿线国家的核心内容。目前，全球正深刻地受着由美国主导的国际贸易规则、定价结算交易体系的影响，从而形成了从中东取资源、从中国取生产品、到美国做消费品的不平等贸易关系。随着“海丝”的推进，中国将与沿线国家加深紧密合作关系，这些国家大多数是发展中国家，双方之间处于平等关系，如何依托粤港澳在贸易模式、人民币结算及解决争议上的经验，将有助于改变传统上由美国主导的规则、标准。具体而言，澳门在金融合作、服务贸易、交易规则等方面优势明显，而广东在工业制造、基建工程、

① 关秀丽《“入世”后加强澳门与内地经贸关系的对策研究》，《经济研究参考》2001第41期，第13—25页。

② 罗勇《粤港澳区域合作与合作规划的耦合演进分析》，《城市发展研究》2014年第6期，第39—45页。

能源以及市场潜力等方面拥有丰富的资源。一方面，2015年3月24日，中共中央政治局审议通过广东（三大片区：广州南沙自贸区、深圳前海蛇口自贸区、珠海横琴自贸区）、天津、福建自由贸易试验区总体方案，进一步深化上海自由贸易试验区改革开放方案，其中珠海横琴自贸区的任务和定位与其他自贸区不同，尤其是要探索在“一国两制”下的制度创新和国际化的营商环境，重点在信息科技服务、外包服务、商贸服务、会议展览、中医保健、会计、法律等领域取得突破。因此，粤澳可在上述领域中对接国际的制度、规则、标准、科技、市场、资源来制定粤港澳产品和关键技术的标准和规则，营造国际化、市场化、法治化的营商环境，并将其辐射到“海丝”沿线国家。科技部前部长徐冠华曾说，“谁掌握了标准的制定权，谁就一定程度上掌握了技术和经济竞争的主动权”。例如，珠海横琴自贸区的设立，已逐步显示了粤港澳这个“试验田”的重要作用，珠海横琴新区法院实行法官员额制，全面取消案件审批制和审判庭建制，而横琴检察院实行主任检察官办案责任制，对授权范围内的案件依法独立行使处理决定权，同时承担相应的办案责任。[①] 另外，“分线管理”通关制度使横琴与澳门、香港在珠江口外形成了一个特殊的区域，横琴与澳门之间实施“一线放开”，横琴与中国内地之间实施“二线管住、人货分离、分类管理”。

另一方面，随着人民币纳入国际货币基金（IMF）特别提款权（SDR），标志着人民币成为真正意义上的国际使用的货币。目前，澳门人民币实时支付结算系统已于2016年3月7日投入运作，“有利于人民币资金清算风险的管理以及清算效率的提高，而且将进一步推动区域金融合作的深化、便利人民币跨境使用的拓展、促进本澳发展成为中国与葡语系国家贸易人民币结算平台”[②]，不过由于澳门与中国内地之间不涉及主权问题，这种清算模式仅为中国人民银行大额支付系统（HVPS）延伸至指定澳门的银行，不具有广泛的可复制性、推广性。[③] 尽管如此，澳门是人民币在完全自由兑换之前接受国际化考验的最佳场所，有利于发

①《探索深化司法体制改革 珠海横琴法院将不设审判庭》，中华人民共和国中央人民政府网，http://www.gov.cn/gzdt/2013-12/30/content_2556876.htm。

②《澳门人民币实时支付结算系统正式投入服务》，澳门金融管理局，http://www.gcs.gov.mo/showNews.php?DataUcn=97558&PageLang=C。

③ 毛术文《人民币国际化清算法律问题探析》，《现代经济探讨》2015年第3期，第28—32页。

展和监管人民币跨境贸易结算、人民币投资与保险产品、小QFII配套产品、“贷款换资源”金融合作等制度和配套措施；同时，通过粤澳合作建立内外分离型人民币清算中心，即在既有的在岸体系之外建立起的独立离岸体系，以阻挡市场投机和游资冲击，[①] 这些经验将丰富人民币在中国对“海丝”沿线国家投资、贷款及援助的经验。

2. 共同开拓“海丝”沿线国家。

任何一个区域经济发展都需要有“发动机”，对于泛珠三角区域而言，粤港澳城市群就是这台“发动机”。澳门实行资本主义，拥有较为成熟的资本市场，“一国两制”确保其成为全球具竞争力和自由度的经济体，是中国内地企业“走出去”的最佳平台。粤港澳三地也具有中国内地其他地方无法相比的优势，它包括了三个世界级中心（广东是世界现代服务业和制造业中心，香港是国际金融中心，澳门正建设世界旅游休闲中心）、三个国际机场、两个自由港等的区域竞争优势，[②] 对连接中国内地与“海丝”沿线国家具有十分重要的意义，当港珠澳大桥落成和启用后，粤港澳区域联动将更加紧密，旅客或商客从外地到达香港后，可经过大桥连接于香港国际机场的专用车道，约30分钟车程便可抵达澳门；同样，从香港大屿山出发，经大桥和珠海拱北，可于1小时内到达横琴。因此，《中华人民共和国国民经济和社会发展第十三个五年规划纲要》《推动共建丝绸之路经济带和21世纪海上丝绸之路的愿景与行动》中，都将粤港澳大湾区和珠三角城市群经济圈放在重要的战略位置。

从1999年回归以来，经过16年的发展，澳门正面临产业结构单一的发展瓶颈，如何寻求经济适度多元的突破点，成为新常态下澳门发展战略的核心问题。2014年国家公布的“十二五”规划，首次将有关澳门的内容单独成章，提出支持澳门建设世界旅游休闲中心（简称“一个中心”），加快建设中国与葡语国家商贸合作服务平台（简称“一个平台”）；支持澳门推动经济适度多元化，加快发展休闲旅游、会展商务、中医药、教育服务、文化创意等产业。这就要求澳门要充分发挥独特优势，深化对外开放合作，用好用足国家给予的政策资源和制度优

① 周伍阳《深港人民币离岸市场：人民币区域化国际化的“试验田”》，《深圳大学学报》（人文社会科学版）2011年第1期，第64—68页。

② 郑华峰《从可持续发展战略看粤港澳合作的区域竞争力》，《社会科学》2010年第12期，第37—43页。

势，借助与区域经济的互联共通，推进“一个中心”“一个平台”的建设。

值得注意的是，粤澳两地合作已进入了全新的局面。2009 年 6 月 27 日，全国人民代表大会常务委员会授权澳门管辖珠海市横琴岛东部海傍约 1 平方千米土地，以兴建澳门大学横琴新校区，新校区比原校区大 20 倍，可容纳 1.2 万名学生。《粤澳合作框架协议》自 2011 年签署以来，至今在服贸自由化、重大平台建设、经贸投资合作、青年交流、跨境基建和口岸合作、社会服务与民生合作等方面取得丰硕的成果。粤澳双方更于 2016 年签订了《粤澳携手参与国家“一带一路”建设合作意向书》，当中提出“把粤港澳大湾区打造成为国家连通‘一带一路’的重要门户；充分发挥澳门作为联系葡语国家的重要纽带和服务平台的独特优势，通过与澳门的紧密合作，建立与葡语国家更高层次的合作交流平台；共同支持粤澳两地的企业加快走出去的步伐，到‘一带一路’沿线国家投资发展；深化粤澳国际旅游产业的合作，促进粤澳旅游产业向‘一带一路’沿线国家拓展及延伸”①。

从地缘政治来看，粤港澳大湾区是重要的国际运营中心，具有不可替代性和独特优势。首先，亚洲的地理形状可比喻为一个大漏斗，粤港澳位于中间位置，漏斗上方是中国内地、日本、韩国，下方是东盟和印度，因此粤港澳的基建有必要做好对接，打通人流、物流、资金流以及信息流，成为沟通亚洲上下的桥梁，贯通亚洲南北的大枢纽；其次，粤港澳大湾区可以助力国家南海开发的战略部署，充分利用中央批复和明确澳门水域管理范围，共同探索海洋渔业、海洋交通运输业、海洋船舶工业、海盐业、海洋油气业、滨海旅游业、海洋服务业等现代海洋经济的模式选择和合作重点，尽早占据全球海洋经济竞争的制高点。②

此外，粤港澳三地在旅游业的优势互补和互动，成为新时期经济发展的重要增长点，中葡论坛、国际旅游论坛、亚运会、东亚运、大赛车等国际性活动相继在区域间展开，令这个城市群越来越熠熠生辉，成为连接中国与世界的桥头堡，也成为中国内地各地方形成城市群的“试验田”。根据世界自然联盟和联合国教科文组织 2014 年的统计资料，丝绸之路经济带区域各国拥有世界文化遗产 386 个，世界自然遗产 62 个，自然保护区 18 404 个。要在沿线国家旅游合作中取得成功，

---

①《粤澳携手参与“一带一路”建设》（2010），澳门新闻局，http://www.gcs.gov.mo/showNews.php?DataUcn=101021&PageLang=C。

② 张玉阁《推进海上丝绸之路战略下的深港合作》，《开放导报》2015 年第 5 期，第 29—33 页。

有必要参考欧盟国家或东盟旅游合作的模式，协调各国共同开展客源市场促销活动，并制定统一的旅游服务标准，构建信息交流平台，其中包括合作建设旅游基础设施、进行智慧旅游平台建设、开发旅游产品、开发旅游市场、制定旅游便利化政策等。[①]

（二）将“海丝”与“一个平台”有机结合，形成叠加效应

“从16世纪中叶到1840年以后香港崛起的300多年间，澳门实际上垄断了中国（内地）对东西方的海上贸易”[②]，尤其是16世纪中叶，葡萄牙人以澳门作为据点，垄断了对印度、日本、菲律宾、墨西哥甚至东南亚各国贸易的路线，因此历史上澳门早已成为中国内地与“海丝”沿线国家重要的贸易枢纽和中西文化交流的桥梁。在参与和助力“海丝”的过程中，与“一个平台”有机结合是必然之路，澳门要发展多元产业，就必须充分发挥地理、语言、文化、产业、经贸等优势，牵手“海丝”沿线国家拓展与中国内地和葡语国家的商贸合作，努力做好澳门“一个平台”的角色。

目前，以葡语为官方语言的国家遍布欧洲、非洲、南美洲、亚洲（包括葡萄牙、巴西、安哥拉、莫桑比克、几内亚比绍、佛得角、圣多美和普林西比、东帝汶），拥有2.6亿人口，面积超过欧洲总和，其中巴西是第一个与中国建立全面战略伙伴关系（2012年）的拉美国家，安哥拉是非洲第二大石油生产国，莫桑比克和几内亚比绍拥有超过百亿吨煤矿储量，加强与葡语国家的合作对中国经济发展来说具有战略意义。澳门之所以可以承担起“一个平台”的重任，很自然与以下因素有关：采用与欧洲大陆相近的行政架构和法律体系；葡语是澳门官方语言之一；政府积极培养中葡双语人才，尤其是专业人才；在60多万人口中有3万多名葡语国家后裔在澳门定居和生活，他们接受葡文教育，有葡语国家文化背景，他们有的具有中国或亚洲其他国家的血统，会说普通话或广州话，对中葡两国的营商环境、法律法规、文化、风土人情以及生活习惯等有深刻的认识。

---

① 张广宇、沈兴菊、刘韫《丝绸之路经济带建设背景下的国际区域旅游合作研究》，《四川师范大学学报》（社会科学版）2015年第3期，第53—58页。

② 徐雅民《澳门，重要的国际商贸中介角色》，《中国与葡语国家经贸合作论坛座谈文集》，中国—葡语国家经贸合作论坛常设秘书处，2006年。

发展“一个平台”也是解决澳门长期以来博彩业一业独大的单一产业结构的良好药方，国家从2003年起将每隔三年举办的中国和葡语国家经贸合作论坛部长级会议移师到澳门，迄今已连续举办了五届。2013年，副总理汪洋来澳出席第四届中国和葡语国家经贸合作论坛时表示，支持澳门发挥“一平台、三中心”的作用，即建设中葡中小企业商贸服务中心、葡语国家食品集散中心以及中葡经贸合作会展中心。可见，澳门对于支持中国内地企业“走出去”，或葡语国家企业“走进”中国内地，能够发挥独特的优势。首先，充分善用由国家开发银行和澳门工商业发展基金共同设立的中葡合作发展基金的资源，引入“海丝”沿线国家的资金，支持中国（含澳门）企业与葡语国家开展投资合作，尤其在交通、能源通信等方面；其次，引入“丝路”的元素，将中葡论坛（澳门）培训中心打造成中葡国家的政府官员和从业人员的培训基地；再次，创设“中国—葡语国家—‘丝路’国家”博览会，以强化澳门“三中心”的功能，并主动向“丝路”沿线国家推介中葡投资营商环境，促成商业配对和项目对接；最后，设立中国和葡语国家之间的金融服务中心，专门负责两国的外汇结算、企业融资担保、企业经贸合作的信用保证等服务，保障各方企业出口至其他国家的经贸合作。①

（三）充分发挥独特的归侨侨眷资源优势

澳门地处珠江入海口西侧，背靠珠三角，面向南海，三小时飞行半径涵盖东亚、东南亚、南亚以及内地等众多国家或地区，具有独特的归侨、侨眷资源优势，这些归侨、侨眷大部分是20世纪六七十年代移居澳门的东南亚人士，他们来自60多个国家或地区，约占澳门总人口的1/10，他们对“海丝”沿线侨居国的社会经济环境较为熟悉，有助于发挥促进侨居国与中国的沟通和纽带作用。2015年，菲律宾、马来西亚、泰国已经成为澳门排名前10位的主要境外游客来源地。未来的合作，需要在以下方面寻求突破：降低侨居国相关企业进入市场的程序成本和政策成本；以粤港澳联席会议作为依托，加入侨居国的日常对话协调空间和机制；考虑到澳门仅为中国的一个特别行政区，而中国中盟自贸区是国家与国家之间的

① 叶桂平《“中葡平台”的建设现状及其发展方向刍议》，《当代港澳研究》2015年第4期，第79—97页；郭永中《澳门建设中葡商贸合作平台的战略思考》，《理论学刊》2011第10期，第64—68页。

合作安排，因此适宜争取中央政府政策的支援，确立一批重点合作项目，做好服务平台的角色。[①]

（四）以合作协商来驱动创新发展

以粤港澳三地经验来看，澳门、广东实行大陆法，香港实行海洋法，三地合作的原则是在“一国两制”的规定下不影响另一个地区的法律制定和政策安排，三地在法律理念、法律体系、法律解释、法律渊源以及立法和司法等方面存在着较大差异。香港和内地是澳门最主要的出口市场，但在紧密合作的过程中也面临着需要磨合的情况，例如广东已不满足于充当香港、澳门制造业的“后厂”，但港澳则希望继续成为内地商品“走出去”的视窗。[②]澳门是中国的特别行政区，实行独立的税收制度，自行制定货币金融政策，而广东则需要中央政府下放社会管理权、经济权，除非中央通过法定途径适度扩大广东的立法权限，虽然各方地位平等，但主体的身份则略有不同。如果说粤澳的合作会存在这种情况，当澳门参与和助力“丝路”建设时，也会产生这种地方（澳门）与国家（“丝路”）身份不对称的现象，因此未来在与“丝路”沿线国家解决问题上必然具有政治敏感性，不宜采用平行诉讼来解决，宜借鉴 CEPA 的经验，以合作协商解决方法为主、以法律非强制性规范为辅，以解决各方面的争议。

综上所述，澳门自古以来就是中国对外贸易的窗口，是联系中国与世界的桥梁和纽带。在参与和助力“丝路”的过程中，澳门得天独厚的地理、语言、文化、产业、经贸等优势，将使得澳门成为推动“丝路”建设的最佳平台。随着粤港澳三地紧密合作的再升级，澳门必须借助区域合作之形势，发挥最大的辐射效应，并在合作模式的探索上，形成可供“丝路”沿线国家和泛珠三角区域可复制的、可推广的经验。另外，澳门需要将“丝路”和“一个中心”“一个平台”的发展战略结合起来，使澳门成为促进中国与葡语国家和东盟国家重要的枢纽，为“丝路”发展提供强大助力，成功推进“一国两制”伟大事业。

---

① 左晓安《粤港澳合作转型与中国东盟自由贸易区演进方向协同发展》，《广东社会科学》2015 年第 4 期，第 92—100 页。

② 丘志乔《完善粤港澳紧密合作区协商解决机制》，《开放导报》2011 年第 4 期，第 57—60 页。

中缅开展“一带一路”合作的机遇与挑战

张伟玉　宋清润

缅甸资源丰富，地缘位置重要，不仅是连接东南亚与南亚的陆地枢纽国家，也是连接中国和印度两大国的重要国家，历来是大国争相拉拢和激烈博弈之地。缅甸是中国“一带一路”沿线的重要参与国之一，中国是缅甸最大邻国，是缅甸的最大外资来源国、最大贸易伙伴国。两国合作历来互惠互利，中国“一带一路”建设的推进需要缅甸的积极参与，而缅甸参与“一带一路”倡议不仅会提振其经济发展，还有助于缅甸加快融入区域合作，提高国际地位。

随着“一带一路”建设的不断推进，越来越多的中国企业走向缅甸投资兴业，截至2016年8月31日，中国内地和香港对缅甸协议投资总额近255亿美元，共有269个投资项目。[①] 未来，两国还会有更多的经贸合作，中国在缅利益将持续增多。因此，有必要梳理和分析缅甸各方对“一带一路”倡议的态度，科学评估“一带一路”建设在缅甸面临的机遇和挑战，这有利于“一带一路”倡议在缅甸的顺利、可持续推进，加快打造中缅共同发展与繁荣的命运共同体。

【作者简介】张伟玉，博士，清华大学“一带一路”战略研究院博士后。主要研究缅甸及东南亚地区政治、安全等问题。在《当代亚太》《国际政治科学》等杂志发表文章多篇。

宋清润，博士，副研究员，中国现代国际关系研究院南亚东南亚及大洋洲研究所环孟加拉湾研究室主任，一带一路百人论坛专家委员会委员。主要研究缅甸局势、泰国局势、东南亚局势、美国与东南亚国家军事关系等问题。著有《“亚太再平衡”战略背景下的美国与东南亚国家军事关系（2009—2014）》和《泰国民主政治论》（合著）。

① “FOREIGN INVESTMENT OF PERMITTED ENTERPRISES AS OF (31/8/2016)(BY COUNTRY)”, The Directorate of Investment and Company Administration, Myanmar, http://www.dica.gov.mm/sites/dica.gov.mm/files/document-files/by_country.pdf.

一、“一带一路”倡议在缅甸实施面临的机遇

（一）有良好的政治基础

中缅两国是山水相连的友好邻邦，缅甸称中缅友好关系为“胞波”（兄弟）情谊，这是缅甸语中唯一称呼外国为“胞波”的例子。缅甸是最早承认中华人民共和国的亚洲国家之一，中缅1950年建交以来，与印度一起共同倡导“和平共处五项原则”，并通过友好协商解决了历史遗留的边界问题。在过去66年的时间里，中缅总体保持友好关系。在缅甸吴登盛政府时期（2011年3月至2016年3月），2011年5月，中缅关系提升为全面战略合作伙伴关系。①

缅甸民盟是在野党时，民盟主席昂山素季多次表示希望访华，2015年6月11日实现第一次访华，受到习近平等中国领导人的会见。习近平指出，中缅是亲密友好的邻居，建交以来，中缅传统友谊历经风雨从未改变，各领域务实合作成果丰富，成为休戚与共的利益共同体和命运共同体。昂山素季表示，两国是邻居，而邻居是不可选择的，致力于两国友好关系发展至关重要。缅甸民盟重视缅中友好，钦佩中国共产党领导中国取得的巨大发展成就，希望通过此访深化两党关系，推动两国人民之间的友好关系向前发展。②

缅甸民盟赢得2015年11月大选，2016年3月30日，缅甸总统吴廷觉率领民盟新政府宣誓就职，标志着连续执政54年的军人及其政党下台，缅甸朝野格局发生历史性变化，外界曾一度担心，民盟政府外交会“倒向”西方，疏远中国。③但民盟新政府外交理性务实，重视睦邻关系，重视对华关系。昂山素季出任外长和国务资政后，2016年8月17日至21日访华，中国是她出访的东盟区域之外的第一个国家，也是她出访的首个大国，这说明她和民盟政府高度重视中国。④昂山素季访华期间，双方发表了《中华人民共和国和缅甸联邦共和国联合新闻稿》。在新闻稿中，双方高度评价了中缅“胞波”情谊，作为和平共处五项原则的共同

---

①《中缅发表关于建立全面战略合作伙伴关系的联合声明》，http://news.xinhuanet.com/world/2011-05/27/C.121467691.htm。

②张朔《习近平会见昂山素季率领的缅甸全国民主联盟代表团》，http://www.chinanews.com/gn/2015/06-11/7338495.shtml。

③宋清润《中缅合作力争双赢》，《学习时报》2016年9月20日。

④宋清润《中缅合作力争双赢》，《学习时报》2016年9月20日。

倡导者，两国始终秉持上述精神，推动双边关系在相互尊重、相互信赖、平等互利的基础上取得长足发展。双方表示将继续奉行睦邻友好政策，优先发展双边关系。双方重申将以两国人民利益为重，从战略高度和长远角度出发，推动中缅全面战略合作伙伴关系不断取得新进展。缅方重申坚持一个中国原则，在台湾、涉藏、涉疆问题上理解并支持中方立场。[①]

（二）双方合作互惠互利

两国在经贸上的相互依赖很深。对于缅甸而言，中国是缅甸最关键的经贸合作伙伴国。在投资方面，截至 2016 年 8 月 31 日，中国（含香港）对缅协议投资总额近 255 亿美元，约占缅甸吸引外资总额的近 40%，是美国、欧盟、日本等对缅投资额之和的约 3.5 倍，而且中国愿意投资西方不愿涉足的缅甸基础设施建设，因为这些投资巨大，周期长、回报低，而基础设施落后正是制约缅甸发展的“瓶颈”，中国对缅甸基础设施的投资对推动缅甸经济发展具有重要作用。中国还是缅甸最大外贸伙伴国、最大出口对象国，近年来，中缅贸易额占缅甸外贸总额的 30% 以上。同时，缅甸也是中国在东南亚投资最多的国家，投资利益保护也至关重要。[②]中国成为缅甸最大贸易伙伴国和顺差国，对缅甸外贸和经济的拉动作用十分明显。同时，中国“一带一路”建设也需要缅甸的积极配合，中国企业需要到缅甸投资，需要拓展缅甸市场，中国也需要从缅甸进口农副产品、天然气等。

中缅两国经济的互补性很强，主要体现在三方面：一是贸易领域，主要向缅甸出口成套设备和机电、纺织、化工、金属、车辆配件等领域的产品，缅甸主要向中国出口矿产、农产、木材、水产、珠宝等领域的产品，这说明两国的贸易互补性高。二是投资领域，中国有充足的资金，已逐渐成为世界主要的对外投资国之一，而缅甸经济基础薄弱，其发展也急需吸引海外投资，而基建、能源、电信、制造业等领域都是缅甸吸引外资的重点，这些恰恰又是中国企业“走出去”的重要领域。三是中国和缅甸经济增长速度都比较快，随着中国经济实力的增强，对周边国家的经济辐射力也在增强，而缅甸经济的快速增长也使其日益成为中国在

① 《中华人民共和国和缅甸联邦共和国联合新闻稿》，http://www.fmprc.gov.cn/web/zyxw/t1390419.shtml。
② 宋清润《中缅合作力争双赢》，《学习时报》2016 年 9 月 20 日。

东南亚的重要市场和投资目的地。[①]随着中国“一带一路”构想的持续推进，缅甸的战略作用将不断凸显，这将为两国经贸合作的扩大带来不可多得的历史机遇。[②]

在“一带一路”建设中，中缅合作的发展空间、领域和前景都十分广阔。中缅可以拓展基建、能源、贸易、产能、旅游、农业、制造业等诸多关键领域的互利互惠合作。

对于缅甸来说，与中国合作推进“一带一路”建设，一是有利于逐步改变缅甸落后的面貌。缅甸金融市场发展迟缓，融资条件有限，缅甸作为第一批意向创始成员国，加入由中国倡议发起的亚洲基础设施投资银行，将为缅甸基础设施建设带来融资便利。[③]缅甸还可以吸引源源不断的中国投资进入铁路、港口、航空、通信等基础设施领域。二是可以充分利用两国经济的互补性，对接中国巨大的市场，发挥自身比较优势，扩大对中国的出口，增加本国的资本积累，壮大发展民族工业。三是可以承接中国的优质富余产能的转移，发展自身的产业体系，扩大就业，提高居民生活水平。四是可以学习中国的改革开放与发展经验，改善其自身的经济治理和企业管理水平。五是可以凭借地理优势，发挥连接中国腹地和印度、东南亚的陆上枢纽和连接中国腹地和印度洋的陆海联通枢纽作用，依托转口贸易、物流中转等方式获取经济利益。[④]

对中国来说，与缅甸合作推进“一带一路”建设，一是可以使缅甸成为连接中国、南亚、东南亚三大经济板块的枢纽，从而发挥至关重要的联通作用，帮助拓展中国周边外交。[⑤]二是为中国发展开辟更广阔的空间和市场，通过利用中国的优势产能和充足的资本，让有条件的企业到缅甸投资兴业，可以更好地发挥比较优势，促进中国经济增长。三是加强中国的国际影响力，中国正处在崛起的关键阶段，比以往任何时候都更加接近中华民族的伟大复兴，因此，在更大范围构建中国的影响力和构筑全方位的开放新格局，深度融入世界经济体系，对世界发展做出更大贡献，树立负责任大国的形象，是中国现阶段的必由之路。

---

① 李敦瑞《中缅经贸合作前景及其战略价值》，《学习时报》2015年10月8日。

② 李敦瑞《中缅经贸合作前景及其战略价值》，《学习时报》2015年10月8日。

③ 缅甸基础设施十分落后，交通发展严重滞后。世界银行2012年度报告显示，缅甸交通条件在全球参评的155个国家中排名第133位，是世界上交通状况最差的国家之一。

④ 李敦瑞《中缅经贸合作前景及其战略价值》，《学习时报》2015年10月8日。

⑤ 李敦瑞《中缅经贸合作前景及其战略价值》，《学习时报》2015年10月8日。

（三）缅甸政府和主要政党总体支持“一带一路”

1.民盟政府态度。

缅甸全国民主联盟（民盟）新政府基本继承了缅甸传统外交原则，即独立自主，与所有国家交好，并支持和赞赏中国提出的“一带一路”倡议。

民盟赢得2015年11月8日大选后，11月17日，昂山素季在内比都接受新华社记者专访时表示：“我小时候就听说过丝绸之路，很有艺术性，也很浪漫。我赞赏中方‘一带一路’倡议，并希望倡议能够取得有利各方的结果。”她指出：“不管是中国投资，还是哪国的投资，要在我们国家成功地投资，最需要做的是要取信于民。在中国与我们的经济联系中，我们的人民明白了对我们国家有利的话，而且这种理解不断增加的话，我们的关系就会更加友好。”[①]

2016年8月17日至21日，昂山素季访华，双方在联合新闻稿中表明：“缅方欢迎中方倡导的‘一带一路’和孟中印缅经济走廊合作倡议。双方将继续用好经贸联合委员会、农业合作委员会、电力合作委员会等政府间合作机制，加强经贸、农业、水利、电力、产能、金融等各领域互利合作。”[②]这是缅甸民盟新政府第一次在公开正式场合向中方表明，其支持“一带一路”倡议。

民盟新政府宣传部部长吴培敏在2016年9月19日出席以“互联互通：媒体合作的新机遇”为主题的第五届中国—亚欧博览会新闻部长论坛发表讲话时表示，“一带一路”建设是一项对所有人都重要的计划，它能重振古代丝绸之路、增进不同文化之间的理解、促进丝绸之路经济带沿线国家的经济发展。同时也将造福生活在丝绸之路沿线的人民，促进各国媒体机构、广播公司和媒体信息、通信技术从业者建立友好关系。[③]

民盟智库贝达研究院负责人吴妙严瑙登2016年5月访华时表示，感谢“一带一路”倡议，民盟无论作为此前的反对派，还是作为现在的执政党，都赞赏该倡议。吴妙严瑙登还表示，民盟智库给民盟中央执行委员会二号人物吴温腾和民

---

① “Myanmar to continue friendly policy toward China: Aung San Suu Kyi”,http://news.xinhuanet.com/english/2015-11/17/c_134826571.htm.

②《中华人民共和国和缅甸联邦共和国联合新闻稿》，http://news.xinhuanet.com/2016-08/20/c_129243250.htm。

③《吴培敏：“一带一路”推动中缅媒体合作新格局》，http://www.scio.gov.cn/ztk/dtzt/34102/35162/35167/Document/1491965/1491965.htm。

盟中央执行委员会经济小组负责人吴汉塔敏递交有关中国"一带一路"倡议的信息时，两者都对此表示感兴趣。但无论是民盟智库，还是这两位中央执行委员会成员，都表示对中国"一带一路"的倡议的详细信息尚不甚清楚。[①]

2. 最大在野党的态度。

缅甸巩发党在2011年3月至2016年3月执政（即吴登盛政府执政时期），在民盟2016年3月取代其执政后，巩发党从执政党成为最大在野党。在巩发党执政时期，其支持"一带一路"倡议。吴登盛2014年11月来华出席"加强互联互通伙伴关系对话会"时表示，基础设施建设给亚太地区带来了重大的经济发展，互联互通在促进地区合作包括贸易与交通、信息与电信、能源基础设施和人文交流中发挥了重要作用；基础设施网络发展将帮助连接本地区和国际市场，而缅甸正在参与亚洲高速公路和泛亚铁路的建设，缅甸同时还是孟中印缅经济走廊等次区域网络的成员；缅甸赞赏中国提出建设丝绸之路经济带和21世纪海上丝绸之路的倡议，认为这将为本地区乃至世界带来和平、稳定与繁荣。[②]吴登盛2016年3月30日卸任总统后，担任巩发党主席至8月下旬。而今，他是巩发党中央领导委员会的核心成员。8月11日，吴登盛在会晤中共中央对外联络部部长宋涛时，再度感谢中国长期以来为缅甸经济社会发展提供的支持和帮助，他表示，尽管巩发党政治地位发生变化，但支持缅中友好的立场不会改变。巩发党愿继续深化与中国共产党交流合作，学习借鉴中方党建经验。[③]巩发党其他高层总体对华友好。

缅甸时任吴登盛总统首席政治顾问吴哥哥莱表示，中国提出的"一带一路"倡议是一个伟大的构想，不仅对中国有利，而且对缅甸及本地区的发展有利。[④]

缅甸时任吴登盛总统发言人吴耶图在接受新华社专访时表示，吴登盛总统访华时就表示缅甸欢迎中国"一带一路"建设和倡导建立亚洲基础设施投资银行这两个伟大计划，对东盟国家来说，这是一个发展的好机遇。吴耶图还表示，中国的发展对缅甸企业和民众来说是难得机遇，加强缅中两国经贸合作关系对双方都

---

① 笔者对吴妙严瑙登的访谈，地点北京，2016年5月7日。

② 参见《缅甸新光报》2014年11月9日。还可参见洪荃诠《缅甸媒体：中方提议建设的"一带一路"具有重大现实意义》，http://gb.cri.cn/42071/2014/11/11/6071s4761234.htm。

③《宋涛会见缅甸巩发党主席、前总统吴登盛》，http://www.fmprc.gov.cn/ce/cemm/chn/sgxw/t1389372.htm。

④《缅甸官员说"一带一路"倡议有利地区发展》，http://news.cntv.cn/2015/10/22/VIDE1445518684483518.shtml。

有利，欢迎中国企业到缅甸投资兴业和开展经贸合作。他相信，两国经济贸易合作关系将会不断发展和提升，中国“一带一路”建设是缅甸经济发展的一个新机会。[①]

3. 其他部分在野政党的态度。

缅甸重要少数民族政党若开民族党主席埃貌表示，中国倡导的“一带一路”构想是中国惠邻的好举措，能够给周边国家带来发展。他说，“一带一路”是联通之路、贸易之路、发展之路，我们表示欢迎。埃貌表示，孟中印缅经济走廊建设，对于加强四国经济联系，促进边境地区发展，特别是少数民族地区的发展，具有积极意义。他表示，相信中国的“一带一路”计划能够成功，相信中国周边地区都能逐步发展起来。埃貌看好中国倡导的亚洲基础设施投资银行，亚投行不仅能够促进地区基础设施建设，还有助于地区的发展和稳定。[②]

4. 部分学者、组织和媒体的态度。

缅甸外交部下属的战略与国际问题研究所主席吴尼芒森称，“一带一路”倡议将使得东盟成员国受益，但一些成员国对此战略还知之甚少，“一带一路”倡议能够促进东盟国家如缅甸和柬埔寨等国的基础设施建设。他还称，孟中印缅经济走廊是“一带一路”的很大一部分，但因为缺乏动力而阻碍了走廊发展，作为学者，他建议中国提供更多的渠道促进对“一带一路”的了解和交流。与此同时，一些国家存在对“一带一路”是否会影响当地利益和安全的关切，这些关切是正常的，但这一倡议是双方互利合作的机会。[③]该所联合秘书长吴钦貌林也表示，“一带一路”为缅甸发展带来机会，缅甸欢迎中国的“一带一路”，缅甸能从“一带一路”中获益，能与中国共同合作，共同成功；缅甸欢迎中国投资，期待更多的好公司、有良好声誉信誉的公司到缅投资，并希望中国在缅项目能够考虑到当地

① 张云飞《缅甸强调“一带一路”建设为缅经济发展提供新机会》，http://news.xinhuanet.com/world/2015-04/09/c_1114920501.htm。

② “Myanmar MP speaks highly of China-advocated ‘Belt and Road’ initiative”，http://news.xinhuanet.com/english/2015-04/01/c_134117150.htm.

③ “Myanmar academic urges Belt and Road promotion”， http://news.xinhuanet.com/english/2015-09/15/c_134626731.htm.

居民、生态环境等因素。[①]

缅中友协会长吴盛温昂认为，中国拥有直通中亚的海上丝绸之路，“一带一路”的倡议将成为缅甸发展地缘政治的重要一环。他表示，缅甸会支持和配合中国“一带一路”建设。以莱比塘铜矿项目和皎漂港中缅天然气管道项目为例，缅中友协给予中国投资者许多帮助，“我们一直在向缅甸当地百姓解释这些项目给缅甸带来税收，促进缅甸发展。向他们展示中国在缅甸修建学校、医院、解决饮用水问题等善举，让老百姓理解和支持这些中缅合作项目”[②]。

缅甸工商联合会副主席貌貌磊博士认为，这一倡议能够使国家之间优势互为补充，提供更多的就业机会。他说，这一举措将为缅甸的文化和商品交易领域带来全面的经济发展，他补充说，更近的人员网络和更深的国家联系将促进邻国间增进理解和相互尊重。[③]缅甸一位著名企业家对中国提出的“21世纪海上丝绸之路”表示欢迎，认为这一倡议能够打开与邻国之间的经济联系，同时有望在合作中加深友谊。[④]

官方媒体《缅甸新光报》报道指出，中国将为“一带一路”设立专项资金，这项资金总额高达400亿，为中国的“一带一路”战略保驾护航，促进亚洲区域经济合作水平的提高。丝绸之路基金对世界上所有的投资者持开放态度，欢迎所有的投资者对“一带一路”沿线国家的基础性设施建设提供金融支持。丝绸之路基金为缅甸经济建设提供资金和技术，缅甸政府将大力支持中国的“一带一路”，为“一带一路”在缅甸的成功实施创造条件。[⑤]

缅甸巩发党的《联邦日报》主编吴温丁表示，中方提议建设的“一带一路”具有重大现实意义，它可以促进区域经济发展和地区和平稳定，中国设立丝路基金是实实在在的行动保障，缅方完全支持中国主张，也完全相信中国有能力团结周边国

---

① 李德意《缅专家：民盟或在大选占优势 缅甸不会为迎合美国放弃中国》，http://world.huanqiu.com/exclusive/2015-09/7394369.html。

② 刘瑾《缅中友协会长：“一带一路”是缅甸发展地缘政治重要一环》，http://world.huanqiu.com/exclusive/2015-06/6802235.html。

③ “Myanmar senior official hails 21st Century Maritime Silk Road initiative”，http://news.xinhuanet.com/english/photo/2015-07/03/c_134380593.htm.

④ “Myanmar senior official hails 21st Century Maritime Silk Road initiative”，http://news.xinhuanet.com/english/photo/2015-07/03/c_134380593.htm.

⑤《缅甸新光报》2014年11月9日。

家共建丝路，共创多赢。[1]“中国方面倡议的‘一带一路’具有很大的现实性和操作性，不是新时期中国版的‘马歇尔计划’，它将提高本地区的区域经济合作水平，为本地区人民谋福祉。”[2]他还表示，缅甸国内对“一带一路”构想给予高度评价，认为这是中国领导人高瞻远瞩、对外开放、锐意创新的发展思路。[3]

综上所述，缅甸多方对中国“一带一路”倡议持支持和赞赏态度，表示“一带一路”建设能够促进当地经济发展，改善民众生活，增进双方友谊。但缅甸对“一带一路”倡议的具体信息还缺乏更为详细的了解。同时，缅甸对“一带一路”倡议存在疑虑，主要体现在是否能够照顾当地利益、环境能否得到切实保护以及一定的安全关切上。

二、“一带一路”倡议在缅甸实施面临的挑战

（一）“民心相通”是难点

习近平在论述“一带一路”倡议构想的时候，特别强调了“民心相通”的重要性：中国与有关国家需要夯实国家关系的民间基础，促进不同文明之间的交流对话，加强各国人民特别是基层民众的友好往来，增进相互了解和传统友谊。[4]与基础设施建设相比，“民心相通”虽然看起来紧迫性相对弱些，而实际上其难度远远超过地理地形等有形的障碍，“民心相通”往往还是其他项目落地生根、持续发展的根基。在现实中，多数国家是用充满矛盾的心态看待中国的开放，总体上，他们期待并肯定中国的扩大开放。[5]一方面，这些国家希望得到更多中国

① 林浩《缅甸战略研究专家：缅希望加入“一带一路”建设》，http://finance.ifeng.com/a/20150915/13975156_0.shtml。

② 林浩《缅甸战略研究专家：缅希望加入“一带一路”建设》，http://finance.ifeng.com/a/20150915/13975156_0.shtml。

③ 冯巍、程国强《国际社会对“一带一路”倡议的评价》，国务院发展研究中心国际合作局“一带一路”战略研究课题组《调查研究报告》[2014 年第 88 号（总 4587 号）]，2014-5-28，http://www.drc.gov.cn/xscg/20140528/182-224-2880013.htm；还可参见《中国经济时报》2014 年 7 月 14 日，第 005 版，http://www.cet.com.cn/ycpd/sdyd/1248775.shtml。

④ 《习近平在纳扎尔巴耶夫大学的演讲》，http:// news.xinhuanet.com/politics/2013-09/08/c_117273079_2.htm。

⑤ 何茂春等《“一带一路”战略面临的障碍与对策》，《新疆师范大学学报》（哲学社会科学版）2015 年第 3 期，第 38 页。

的资金、技术、无偿援助等，希望能将本国的产品出口到中国巨大的消费市场中；另一方面，这些国家又顾虑本国的进一步开放会造成对中国的更大依赖。[①] 由于我国经济总量位居全球第二，体量之庞大，发展速度之快，让许多国家在对华合作中掺杂着畏惧和担忧。[②]

尽管中缅胞波情谊源远流长，事实上，中缅民间友好的程度近年来有所降低。缅甸民众对中国的负面印象有增无减。对中资企业在缅甸投资持负面看法的人就更加普遍，包括底层民众、知识分子和当地媒体。缅甸民间对华误解、反感情绪滋长，部分极端组织和人士抗议中资项目的言行较多，尤其针对前军政府和吴登盛政府时期搞的合作项目，中资企业面临的风险高。中方投资的大型项目——密松水电项目、莱比塘铜矿项目等等被抗议或搁置建设，就是民间不满极端情绪的集中反应。

在缅甸实地走访中，一名缅甸环保杂志的主编对笔者透露，有些投资者急功近利，对当地环境保护和生态破坏重视不够，挣到钱后留下"满目疮痍"的缅甸而暴富归国的情况时有发生，这主要发生在淘金、伐木、采矿等行业。[③] 而另一位缅甸非政府组织的领导人对笔者表示，缅甸老百姓对中国投资者军政府时期"官商勾结"的从商模式尤为不满，缅甸各阶层都有期待和呼唤中国改善在缅投资环境和方式的诉求。[④] 仰光大学一位历史系教授分析认为，中资企业在缅甸的负面形象，主要是中资企业投资缺乏透明度，这让一些缅甸人感觉到恐惧和害怕，因为他们不知道这些投资会给他们带来什么，同时更不知道会带走他们什么。[⑤] 当然，对缅甸社会和缅甸人的行为习惯和思维方式缺乏全面了解和深层认知，导致在与缅甸当地人打交道过程中存在理解上的偏差。当前，中缅民心不通是"一带一路"合作的难点。

---

① 何茂春等《"一带一路"战略面临的障碍与对策》，《新疆师范大学学报》（哲学社会科学版）2015 年第 3 期，第 38 页。

② 何茂春等《"一带一路"战略面临的障碍与对策》，《新疆师范大学学报》（哲学社会科学版）2015 年第 3 期，第 38 页。

③ 笔者在缅甸仰光的访谈，2015 年 6 月 15 日。

④ 笔者在缅甸仰光的访谈，2015 年 6 月 20 日。

⑤ 笔者在缅甸仰光的访谈，2015 年 6 月 10 日。

（二）“舆论被动”是痛点

西方国家的舆论不遗余力地炒作“中国威胁论”，影响中缅推进“一带一路”的进度和速度。实际上，在国际传播上，中国一直处在不利的地位。[①]尤其是，中国媒体的宣传能力与一些国际媒体相比，往往处于弱势和被动的地位，这在缅甸也表现得尤为突出。

由于西方媒体的强大影响力和中国声音在缅甸长期的“真空”状态，使得缅甸老百姓缺乏获取双向的、客观的信息渠道和信息来源，尤其是在一些偏远的地区。缅甸一些影响力较大的私媒背后，或多或少有西方支持；缅甸的农村收音机频道基本都是VOA、BBC等西方电台，而难见中国电台。在缅甸的纸媒和收音机频道中，难见中国和中国媒体的影响，就连缅甸年青一代或知识分子最常用的社交媒体也是西方国家的“脸谱”“推特”。缅甸民众对中国的负面印象在于很大程度缺乏获得了解中国客观信息和双向信息的渠道。中国媒体的声音缺失或传达不到位，更加剧了这种信息不对称带来的负面效应。[②]

仰光大学一位历史系教授表示，缅甸民众受西方媒体的影响，西方媒体刻画的中国负面形象常常能博取缅甸民众的眼球，加之底层普通民众受自身经济水平和教育层次的局限，大多数人缺乏客观理性辨别能力，因而易被影响和煽动。[③]例如，近期缅甸米兹玛新闻等媒体、英国《金融时报》（已被日本经济新闻社收购）很少报道皎漂特区对缅甸的利好方面，而是专注报道特区会占用土地、破坏环境等负面新闻。当地民众往往被媒体成功绑架和利用。

（三）“法律保障”是弱点

缅甸法律体系不完备及民众契约精神淡薄，缅甸对“一带一路”倡议顺利实施的法律保障欠缺是又一巨大挑战。“一带一路”倡议首先是一个对外开放与合作的倡议，政府主要职责是搭台，提供政策和部分资金支持，具体推进实施的主体是企业。目前中国企业在海外“站住容易站稳难”，中国企业海外运营与“一

---

① 何茂春等《“一带一路”战略面临的障碍与对策》，《新疆师范大学学报》（哲学社会科学版）2015年第3期，第38页。

② 张伟玉《中资企业改善在缅投资形象的举措》，《学习时报》2015年8月11日。

③ 笔者在缅甸仰光的访谈，2015年6月10日。

带一路”多数国家最容易诱发冲突的是环境问题和企业社会责任问题，被抵制、抗议甚至流产的主要原因是所谓“环境”“人权”等问题。[①]这一问题在缅甸尤为突出，企业往往签约容易获益难，经常面临诉讼难、撤资更难的艰难处境，投资利益难以获得真正保护。

缅甸法律体系整体落后，虽然2011年至今，缅甸议会共修改完善和新制定了一两百部法律，法律体系正在逐渐健全，但要建设成为一个法治国家不是一蹴而就的，是需要较长时间的。世界银行《2015年营商环境报告》中以合同执行来衡量缅甸的执法成本，通过追踪一起支付争议案件，收集从原告向法院提交诉讼到最终获得赔付所花费的时间、费用和步骤来分析合同执行的各项成本，缅甸在189个国家中排名185位，执法成本远高于地区平均水平。由于缅甸的执法成本较高，中资企业遇到问题时，经常是“哑巴吃黄连，有苦说不出”。

除了缅甸国家法律体系不完备，缅甸大部分老百姓还缺乏基本的市场经济概念，法律意识和契约精神淡薄。在缅投资的企业退出成本高。世界银行《2015年营商环境报告》中以办理破产来衡量在缅甸投资的退出成本，估算破产程序的时间和成本，缅甸在189个国家中排名160位，比前一年还下降1位，缅甸投资的退出成本不降反升。

“一带一路”倡议以交通基础设施建设为重点，基础设施建设往往具有投资大、成本收回时间长的特点，而缅甸的法律体系和民众的契约精神淡薄，使得撕毁条约变得容易，那么无数个如“密松大坝搁置事件”的产生将是中国必须要面对的棘手问题，缅甸法律保障的薄弱，将可能成为“一带一路”倡议在缅甸长久发展的“绊脚石”。

（四）“安全问题”是爆点

虽然缅甸政治实现了和平转型，民盟新政府上台也使得之前摇摆不定的政治局势稳定下来，但是长期以来缅甸境内民族和解、地方武装冲突、族群矛盾、宗教极端势力、恐怖主义威胁等复杂问题交织，尤其是宗教冲突衍生出来的族群矛

---

① 何茂春等《“一带一路”战略面临的障碍与对策》，《新疆师范大学学报》（哲学社会科学版）2015年第3期，第39页。

盾更是盘根错节，缅甸政治的复杂性和现实性，使安全问题随时可能成为“一带一路”推进道路上的“引爆点”。

民族和解问题和武装冲突问题是缅甸多年的“顽疾”，尽管民盟新政府2016年8月31日至9月3日主持召开了21世纪彬龙会议，达成了一些共识，但缅甸的民族和解还远未实现。果敢同盟军、若开民族军、克钦独立军等武装常年与政府军作战，是当地的不稳定因素，缅甸中央政府与地方武装在利益分配问题上的分歧和矛盾也难以调和。[①]少数民族地方武装（“民地武”）本来就与军方存在积怨，再加上享受不到投资项目带来的红利，自然会以环境、宗教、移民条件等问题坚决抵制项目的推进，甚至会趁火打劫。比如，中缅合作的大项目密松电站在早期建设时期就受到克钦独立军的阻挠，太平江水电站也遭到克钦独立军的勒索。毕竟在“民地武”辖区，中资与任何一方合作都将损害另一方的利益。在缅甸政府再分配能力无法快速改善的前提下，中国资本所扮演的初次分配的角色就显得格外重要。[②]

族群问题、宗教问题和罗兴亚人问题是缅甸的“烫手山芋”，要想解决绝非易事。尤其是，缅甸的极端佛教势力和佛教徒具有很强的民族主义情结，民盟新政府必须顾及全国超85%的佛教徒意愿，很难给予罗兴亚人以国民权益，从而使这一问题难以找到解决之道。在过去几年间，若开邦当地的主体族群佛教徒与少数族裔穆斯林（罗兴亚人为主）积怨甚深，关系紧张，近年来发生多次严重流血冲突。2016年6月，勃固省再度爆发佛教徒与穆斯林的冲突。8月下旬，民盟政府任命联合国前秘书长安南为若开邦事务顾问委员会主席，遭遇缅甸佛教徒的抗议。

恐怖主义的潜在威胁，稍不注意就是一颗“定时炸弹”。由于国外穆斯林极端分子向若开邦和缅孟边境渗透，“基地”组织2014年9月宣布在印度次大陆成立新分支，恫言要把“圣战”带到印度、缅甸和孟加拉国。2014年缅抓获两名非法入境的巴基斯坦籍人士，2015年3月又抓获非法入境的伊拉克人士，这些人形迹可疑。此外，“伊斯兰国”2015年在泰国等东南亚国家的扩张加速。缅甸面临的恐怖袭击形势严峻，暴力冲突不断。2016年10月9日，缅甸西部若开邦孟都

① 苏晓辉《缅甸“民地武”问题对中缅关系的影响》，《当代世界》2013年第4期。

② 江天骄《“一带一路”上的政治风险——缅甸密松水电站项目和斯里兰卡科伦坡港口城项目的比较研究》，《中国周边外交学刊》2016年第1辑，第102页。

镇和拉代当镇的3座边防警察局遭恐怖分子袭击，致17人死亡。[①]2016年11月12日至13日，缅甸若开邦临近孟加拉国边境的多个城镇、村庄连续发生暴力恐怖袭击，500余名恐怖分子袭击了当地的边防站、警察局以及驻守的军警部队，并纵火烧毁了60余座民房，截至目前已导致包括军警和恐怖分子在内至少34人死亡。缅甸战略与国际研究中心主席吴哥哥莱分析认为，未来缅甸若开邦的安全形势以及全国反恐形势或将面临更加严峻的挑战。[②]

“伊斯兰国”极端分子入缅，等等这些使得“一带一路”的实施面临诸多政治安全风险，尤其是，若开邦是中缅油气管道起点，是中信集团未来可能参与建设的缅甸皎漂经济特区的所在地。

（五）“大国在缅博弈”是焦点

美国重返亚太，中日东亚争霸，使得缅甸成为大国竞争和博弈的主战场。缅甸民主转型后，美国、日本、欧盟等在缅甸挤压中国的战略和利益空间，使得中国在缅甸的利益受到持续损害，中缅“一带一路”的合作面临较大的“第三方干扰”的挑战。

随着转型推进，缅甸更加开放，缅甸经济改革与发展必将引入更多的西方规则和制度，这给中企在缅活动带来不利条件，中企在缅活动将遭遇更多“规则性壁垒”。事实上，近年来美、欧、日等在一些领域已经成功向缅甸经济社会改革植入了西方理念，使得未来其与缅甸的经贸合作更为顺畅。但对中国来说，则可能会让中缅经济合作持续受制于西方主导和制定的规则。美国、日本等加紧在缅甸建立“规则性壁垒”，力图用西方主导的制度和规则阻碍和干扰中方项目。例如，美国等西方媒体和一些非政府组织向缅甸推广国际上“采掘业透明度倡议”、世行的“自然资源成本核算”（即投资是否有收益，将项目对资源、环境的损耗算进去）等西方高标准的资源开发与环保理念，利用其媒体在缅甸广受欢迎的优势，长期故意渲染中国投资对缅甸民众、社会、经济、生态的负

① 《缅甸3座边防警察局遭袭致17人死亡》，http://news.xinhuanet.com/world/2016-10/10/c_1119688724.htm。

② 《缅甸若开邦多地遭大规模恐怖袭击》，http://news.cctv.com/2016/11/16/ARTIAAZaS4GN6kEQCELTIu4G161116.shtml。

面影响，忽视其正面效应，煽动缅甸民众抗议中缅合作大项目，导致中国在缅投资近年来频频遇阻。

随着中缅油气管道的建设以及皎漂特区招投标工作的推进，西方势力的“酸葡萄”心理加剧，对皎漂地区的关注与渗透增加，西方及其扶持的缅甸非政府组织、公民社会组织在当地日益活跃，时常制造不满情绪，煽动抗议活动。例如，西方、日本等撺掇一些民盟党员呼吁民盟和新政府重审对华合作大项目（包括特区建设），停掉一些存在问题的项目。印度也认为，瓜达尔港、皎漂等港口、特区项目的建设是中国完善包围印度的所谓“珍珠链”战略的重要组成部分，冲击其安全等核心利益。印度部分媒体近期再度炒作皎漂特区对中国利益拓展的意义及其对印度利益的威胁。民盟执政以来，西方部分媒体和非政府组织、缅甸部分非政府组织和私营媒体再度煽动缅甸国内的反密松电站情绪，使得密松电站复工前景渺茫。

由于缅甸民主转型成效显著，昂山素季和民盟新政府大受西方欢迎。2016 年 9 月 14 日，缅甸国务资政昂山素季访美，会晤了美国总统奥巴马，美国宣布将很快全面解除对缅制裁，[①] 美国还将继续通过外交和援助向缅甸提供更多支持，并鼓励美国企业赴缅投资。[②] 西方企业对缅投资的道义束缚明显降低，赴缅考察投资机会的人正在增多。缅甸外资、外援的多元化，使中缅经贸合作面临更多的国际竞争。

三、结语

中国的“一带一路”倡议总体上得到了缅甸各方的欢迎和赞赏，但缅方对“一带一路”的详细信息和具体实施还有待了解和掌握。同时，缅甸部分人还对一些大项目合作是否影响当地利益、生态环境、传统生活方式和国家安全存有疑虑和担忧。

在条件和机遇方面，中缅在“一带一路”倡议框架下，不仅有良好的政治基

① 《美国将解除对缅甸制裁》，《人民日报》2016 年 09 月 16 日，第 5 版。

② 张云飞《国际观察：美国计划全面解除对缅制裁的三重深意》，http://news.xinhuanet.com/ttgg/2016-09/16/c_1119571437.htm。

础、共同的合作意愿、广阔的发展前景，还有畅通的机制渠道。在困难与挑战方面，缅甸对内面临民主政治转型、民族冲突、经济落后等多重矛盾，对外成为大国博弈和竞争的主战场，这些都是中国"一带一路"倡议推进的风险，要认真评估和理性面对。①

中国需要多管齐下，塑造友好互信的民意格局，提升中缅关系友好水平，拓展合作领域，加强中国企业国际化能力和抗风险能力，确保中缅边境稳定，逐步化解"一带一路"在缅甸推进中的难题，使"一带一路"成为两国建立共同发展与繁荣的命运共同体的纽带。

① 根据2016年国家风险参考评级，缅甸国家风险参考评级为8（8/9）级，国家风险水平很高，未来风险展望稳定。根据2016年国家主权信用风险评级，缅甸的国家主权信用风险评级为B（6/9）级，主权信用风险中等偏高，未来风险展望为正面。

“一带一路”倡议安全研究
——以反恐怖主义为视角

贾　宇　李　恒

一、问题的提出

《中国周边安全形势评估（2016）——“一带一路”：战略对接与安全风险》（张洁主编，社会科学文献出版社，2016）一书指出，随着“一带一路”的纵深推进，恐怖主义已成为沿线国家非传统安全问题之首，现实威胁正逐步提高。“一带一路”沿线区域涉及国家众多，各国自然资源禀赋和政治文化传统千差万别，经济发展水平和基础设施建设状况各异，投资环境和市场容量各有千秋。因此，发展和安全是“一带一路”合作的两大动力。[①]从发展角度分析，共建“一带一路”是顺应世界多极化、经济全球化、文化多样化、社会信息化的潮流，秉持开放的区域合作精神，致力于维护全球自由贸易体系和开放型世界经济。从安全角度分析，“一带一路”沿线部分国家政局不稳，少数地区宗教极端思想和恐怖主义势力强大，经济和社会发展深受其害。“一带一路”倡议所体现的是新发展观、新合作观和新秩序观，能否顺利推动，简单来说就是能否处理好发展与稳定、互利与共赢关系。[②]

近年来，国际恐怖主义犯罪活动威胁逐渐上升，各种恐怖犯罪活动高发、频发。[③]随着“一带一路”的实施，中国将不可避免地面临众多国内外因素挑战。

【作者简介】贾宇，博士，教授，博士研究生导师，西北政法大学校长兼反恐怖主义法学院院长，中国刑法学研究会副会长。专业研究领域为刑法学、犯罪学、司法制度、法学教育、反恐怖主义理论与实践。先后主持和参与国家及省部级科研项目20余项，出版著作、教材30余部，发表论文100余篇。李恒，西北政法大学2016级反恐怖主义专业博士研究生，四川省公安厅特约研究员，专业研究领域为反恐怖主义理论与实践、涉藏问题等。

① 汪晓风《网络恐怖主义与“一带一路”网络安全合作》，《国际展望》2016年第4期，第124页。

② 厉以宁、林毅夫、郑永年等《读懂“一带一路”》，中信出版社，2015年，第26页。

③ 赵敏燕、董锁成等《“一带一路”沿线国家安全形势评估及对策》，《中国科学院院刊》2016年第6期，第689页。

恐怖主义的存在就是挑战“一带一路”发展与建设的危险因素。恐怖主义对“一带一路”的影响主要包括：

第一，恐怖主义在沿线周边国家的经济投资威胁和对各国驻外使领馆及其驻在国家合作项目的安全威胁，这将会对开展国际经济贸易合作和文化交流产生不利影响。

第二，恐怖主义、宗教极端、民族分裂思想的深入蔓延，将直接威胁沿线国家政治安全与社会稳定，威胁人民群众的人身和财产安全。同时，对当地的和平与发展、民族与宗教、政府与民众、内地与边疆、国家认同与民族认同都会造成一定冲突。

第三，网络安全正转变为非传统安全问题。网络将是今后恐怖组织招募暴恐成员、筹集资金、传播宗教极端思想、传授恐袭技能等发展的重要载体和平台，打击网络恐怖主义势在必行。

第四，陆上与海上潜在的恐怖主义将会直接威胁多个沿线、临海国家。美国反恐怖情报中心数据统计显示，全世界90%的恐怖组织都集中在亚洲和非洲地区；陆上中东、中亚和南亚的恐怖主义犯罪事件已占世界总数的70%以上。东南亚、南亚马六甲海峡、孟加拉湾、亚丁湾的海上恐怖主义和海盗行为是21世纪海上丝绸之路的最大安全威胁。

第五，由于沿线国家的国情、法制、经济发展、政治立场等不同，在共同开展反恐怖侦查打击、反恐怖洗钱融资、反恐怖情报共享、反恐怖国际警务、反恐怖司法协作等方面还会存在分歧与冲突。

二、“一带一路”倡议面临的安全挑战与恐怖主义犯罪威胁评估

（一）“一带一路”倡议面临的安全挑战

一是社会发展过程中带来的挑战。一方面，经济与社会发展带来的风险。一个不容忽视的现实是沿线国家的政治制度、社会文化和意识形态存在巨大差异，由于沿线部分亚非地区长期的战乱和动荡，导致这些地区经济发展滞后、民生问题凸显、民族矛盾加剧、就业率不高、政府与群众的矛盾激化，恐怖分子伺机招

兵买马，意图蛊惑、煽动思想激进人群加入恐怖组织。[①] 这将会对相关国家商业投资、境外旅游、金融投资、港口建设、产业服务、出国留学、道路交通建设、信息技术等方面带来诸多风险。另一方面，政治制度与宗教差异带来的风险。“一带一路”国家由于各国政治制度不同，特别是经济社会发展不平衡，政治体制、法律制度之间的差异较大，极易在民族宗教、政治认同等问题上出现分歧。特别是亚欧大陆或周边国家多信奉伊斯兰教，恐怖主义的出现与扩张造成伊斯兰文明与西方文明的直接冲突。

二是大国霸权主义带来的风险。少数西方大国为推行霸权主义，强行在个别沿线国家传播“民主与自由”“新亚洲国家安全观”，企图在沿线国家建立军事基地和战略要地。随着东欧剧变、苏联解体、南斯拉夫解体，强权政治与霸权主义、民族分裂与宗教极端不断有新的表现，传统安全威胁和非传统安全威胁等因素相互交织，刺激恐怖主义作用明显上升。

三是陆上空间带来的风险。IS 组织在叙利亚、伊拉克等国家攻城略地，影响力不断升温，暴恐极端思想不断外溢。受国际恐怖事件刺激，“一带一路”沿线国家存在暴恐事件演变升级和暴恐极端分子就地“圣战”的风险，全球暴恐活动已经进入扩张周期。

四是海上空间带来的风险。海上恐怖主义和海盗行为是建设海上丝绸之路最大的非传统安全威胁。“一带一路”沿线的恐怖和海盗威胁主要集中在红海、马六甲海峡、孟加拉湾和亚丁湾等海域附近，这些地方也是海盗犯罪活动聚集点，严重威胁着包括中国港口设施和海上运输安全通道的建设与发展。

五是网络信息技术发展带来的挑战。主要是网络恐怖主义的滋生。快速发展的互联网络时代，恐怖主义犯罪活动也走上了网络发展的“快车道”。互联网已成为恐怖分子传播极端宗教思想、招募暴恐人员和追随者、募集迁徙资金、散布传播恐怖主义信息、实施“圣战”与伊吉拉特、传授恐怖主义技巧与训练袭击能力、策划暴恐袭击等的重要载体。一些恐怖组织人员甚至企图通过互联网作为犯罪“武器”宣扬恐怖主义理念，利用黑客攻击、“病毒”植入、远程控制、木马植入等手段，

① 《测算：亚洲地区每年基础设施投资需求将达到 7300 亿美元》，http://www.cq.xinhuanet.com/2015-03/23/c_1114724092.htm。

控制并攻击政府部门、电力、电信、移动、水利、金融等重点单位的网络中枢系统或服务器终端，试图制造大规模的基础设施、交通工具瘫痪。① 网络恐怖主义阻碍信息基础设施建设，破坏沿线国家的互联互通，干扰“一带一路”倡议合作的基础。

（二）“一带一路”倡议面临的恐怖主义犯罪威胁评估

第一，国际反恐怖斗争形势升温发酵。近年来，中东、南亚、欧洲地区暴力恐怖事件多发，国际恐怖活动的频度、烈度大幅上升，规模越来越大，民众死伤越来越多。IS 组织崛起后，多次在世界多个范围内制造恐怖事端，造成重大人员伤亡和国际影响，其终极目的是建立宗教极端政权的伊斯兰“哈里发”国家。另外，IS 组织近来改变策略，从煽动招募人员前往叙利亚参与抗战，转向鼓励“圣战”分子在自己国家或寄居国家发动袭击。因此，“一带一路”沿线国家与回流人员短兵相见，任何国家都不可能置身局外，各国反恐怖斗争严峻形势必将持续一段时期，短期内难以改善。

第二，中国反恐怖斗争形势依然严峻复杂。首先，暴恐犯罪活动依然高发频发。随着中国开展严厉打击暴力恐怖活动专项行动和部分地区各项反恐怖措施的深入推进，暴恐犯罪活动生存空间被进一步挤压、战略要地被摧毁，暴恐案件频发态势得到明显遏制。但仍有一些暴恐分子在严打高压下潜藏蛰伏、伺机反扑，袭击手段持续升级，防范处置难度增大。其次，一些恐怖组织依旧活跃。在综合治理和严厉打击下，中国境内暴恐极端分子非法出境参加恐怖组织或活动的人员减少、通道受阻、势头得到遏制。② 但“东伊运”不断调整策略，一方面，不断组织人员参加叙利亚实战训练后，预谋秘密派遣入境实施恐怖破坏活动，企图针对大型活动人员密集场所发动恐怖袭击。另一方面，不断加大对境内人员蛊惑煽动，策划指挥在境内实施破坏活动，意图造成重大人员伤亡和财产损失，妄想实现其新疆“独立”的图谋。③

第三，恐怖主义与其他组织的“合流”之势。一方面，呈现“藏独疆独合流”

① 李恒《网络反恐怖工作警务论纲》，《北京警察学院学报》2016 年第 2 期，第 78 页。

② 官玉涛《“一带一路”沿线的恐怖主义活动新态势解析》，《党政研究》2016 年第 2 期，第 19 页。

③ 邱永峥《“东突”分子从叙交战区潜回新疆》，《环球时报》2013 年 7 月 1 日；马丽蓉《中国“一带一路”战略安全环境中“疆独”问题影响评估》，《国际观察》2015 年第 3 期，第 119 页。

之势。长期以来，达赖分裂集团与“世维会”相互挠背、沆瀣一气，达赖曾多次在国际不同场合会见热比娅，不排除达赖集团特别是“藏独”组织煽动境内人员采取暴力化方式与国家对抗，袭扰“一带一路”沿线国家的投资建设、商业贸易、军警目标和基层组织政权。另一方面，呈现“毒恐合流”之势。当前，国内外有组织毒品刑事犯罪日益猖獗。据有关媒体报道，“一带一路”沿线国家中，有恐怖分子组织多人通过贩卖、制造毒品筹集资金的行为，意图实施“伊吉拉特”“圣战”等活动。通过初步分析，这些人员具有“毒恐合流”和资助暴恐活动的迹象，暴恐分子通过购买枪支，进行制爆试爆活动，并扬言袭击政府制造恐怖事件，预谋实施恐怖袭击，呈现出涉毒、涉枪爆、涉宗教极端为一体的新动向，极可能会对“一带一路”沿线国家造成现实危害，东南亚部分国家与中国云南、广西接壤，也是“金三角”“金新月”毒品犯罪的重灾区。

三、“一带一路”倡议下的反恐怖主义战略构想

（一）“一带一路”倡议下反恐怖的可行性

第一，符合经济全球化与合作共赢的战略意图。首先，“一带一路”的提出，继承了中国历史文化精髓，秉持了“讲信修睦、弘义融利、协和万邦”的根本理念，致力于再筑东西方利益交融、互通、文明、辉映的伟大战略构想，也是中国政府基于塑造和平发展、互利共赢的区域性合作现实举措。[①] 其次，建设“一带一路”是维护地区和平稳定的需要，同时和沿线国家经济建设的互联互通、国家安全与政治稳定相辅相成。从路径上一陆一海、海陆并进，从方向上一西一南、遥相呼应，从步骤上远近结合、循序渐进。[②] 这是21世纪实现中国与亚洲国家、部分非洲国家、部分欧洲国家及美国等相关国家互利共赢、共同发展的重大战略项目，是中国站在全亚洲乃至世界角度对国际经贸合作、区域合作的大胆探索。

第二，契合总体国家安全观下的国家安全战略需要。“一带一路”建设，采取的是平等、开放、合作、共赢的目标，不谋求私利，不搞势力范围，不干涉别

---

① 韩永辉、邹建华《“一带一路”背景下的中国与西亚国家贸易合作现状和前景展望》，《国际贸易》2014年第8期，第21页。

② 冯浩《“一带一路”战略下国际通道建设问题的思考》，《综合运输》2014年第10期，第31页。

国内政，不强加于他人，也不与其他大国和既有机制竞争。“一带一路”建设可以加强各国之间的经济联系，带动各国、各民族间的交流与互动，增强彼此之间的理解、协作、包容、融合，努力消除各民族、宗教的各种误解和冲突，铲除恐怖主义的思想根基。“一带一路”建设客观上需要沿线国家对恐怖主义、毒品犯罪、海盗犯罪、有组织犯罪等形成联合围剿甚至打压歼灭之势，以维护地区安全稳定与繁荣，为确保投资项目安全，促进经济较快发展，走出一条中国特色国家安全道路也是总体国家安全观下的国家安全战略需要。

第三，迎合全球区域性合作并带动中国社会发展。从维护沿线国家稳定的角度分析，“一带一路”建设对区域性反恐怖有着积极作用，可以起到标本兼治的效果，同时为维护沿线国家区域间的社会稳定、民族团结奠定坚实基础。这是中国国家发展战略的外部延伸，扩大和深化对外合作也是中国对外开放的重大布局。“一带一路”的发展会带动周边地区和国家（特别是边疆地区）经济社会发展和产业振兴。为当地民众提供更多的就业机会，以提高经济社会发展水平和居民收入，力争从根本上解决和消除恐怖极端思想妖言惑众、兴风作浪的社会氛围。

（二）“一带一路”倡议下的反恐怖目标与任务

“一带一路”倡议下的反恐怖目标。① 经过各国长期以来的反恐怖工作和共同协作，“一带一路”沿线国家恐怖犯罪活动在一定层面上得到了有效打击和遏制，但恐怖主义产生和发展壮大的“土壤”并未铲除，这些“土壤”主要包括：经济贫穷、失业及贫富差距的存在，部分国家内部党派冲突和战争依然不绝，高科技发展被滥用，宗教极端主义传播蔓延，不合理的国际政治旧秩序仍未改变。世界和平与发展面临的威胁挑战越来越具有全局性、多样性、长远性和复杂性，要使“一带一路”反恐怖国家战略取到良好效果，重要的是要深刻领会“一带一路”的战略意图，以开放的全局视野和区域反恐怖战略举措强化防范打击力度，相关国家、省份可根据本地区特点与反恐怖形势建立相关协作机制。

“一带一路”倡议下的反恐怖任务。2016 年 9 月 27 日，习近平在主持中共中央政治局集中学习二十国集团领导人峰会和全球治理体系变革会时强调：“随

---

① 张莉《“一带一路”战略应关注的问题及实施路径》，《中国经贸导刊》2014 年 9 月下，第 14—15 页。

着国际力量对比消长变化和全球性挑战日益增多，加强全球治理、推动全球治理体系变革是大势所趋。”一方面，要以全球治理为着力点，牢牢掌握反恐怖斗争主动权，营造有利于“一带一路”发展的国际安全环境。在“一带一路”沿线各国参与全球治理的过程中，由于其自身特点以及在国际中的不同地位，主要表现为两种不同的治理模式：一种是国家治理模式，另一种是相关领域治理模式。例如，以“一带一路”框架下的组织作为治理主体。[①]另一方面，要以新安全观下的反恐怖合作为切入点，坚决遏制“一带一路”沿线国家的恐怖团伙滋生发展，有效压缩其生存空间，创新对宗教极端活动和各种涉恐要素的社会治理。“一带一路”下的反恐怖战略工作必须深刻把握中国当前改革开放形势和新安全观的战略机遇，以区域和全球反恐怖视野对中国新一轮对外开放维护国家安全进行战略构想，推动中国周边“一带一路”反恐怖合作向更大范围、更宽领域、更高水平迈进。中国相关反恐怖部门要积极确定不同地区与不同国家间的反恐怖协作重点任务与目标。先重后轻、先易后难，对国家间关系相对稳定、合作意愿强烈、容易达成共识的反恐怖合作优先考虑；以线串点、以点带面、内外对接，规划和制定好陆上和海上的反恐怖工作协作的大通道，以及重要的节点城市和口岸防范标准，加强对国内重点领域投资、基础设施建设等反恐怖合作。

四、“一带一路”倡议下的反恐怖主义战略对策研究

（一）明确反恐怖战略安全目标

一是明确反恐怖战略总目标。要动员和发动“一带一路”沿线国家人民群众积极参与，有效整合所在国家社会的各方资源，更加注重主动进攻、先发制敌，更加注重整体与区域防控，更加注重标本兼治、源头治理。继续严厉打击暴力恐怖势力，深入开展“境外清源”工作，努力消除滋生恐怖活动的思想基础和社会条件，全面掌握国际恐怖势力、宗教极端势力有关动向，有效防范其实施恐怖犯罪活动。全力防止暴力恐怖活动向周边蔓延，最大限度把暴力恐怖活动消灭在行动之前，最大限度消除恐怖活动的现实威胁，最大限度铲除恐怖主义的蔓延滋生

① 崔莉萍《基于“一路一带”推动中华文明在欧亚大陆的再传播》，《新闻大学》2014年第5期，第99页。

“土壤”，确保“一带一路”国家安全和社会稳定。

二是明确陆、海反恐怖战略目标。“一带一路”沿线国家要联合参与反恐怖、惩治海盗、打击走私、禁毒等专项斗争。打击以“三股势力”为核心的海盗、走私、贩毒等有组织跨国犯罪，全面保障海上通道的安全。近年来，除了亚丁湾护航、打击海盗外，中国还与沿线海域国家加强反恐怖的执法合作，联合开展重点区域反恐怖以及惩治走私、跨国贩毒、洗钱等犯罪活动的侦查打击，有效维护地区安全。

三是明确网络反恐怖目标。“一带一路”沿线国家应加强对互联网上恐怖活动的预警监测、监控管理、侦查打击、技术反制、应急响应和舆论引导的协作打击，落实好相关行业主管部门信息网络安全管理责任和企业主体责任，健全相关国家对网络反恐怖的制度机制，着力提高网上打防管控能力。2013 年上海合作组织成员国元首签署了《关于构建持久和平、共同繁荣地区的宣言》，提出所有成员国应当反对将信息和通信技术用于危害成员国政治、经济与社会安全的目的，达成了禁止利用国际互联网宣传恐怖主义、极端主义和分裂主义思想的共识。由此，上海合作组织在多边合作应对网络安全和恐怖主义相结合方面的实践和探索，可以为“一带一路”沿线国家的网络反恐怖合作提供平台支持。①

（二）完善区域间的情报信息搜集与共享

一方面，明确情报搜集目标与重点。“一带一路”沿线国家必须增强敌情意识，建立覆盖面广、触角灵敏的情报网络力量，实现情报预警、情报导侦、情报互通、主动预防、超前预防。沿线国家反恐怖情报信息搜集要以“伊斯兰国”“基地”“东伊运”等境外恐怖势力、境内暴恐极端团伙、暴恐极端分子活动动向及线索为目标，密切关注国际反恐怖最新动态尤其是周边国家和 IS 组织动向，努力获取内幕性、前瞻性、预警性和行动性情报信息，及时互通异常情况和反常迹象，加强分析、研判与协作。同时，确定情报搜集重点。重点搜集“东伊运”以及 IS 等恐怖组织活动动向情报线索、恐怖组织策划对中国实施恐怖活动动向情报线索、东突组织活动动向及与“东伊运”勾连活动情况等。

另一方面，强化情报分析、研判与共享。重点掌握、分析和研判 IS 等恐怖极

① 汪晓风《网络恐怖主义与“一带一路”网络安全合作》，《国际展望》2016 年第 4 期，第 125—126 页。

端组织可能针对各国海外目标实施暴恐活动的情报线索。主要包括海外利益、机构、人员策划实施恐怖袭击的线索，东南亚、中东、北非等地区主要恐怖极端组织的组织、人员、能力变化、活动动向等情报线索，恐怖极端组织向沿线国家阿富汗、巴基斯坦、吉尔吉斯斯坦、哈萨克斯坦、马来西亚、印度尼西亚、菲律宾、泰国等周边国家及其他地区渗透情报。同时，建立情报共享机制。综合运用多种手段，加大情报共享与合作，努力切断恐怖极端思想勾连渠道，铲除恐怖分子资金流动的通道和来源。沿线国家要制定反恐怖情报信息共享协作制度，加强情报信息资源的整合、互通与研判，充分发挥国家间的协作配合、技术侦查和人力情报信息优势，及时掌握传递价值性、时效性的情报线索，同步通报相关国家，以便有关国家抓紧落地核查，快查快办，防止对“一带一路”沿线基础设施建设、经济投资、项目建设和人民生命财产安全造成危害。①

（三）持续加强沿线国家的反恐怖协作能力

第一，重视建立区域性及双边、多边合作机制。② 目前，中国已同 20 多个国家建立了双边反恐怖磋商机制，全力推动“一带一路”沿线地区反恐合作，并积极参与“全球反恐论坛”以及金砖国家间、亚太经合组织、东盟地区等机制下的反恐怖合作；同时支持沿线地区国家内部的反恐怖工作，在能力范围内向沿线国家提供物资援助、装备援助和反恐怖专业培训等帮助。

第二，健全防范与处置协作能力。“一带一路”沿线国家要加强对恐怖袭击事件规律分析和战术战法的调查研究，同时还应成立“一带一路”项目安全评估专家小组。目前中国按照“立足预防、综合治理、整体防控、属地为主”的基本思路，以“一带一路”沿线国家基础设施建设、重点领域商业投资等反恐怖安全防范为重点，构建网络化、协作化、跨国化、区域化的防控体系。同时，深化反恐怖防范与处置协作体系建设。沿线国家间要加强反恐怖应急处置实战能力，特别是加强沿线国家地区之间反恐怖应急处置机制建设，陆上运输的时间优势还会受到各种安全风险干扰，陆地安全挑战占绝大部分，国际社会应共同努力打击海

① 《郭声琨：提高反恐情报服务实战能力水平》，http://politics.people.com.cn/n/2015/1125/c1001-27855855.html。

② 贾宇《中国法治反恐的里程碑——反恐怖主义法评述》，《人民法治》2016 年 8 月号，第 18—19 页。

上恐怖犯罪和海盗犯罪，加强管控海洋、岛屿争端，提高反恐怖应急处置能力。[①]沿线周边重点国家和重点城市要提高反恐怖防范等级，一旦发生暴恐事件，要最大限度降低可能造成的损失。

第三，强化重点目标、地区的安全保卫和跨区域联合模拟演习演练。一方面，提高“一带一路”沿线国家合作项目、经济投资领域、驻外使领馆以及举办国际会议论坛等大型反恐怖安保能力。国家中心城市要强化属地处置力量建设，规划跨国间联合行动的最小作战单元，确保能够担负多个现场同时处置任务。另一方面，举办跨区域联合模拟演习演练，着力提升重点国家、重点区域应急处置力量处置常规性恐怖袭击的现场封控和救援能力。坚持立足反恐合成作战，切实做好反恐怖力量备勤训练、装备建设、物资储备、资金投入，确保联合作战的应急单元反应灵活、装备器材先进适用、保障机制运行顺畅，全力提高反恐怖工作中枪战、夜战、山地战、区域战的协作配合能力。中国应充分利用“一带一路”倡议发展的有利条件，支持沿线各国推动上海合作组织在反恐怖合成作战中发挥更加积极的作用。

（四）积极推动区域性反恐怖司法合作

首先，积极建立健全区域反恐怖法律公约。“一带一路”沿线国家要制定国家间的反恐怖刑事犯罪公约，明确恐怖主义的含义、内容与打击对象，因地制宜解决“一带一路”倡议推进下的反恐怖工作中的实际问题。各国要针对恐怖活动犯罪出现的新情况新问题，及时制定、修订相关法律法规、司法解释和指导意见等，依法加大惩治恐怖活动犯罪包括网络传播宗教极端、暴力恐怖信息等力度，进一步规范和统一法律适用。2001 年《打击恐怖主义、分裂主义和极端主义的上海公约》和中国—东盟发表《反恐怖声明和制定的反恐怖合作措施》、2002 年《中国与东盟关于非传统安全领域合作联合宣言》和《非传统安全领域合作谅解备忘录》的签署与合作，提出了反恐怖工作的宗旨和目的，明确了恐怖主义犯罪分子的刑事责任，标志着中国与上合组织成员国、东盟等相关国家已建立了长期反恐怖合作机制。

---

① 刘海泉《“一带一路”战略的安全挑战与中国的选择》，《太平洋学报》2015 年第 2 期。

其次，规范恐怖主义犯罪调查与取证制度。在调查方面，“一带一路”沿线国家要制定恐怖主义犯罪认定标准和恐怖主义组织认定标准，大力开展“堵源节流”行动，对疑似涉恐案件要加强侦查侦办，深挖细查幕后，积极共享各国侦查谋略与侦查技术。依法打击以各种方式参加国际恐怖组织的活动及境内外组织策划者、中转接应人员，坚决截断境内外恐怖组织人员、资金补给通道。在取证方面，沿线国家要以尊重和保障人权为根本目的，对讯问、拘留、逮捕、证人保护、反洗钱、反融资、可疑资金冻结等要建立相关法律机制。要充分运用技术侦查、电子侦听、大数据、云计算、云处理等专业技术提高反恐怖取证能力。①

再次，推动反恐怖主义国际司法协作。“一带一路”沿线国家应积极推动建立区域间反恐怖国际刑事司法合作组织，将反恐怖国际刑事司法协作作为沿线国家执法安全合作的重中之重，纳入“一带一路”倡议安全框架之下，全局统筹谋划、区域协作配合。充分利用联合国、上海合作组织、亚太经合组织等多边反恐怖合作交流机制以及双边反恐磋商机制，以沿线国家为重点，全方位、宽领域构筑反恐怖安全屏障。重视并加强双边刑事司法条约、引渡条约、联合打击恐怖主义合作机制等谈判缔结工作，做大司法合作网络，为反恐怖司法合作提供有效法律框架和参考依据，更好地参与国际反恐怖合作。

五、结语

“一带一路”不是中国一家的“独角戏”，而是沿线各个国家和地区的“大合唱”，必将走出一条人类不同文明之间交流互鉴、共谋发展、共同繁荣的阳光大道。当今世界是一个多元化发展的世界，国与国之间有着不同的历史传统、文化基因与宗教信仰，各自选择了不同的社会制度和独立自主的发展道路，处在不同的历史发展阶段，一些国家和地区经济长期落后，在政治、民族、宗教冲突下恐怖主义犯罪越发加剧。霸权主义和强权政治并未倒下，军国主义有所抬头，南北差距不断扩大，贸易壁垒不断增多，贫困问题、气候变化、疾病传播、恐怖主义已经成为人类共同面临的挑战。反恐怖工作事关全球安全，事关全人类共同利

① 宣孟浩《“一带一路”战略下反恐刑事司法合作问题探析》，《净月学刊》2016年第4期，第128页。

益，事关全世界和平与发展的稳定大局。“一带一路”正是解决以上问题的途径之一。我们要全力构筑“共同、综合、合作、可持续”的新型安全观，为打击恐怖主义、为护航“一带一路”项目建设安全提供有效支撑。[①]“一带一路”还将倡导建立多元文化并存、百家争鸣、百花齐放、各美其美、美美与共的世界文明新格局。

① 杨晨曦《“一带一路”区域能源合作中的大国因素及应对策略》，《新视野》2014年第4期，第128页。

企业与经济

中交“笑脸模式”：基于“一带一路”建设实践的理论思考*

孙子宇

“一带一路”倡议提出以来，已有100多个国家和国际组织参与进来，中国同30多个沿线国家签署了共建合作协议，同20多个国家开展了国际产能合作，联合国等国际组织也态度积极，以亚投行、丝路基金为代表的金融合作不断深入，一批有影响力的标志性项目逐步落地。“一带一路”建设从无到有、由点及面，进度和成果超出预期。“一带一路”东连亚太经济圈，西接欧洲经济圈，跨越高山深海，正在逐步构建世界上最壮美的经济走廊。在全球都在努力探寻经济增长新动能的情况下，体现着中国智慧的“一带一路”建设，是中国方案对世界经济和全球治理的真诚奉献，正成为国际社会共同认知。

一、中交集团“一带一路”建设实践

（一）依托“走出去”综合优势助推“一带一路”建设早期收获项目落地

中国交通建设集团有限公司（以下简称“中交集团”或“中交”，整体上市企业为中国交通建设股份有限公司）是国务院国资委监管的中央企业，在世界500强排名第110位，连续11年获评国资委考核A级企业，在140多个国家和地区开展实质业务，海外合同额占全国对外承包工程合同额的14%，国际工程市场份额连续10年保持我国第一，在2016年8月新公布的全球最大国际承包商中排名第三，是唯一进入前十的亚洲企业。目前中交集团已成为我国最大的港口设计及建设企业，世界领先的公路、桥梁设计及建设企业，世界第一疏浚企业，全球

【作者简介】孙子宇，中国交通建设股份有限公司党委常委、副总裁、总工程师。

* 本文在写作过程中，中国交通建设股份有限公司海外发展部总经理单魁在资料收集和整理方面做了大量工作。

最大的集装箱起重机制造商，亚洲最大的国际工程承包商，中国最大的国际设计公司和最大的高速公路投资商，全国知名的城市综合开发商，国际知名的铁路建设运营商，占全国铁路“走出去”份额超过1/3，成为“一带一路”建设的重要参与者。

自20世纪六七十年代开始承建穿越喜马拉雅山和喀喇昆仑山两条世界上最大山脉的“中巴友谊路”（喀喇昆仑公路，Karakoram Highway，简称KKH）、马耳他30万吨级船坞码头援建工程以来，从“走出去”之初到现在，中交集团已在“一带一路”沿线累计修建公路10 320千米，桥梁152座，深水泊位95个，机场10座，提供集装箱桥吊754台，已签约及在实施铁路1460千米，港珠澳大桥、巴基斯坦瓜达尔港、斯里兰卡科伦坡港口城、汉班托塔港、塞尔维亚跨多瑙河大桥与肯尼亚蒙内铁路等众多项目成为“一带一路”建设的标杆。依托和融入“一带一路”建设，中交集团国际竞争力和市场主体价值得到巨大提升。

中交集团在贯彻落实“一带一路”战略工作中，更加注重“创新引领”“协调协作”“绿色可持续”“开放平台”和“共享价值、包容发展”，更加注重把中国梦同沿线各国人民的梦想结合。在国家领导关心下，中交集团发挥全产业链优势，参与推进相关项目取得早期收获。2014年9月，在习近平主席见证下，先后与马尔代夫、斯里兰卡签署了多项合作协议，相关项目成为共建21世纪海上丝绸之路进入务实合作阶段的标志性项目。2014年5月，在李克强总理见证下签订了肯尼亚蒙内铁路项目，2016年3月，张德江委员长在肯尼亚访问期间，专程视察蒙内铁路项目并给予了高度肯定。得益于“一带一路”建设，中交集团又承接了巴基斯坦喀喇昆仑公路改扩建项目二期、肯尼亚内马铁路、匈塞铁路（塞尔维亚段）等重点项目。

（二）搭建有国际化特色的践行“一带一路”总体线路图

中交集团以提升企业核心竞争力来服务国家战略，“走出去”成就已成为中交集团打造世界一流企业和践行“一带一路”的特色优势。深度融入“一带一路”建设打造“走出去”的升级版，“一本一干多枝”已成为中交集团有国际化特色的践行“一带一路”总体线路图。

“一本”：“本”是根，是国内依托，是国内改革发展和整体对外开放大局，是企业践行“一带一路”战略的基本依托和总引擎。为迎接和抓住“一带一路”建设的重大历史机遇，结合深化国有企业改革工作，中交集团着眼于供给侧结构性改革进行了“五商中交”的战略系统升级，提出把公司打造成世界一流工程承包商、城市及园区投资发展商、特色房地产投资发展商、基础设施特许经营服务商、现代工业制造一体化服务商。同时，着眼于产品服务升级，将“政府及区域经济发展急所的责任分担者、区域经济发展的深度参与者、政府购买服务的优质提供者”的发展理念积极融入“一带一路”区域各国的经济发展中，立志做好“一带一路”建设先锋，发挥好市场领头羊作用。按照“率先和全面建设世界一流企业”的目标定位进行强基固本，确立“国际化优先发展战略”，进行适应性组织变革，加大产业链与价值链创新，嫁接金融资本打造“产融一体化”新优势，内外联动，携手共建，协调国内10个区域总部积极加强与地方各省市的战略对接合作，形成区域联动、“一带一路”规划对接、“走出去”协同的工作局面。比如依托境外园区开发建设和产业投资，在广东成立了国际产业投资控股公司，对接国内主要省市、各大企业，拉动国内产业集群式“走出去”；在上海自贸区组建中交疏浚集团，增强参建“一带一路”优势。

“一干”：是从我国福建、广东、海南等沿海港口出发贯通东盟—南亚—中东—非洲的海上大通道，是中交集团“走出去”践行“一带一路”的主战场，以重要港口为支点，以城市和园区为支撑，重点突出“海丝”建设，兼重“陆丝”的深耕拓展，在一些重点国别地区形成了特色局面。在巴基斯坦，以中巴经济走廊的“一路一港”（巴基斯坦喀喇昆仑公路、巴基斯坦瓜达尔港）为重心建设相关项目；在斯里兰卡，依托“一港一城”（汉班托塔港、科伦坡港口城）开展相关项目投资建设（其中科伦坡港口城项目自2015年3月暂停以来，经过我国政府与斯国政府不断的沟通和协调，2016年3月9日斯里兰卡政府批准项目复工，目前项目已正常复工实施）；在肯尼亚，完成“一路一港一区”（蒙内铁路—内马铁路、蒙巴萨港、蒙巴萨经济特区，包括基苏木港、内罗毕集装箱内陆港）点线面结合的基础上进而推进设施通与产业投资立体发展；在强手如林的中东市场，完成了半岛腹地的整体布局，依托“一河一港”（苏伊士运河、以色列阿什杜德港，包括对卡塔尔多哈新港的延伸），推进中国—中亚—西亚走廊与“海丝”交汇区相关水陆联通项目的开展；在东盟和孟中印缅走廊，形成了设施通与产业园区互促的滚动开发网络（关丹新深水港、印尼比通经济特区、孟加拉国卡纳普里河底隧道、孟加拉国中国工业园、中缅大通道等）。

"多枝"：一是丝绸之路经济带，二是非洲大陆，三是南太，四是拉美。在"陆丝"沿线，中交集团推进形成中亚、欧亚与中东欧的市场连接，围绕中蒙俄、新亚欧大陆桥走廊建设，相继承接实施了中吉乌公路、塞尔维亚泽蒙大桥、黑山南北高速、白俄罗斯M5延长线等项目。构建了覆盖非洲大陆的市场网络体系，与中非"三网一化"合作及中国对非"十大合作计划"深度对接，向整个非洲大陆深耕发展，连续多年是非洲市场最大国际承包商，成功培育了产业园区、城市综合开发、特色房地产、资源能源开发合作、工业投资等多业态项目群。在"海丝"向南太平洋方向的澳大利亚、巴布亚新几内亚等市场延伸拓展，进一步与本土化结合梯次布局拉美新兴市场和北美高端市场，形成设施通与产能合作相辅相成、产业资本与金融资本共同发力的创新工作局面。2015年5月，中交收购澳大利亚第三大工程企业——约翰霍兰德公司100%的股权，该公司负责澳大利亚40%的铁路运营，新近中标了墨尔本地铁前期工程等轨道交通项目。2016年3月23日，中交投资建设的海外首个采用BOT模式建设的牙买加南北高速项目全线贯通，该项目帮助牙买加人实现了多年的梦想。2015年9月中标的哥伦比亚Mar2公路PPP项目，是第一个对境外交通基础设施以PPP模式运作的中资企业投资项目。中交港口集装箱机械以全球70%以上份额连续18年稳居世界第一，拥有自主知识产权的全自动化码头、海上钻井平台、特种工程船舶等已成功销往欧美韩等市场，强大的海洋装备制造能力和海上施工能力为践行"一带一路"提供了基础支撑。

（三）践行"通""达"理念，追求"达则兼济各方"

中交集团的企业精神是"交融天下、建者无疆"。在60年海外发展的历程中，中交人既修路架桥、筑港通航，实现基础设施的"硬联通"，也通过系统性、长期性的社会责任实现中外民心的"软联通"，以负责任受尊敬的企业品牌助力国家形象塑造。利他为先、舍得为上，通过实施"一带一路"沿线的重大基础设施项目，特别是港口、机场及境外园区等建设，极大推进了区域内基础设施的互联互通，也为中国与沿线各国的国际产能合作创造了有利条件。积极采取新的商业模式，促进了业务和结构的转型升级，在更高层次、更广领域参与国际竞争，提升中国企业、中国品牌的影响力。打造“魂在中华、根在中交、行在海外”的特色海外文化，积极促进中外文化互通，使企业成为经济外交、文化外交的闪亮名片。

“通、达”是中交集团秉持“命运共同体”精神、助推国家战略落地的基石。“通”是把握“五通”内涵，助力民心相通。“达”是追求“达则兼济各方”，释放中国方案正能量。中交集团在参与“一带一路”建设中坚持和积极践行正确义利观，行大道、谋共赢，坚信“利他必利己，有舍必有得”，积极践行“亲诚惠容”“真实亲诚”。通过捐资助学、扶危济困、抢险救灾、改善民生、保护环境，推进与当地社会的和谐发展；通过属地化的精耕细作，也担负起中外文化融合的新角色；为当地员工创造教育培训条件，致力于打造“智力丝绸之路”；交付一批又一批质量优良、符合环保标准的“绿色工程”，致力于建设“绿色丝绸之路”。积极对接域内发展战略，坚持合作共赢和价值共享，实施的多个项目均体现了“一带一路”建设是为世界提供的一项充满东方智慧的共同繁荣发展的方案。蒙内铁路是“非洲梦”对接“一带一路”的重点项目，将拉动肯尼亚经济年增长率由5.8%提升至8%，在全面建设的高峰期间带动当地就业超过3万余人，当地雇员占比约为95%，为肯尼亚员工进行技能培训超过1.7万人，共培养专业施工技术人员超过4000人。巴基斯坦喀喇昆仑公路一期于2015年9月2日全线贯通后，从雷科特桥到红其拉甫口岸的贸易物流时间从以前的14小时缩短到6小时，每吨货物运输费用至少降低100美元。斯里兰卡港口城项目与斯里兰卡“大西部省”规划实现了有效对接；以色列阿什杜德港于2022年扩建完工后将成为欧亚之间的桥梁。

二、中交集团“一带一路”建设的理论思考

习近平主席2016年8月17日在出席推进“一带一路”建设工作座谈会时指出，以“一带一路”建设为契机，开展跨国互联互通，提高贸易和投资合作水平，推动国际产能和装备制造合作，本质上是通过提高有效供给来催生新的需求，实现世界经济再平衡。特别是在当前世界经济持续低迷的情况下，如果能够使顺周期下形成的巨大产能和建设能力“走出去”，满足沿线国家推进工业化、现代化和提高基础设施水平的迫切需要，有利于稳定当前世界经济形势。实践中，中交集团带着对世界经济和同“一带一路”沿线各国分享中国发展机遇的思考，主动

顺应当地经济发展需求，把自身的发展经验和在国内经济建设中获得的综合能力优势与当地经济社会的发展急需、发展战略、发展优势进行深度的对接融合，积累形成有一定特色、有较明显模型特征的案例样本。这种案例样本的形成，在理论思考的角度，其基础支撑源自对“一带一路”建设与世界经济（包括区域经济）的关系的认识，源自对全球价值链和行业价值链的一般原理的认知，源自对中国方案、中国因素与全球经济治理体系的关系的认知。

国际金融危机后，世界经济政治格局发生了深刻变化，多极化特征凸显，全球经济处于格局演变、动力切换、秩序重塑等调整中，在这一背景下，中国作为负责任的大国积极主动作为，提出“一带一路”建设倡议，为促进世界经济繁荣与平衡发展发挥积极作用。“一带一路”建设以和平合作、开放包容、互学互鉴、互利共赢为理念，赢得了沿线国家的广泛认同和积极参与，为全球经济增长提供了新动力和平衡发展的新机遇，对全球经济治理改革发挥积极作用。作为前所未有的国际合作倡议和理念，“一带一路”建设不仅可以动员和组织沿线各国积极行动，还可吸引区域外国家和资本积极参与。这将为促进各种文明和平共处、相生相容，打造政治互信、经济融合、文化包容的利益共同体、命运共同体和责任共同体，共同维护区域乃至世界的和平稳定，以推动共商共建共享发展成果为核心目标，促进全球治理规则的改革与完善，形成国际合作以及全球治理新模式。

国家因素是企业最根本的竞争优势。企业虽以市场为舞台，但企业全球战略得以最终实现的根本依托是国家战略的力量推动。“一带一路”建设正在打通巨大需求和强劲供给，给企业转型升级和迈入世界一流提供了前所未有的重大战略机遇。当中国一些大企业集团在国内经济顺周期下取得了对规模经济、成本价格、产品质量、技术品牌等一般意义上的产业竞争的实践跨越之后，在国际市场已然形成能承载“中国建造”的集群优势，在这个基础上，如何发挥好作为市场主角所特有的全球网点持续经营能力，把企业的全球资源配置网络体系、当前的实践及未来的发展战略与“一带一路”建设更加紧密地结合在一起，在为“一带一路”建设做出更大贡献的同时，也实现企业自身的更高发展目标，值得我们透过实践来进行理论的思考和提炼。

（一）案例分析模型的构建

1. 微笑曲线（Smiling Curve）。

产业经济学中有个“微笑曲线”理论。该理论认为：在当今世界的产业链中，研发（包括采购与设计）、生产（包括组装与加工）、营销（包括品牌与金融）诸环节的附加值曲线呈现两端高中间低的形态，即研发和营销环节附加值高、生产加工环节附加值低，大体呈U形的弧线，如同一个人微笑时上翘的嘴唇形状。[①]

2. 中交曲线：基础设施建设全产业链价值链的“微笑曲线”。

由“走出去”之初的劳务输出发展到基础设施总承包建设，再到现在的基础设施建设领域的开发、投资、建设、运营等的全产业链输出，历经几十年的市场历练和发展积淀，中交集团配置全球资源能力显著增强，参与所在领域全球价值链竞争的能力得到业界高度认同。规划咨询带动、项目全寿命周期营销、基础设施与资源能源综合开发、商产融结合等经营创新趋于成熟，商业模式更加丰富，海外投资商、发展商、运营商、服务商形象基本建立，海外房地产、城市综合开发运营、境外园区和产业投资成为海外发展的新亮点。发展和提升了有自身特色的核心优势，具有交通基础设施及相关领域开发建设的完备产业链、价值一体化、集聚功能强的比较优势，依托“五商中交”战略培育提升了产业资本嫁接金融资本的新优势，在基础设施投资建设相关领域的产业集聚与基于价值链组合和模式创新的转型升级发展优势日益显现。

着眼于一揽子服务和提供整体解决方案，中交集团在海外业务转型升级上推行了如下举措：一是以提升海外业务贡献度和国际化经营指数为基础，着眼世界一流，实现品牌升级；二是以传统业务为基础，大力发展中高端业务，实现产品和产业升级；三是以“利益共同体、生命共同体”高度融合为基础，实现从产业链到价值链转化的升级；四是以共享价值、提供一体化综合解决方案为基础，实现从单一产品到产业链、到价值链、再到价值网络体系的商业模式的升级。在具体应用上，积极探索“EPC+”业务，通过建营一体化（EPC+O、BOT、PPP）和特许经营项目、总承包＋融资（EPC+F）、“一揽子”规划项目等，集成产业链上更多能力，将外部产业链融入自身的价值链当中，从专业性向综合性转变，

① 郝全洪、马相东《从“微笑曲线”看科技创新驱动》，《学习时报》2012年9月。

从简单业务向多领域、多层次转变。通过这样一个转型来提升价值链转化能力，适应了海外项目大型化、综合化、复杂化的趋势，实现从融资规划到设计、施工再到运营服务的全产业链打通，更顺应客户的发展需求，也帮助当地政府解决发展难题，起到了通过提供有效供给来催生更大市场需求的效果。这种全产业链全价值链式的集成服务模式，与“一带一路”建设深度契合，形成了中交集团在基础设施建设领域的“微笑曲线”。如图 1 所示：

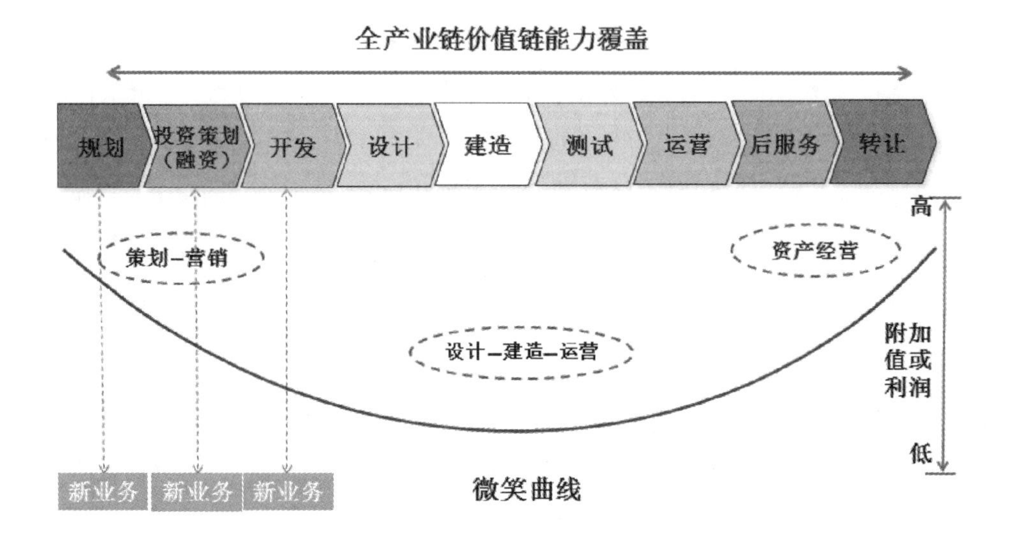

图 1　中交曲线

3. 中交集团“一带一路”建设的“微笑曲线 +PIC+PLC”模型：笑脸模式。

中交集团在“一带一路”建设中牵头实施的重要项目，多具有综合开发或项目集群的特点，就项目主体内容而言，呈现以港口节点（海港和旱港）、产业集聚、城市支撑为主的契合“一带一路”建设规划重点的布局特色。由此，我们也引入管理学中常用的阿代尔三环结构图作为模型构建的辅助工具，对案例项目进行总结概括。

通过三环结构图，也可以把世界经济和全球治理的三大机制（动力、治理、平衡）、“一带一路”建设三大原则（共商、共建、共享）、三大支柱（互联互通、产能合作、人文交流），以及中国经济与中国方案在联通发达经济体与发展中经济体的桥梁作用，进行模型化提炼。相关内容的两个三环结构图与微笑曲线组合连通，形成笑脸模式的逻辑关系图。图 2、图 3 的笑脸模式，说明的是“一带一路”建设与世界经济发展以及全球经济治理间的逻辑关系。两个笑脸模式，也体现了“一带一路”是造福沿线国家人民的中国方案，体现了中国方案、中国经济对世界经济再平衡、全球治理再启动的长期、强劲贡献。

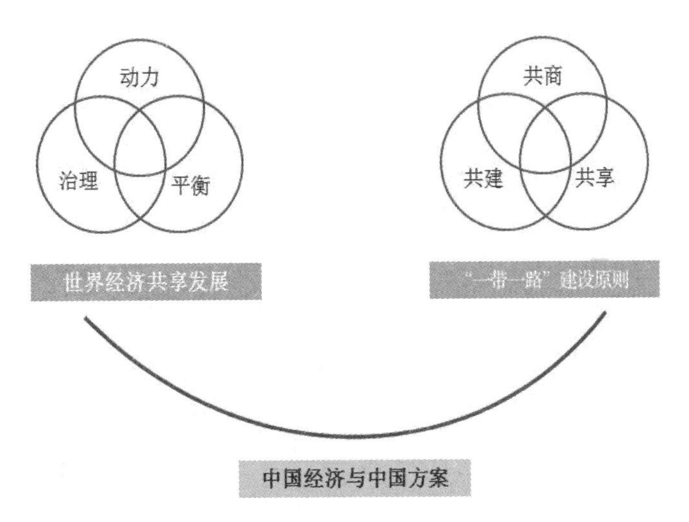

图 2 微笑曲线连接“一带一路”建设与世界经济（1）

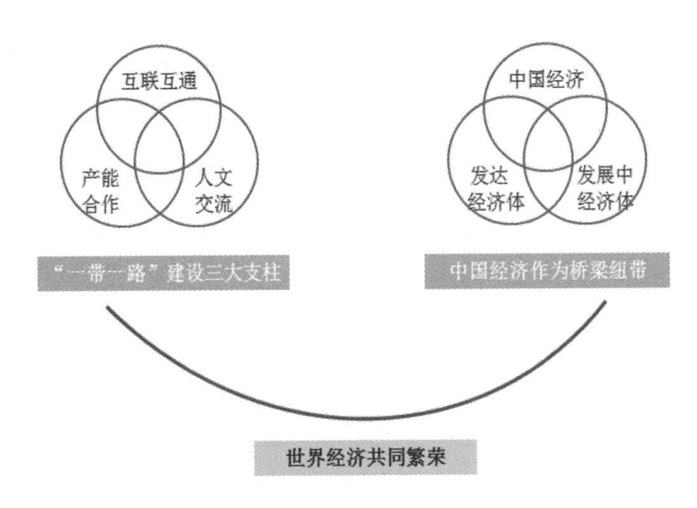

图 3 微笑曲线连接“一带一路”建设与世界经济（2）

通过这一模型结构对中交集团国际化的“一带一路”建设实践进行研究提炼，形成了图 4、图 5、图 6 的典型的笑脸模式。

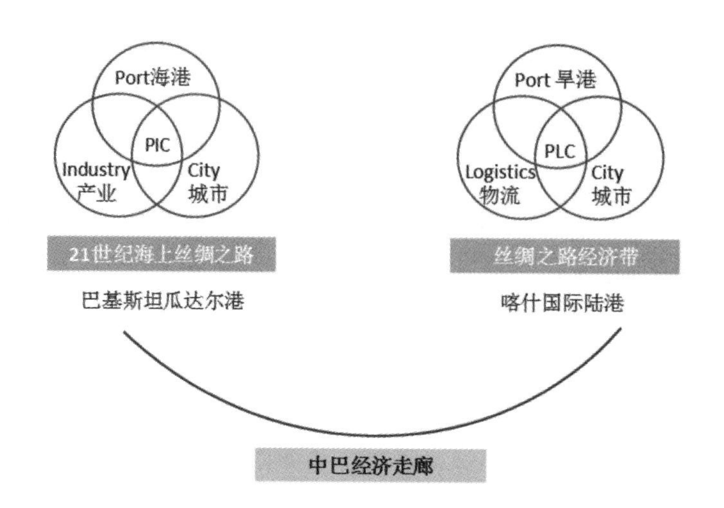

图4 "微笑曲线 +PIC+PLC" 模型：中交集团在巴基斯坦与中巴经济走廊

如图 4 所示，中交集团在"一带一路"建设过程中，不仅带动了行业的更高水平"走出去"，还逐步形成了"微笑曲线 +PIC+PLC"（或"微笑曲线 +PIC+PIC"）模型的笑脸模式，为"一带一路"建设提供了典型的案例样本。其中，PIC 指的是以 Port（海港）的建设和运营维护为核心，拉动国内配套产业（Industry）集群式"走出去"，有效整合国际、国内资源，利用各自的资源禀赋优势，实现国际产能合作，最终实现带动海港城市（City）的建设发展，并以产城一体化方式帮助当地打造国际产业承接集聚中心，促进产业体系升级。PLC 指的是以 Port（旱港）的建设和运营为契机，发挥旱港的综合交通枢纽中心优势，推动港域城市发展为商贸物流中心（Logistics），进而带动金融等相关产业的集聚发展，形成以旱港为中心的城市圈（City）建设。在 PIC+PLC 的实践上，中交正在建设的有中巴经济走廊两端的瓜达尔海港城和新疆喀什陆港城市圈建设。以中巴经济走廊建设为例，在南端，中交利用在巴基斯坦的海港建设优势，推动自由贸易区建设，带动中国产业集群式"走出去"，构建多元化发展的瓜达尔现代港城；在北端，中交利用新疆喀什综合交通枢纽的物流优势，以喀什国际陆港的建设为支点，推动喀什成为中国西部的世界级的物流中心、金融中心和贸易中心，形成以喀什为中心的城市圈，推动新疆发挥丝绸之路经济带核心区的承载集聚作用。在这一过程中，中交利用自身在工程建设行业的全产业链建设的优势，向价值链两端延伸，不仅参与基础设施建设的 EPC 环节，还参与到区域的规划设计、投资和运营等微笑曲线两端的高价值链附加环节，提升企业自身盈利能力的同时，也为行业“走出去”提供了新的商业模式。

在南亚的斯里兰卡，科伦坡港口城建设投资、产业导入（PIC）与汉班托塔港建设运营、临港工业园区开发建设（PIC），以及南部高速公路项目群，也形成典型的“微笑曲线 +PIC+PLC（PIC）”模型，推动斯里兰卡打造国际金融中心、航运中心、商业物流中心和产业集聚中心。在东非的肯尼亚，以蒙内铁路—内马铁路作为微笑曲线连接起来的蒙巴萨港与蒙巴萨经济特区（PIC）、内罗毕旱港与内陆多式联运中心（PLC），形成又一个典型的“微笑曲线 +PIC+PLC”模型，推动东非区域经济加快融入世界经济体系。分别图示如下：

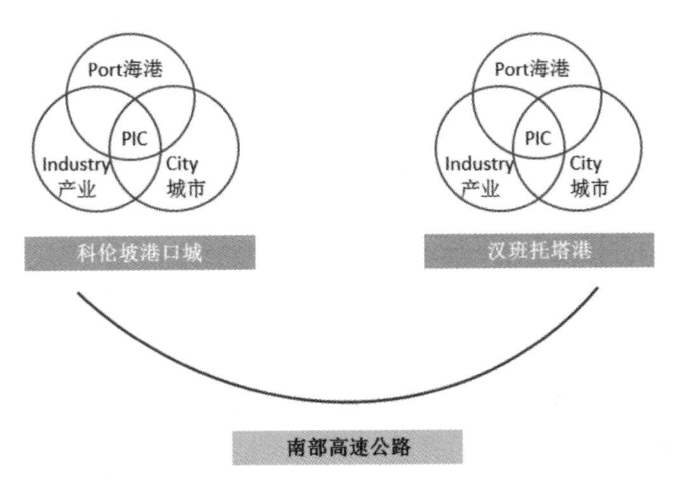

图 5 “微笑曲线 +PIC+PLC（PIC）”模型：中交集团在斯里兰卡

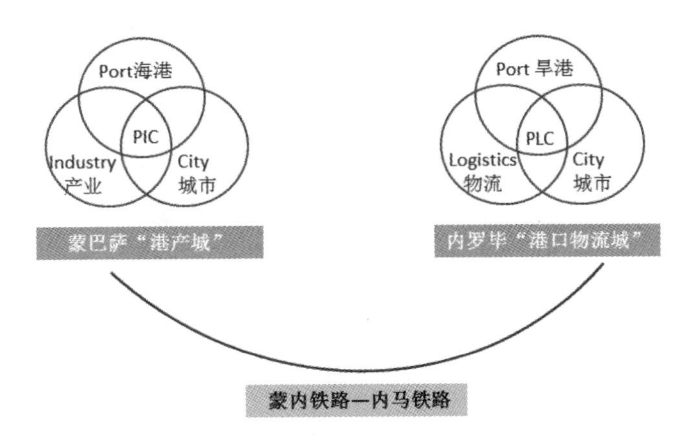

图 6 “微笑曲线 +PIC+PLC”模型：中交集团在肯尼亚

（二）理论模型的实践应用意义

上文图4描述的是联通“一带”和“一路”的中交“笑脸模式”。这个模型中的项目或项目群在“一带一路”建设中都有示范效应，中巴经济走廊建设是“一带一路”的旗舰项目，瓜达尔港建设是“一带一路”最先启动的项目，新疆喀什国际陆港建设项目位于中巴经济走廊的北部端点和陆丝的核心区，因此，下文将基于这个“笑脸模式”，对理论模型的实践应用意义进行详细阐述。

1. 微笑曲线：中巴经济走廊联通“一带”和“一路”。

中巴经济走廊起点在喀什，终点在巴基斯坦瓜达尔港，全长3000千米，北接丝绸之路经济带、南连21世纪海上丝绸之路，是贯通南北丝路的关键枢纽，是一条包括公路、铁路、油气和光缆通道在内的贸易走廊，是“一带一路”的重要组成部分。中国外交部部长王毅把中巴经济走廊描述为“一带一路”交响乐中“第一乐章”。首先，它是“一带一路”战略推进的“试点区”，更是“一带一路”战略实施的里程碑项目。其次，它是“一带一路”战略成效的“示范区”。基于中巴之间睦邻友好关系的典范，中巴经济走廊涉及港口建设、能源管道、交通基础建设、产业合作等重点领域，具有较强的示范效应。中巴经济走廊看起来是双边的，实际上其功能和方式会辐射到相邻区域，对“一带一路”大区域产生重大影响。最后，它是“一带一路”战略实践的“创新区”。中巴经济走廊正是打通21世纪海上丝绸之路与丝绸之路经济带两个战略的连接区、交汇区、受益区，正在成为中巴深层经贸合作的新平台，中巴经济走廊项目具有崭新的开创性。

2. PIC的具体实践——中交集团在瓜达尔的海港城建设。

作为“海丝之路”的一个重要连接点，巴基斯坦南部瓜达尔港也是中巴经济走廊建设的一个起始点。瓜达尔港位于巴基斯坦俾路支斯坦省西南部的瓜达尔市，是巴基斯坦卡拉奇、卡西姆两港之外的第三个港口。瓜达尔港地理位置优越，毗邻巴基斯坦和伊朗边界，濒临阿拉伯海，扼霍尔木兹海峡湾口，堪称印度洋上的咽喉要地，是巴基斯坦西部门户，战略地位十分重要，对巴基斯坦国家安全具有重要战略意义，也肩负巴基斯坦西部经济社会发展重任。瓜达尔地区海岸线漫长，目前没有任何大型工厂，海水天然无污染，渔业资源十分丰富，大约40%的渔产品出运至卡拉奇以及斯里兰卡、韩国、中国香港等地区。瓜达尔海岸线总长约600千米，岸滩稳定，适于建港的岸线资源十分丰富。特别是东湾受岬角的天然掩护，码头前沿有效波高仅 1.9m/s，流速仅 0.1—0.4m/s，平均泥沙淤积强度不大（约 0.63m/a），是天然深水良港。

瓜达尔港建设将在打造海港城的基础上，优先发展商贸物流，使瓜达尔港成为区域性的贸易通道，并逐步培育加工制造业，承接中巴经济合作带来的部分产业转移；结合能源输入，发展重化工业，成为巴基斯坦沿海经济带的重要组成。基于瓜达尔港良好的区位优势，在巴基斯坦和周边国家的贸易往来不断密切、巴国内部市场需求大的背景下，发挥中国制造业的优势，将瓜达尔港发展成为服务巴基斯坦及周边国家的商贸物流集散地，是中交集团在“一带一路”建设上的 Port（海港）-Industry（产业）-City（城市）典型尝试。该项目将港域周边和自贸区一体化规划发展，构建多元化发展的现代港城，成为管理体制创新的试验区，改善营商环境，完善区域承载功能，包括：商业贸易，仓储物流、商品展示、国际采购、中转、配送，渔业，石材加工制造，生产生活服务配套等。这也是中巴两国经贸合作的重要成果。

3. PLC 的具体实践——中交集团在新疆的国际陆港建设。

新疆作为丝绸之路经济带核心区，是重要的交通枢纽中心、商贸物流中心、文化科技中心。喀什位于“一带一路”核心节点，是丝绸之路经济带沿线中心城市和亚欧贸易重镇，是古丝绸之路中线、南线的交汇地，是丝绸之路经济带核心区和地理中枢，是中巴经济走廊的龙头和我国向西开放的桥头堡、扩大对外开放的战略要地。中交集团以新疆作为丝绸之路经济带核心区打造“五大中心”为目标，以项目为依托建立战略合作关系，使喀什成为中交 PPP 模式项目在新疆市场实施的重点区域。中交集团拟建设的喀什国际内陆港起步工程选址喀什临空产业园内东北侧、喀什综合保税区以北、恰克玛克河对岸，初步规划建设面积 3.6 平方千米，主要分仓储配送区、保税物流区、物流加工区、管理商务区、物流服务区和预留发展区。项目建成后，将成为中交集团在“一带一路”建设上的 Port（旱港）-Logistics（物流）-City（城市）典范。

借鉴新加坡作为国际物流中心和世界金融中心、贸易中心的发展经验，当喀什成为物流的中转地以后，就会成为大宗货物的交易地和金融中心。中巴经济走廊使喀什成为中国内陆与中亚、中东、欧洲、非洲的交通要道以后，将使喀什成为中国西部的世界级的物流中心、金融中心和贸易中心。当中国内地的货物进出不必再大部分经过上海等东南沿海口岸时，就会为中国的西部带来繁荣，形成以喀什为中心的城市圈。将来，中国南有香港，东有上海，西有喀什，形成三足鼎立的新经济格局。中交集团作为“一带一路”倡议的先行者，可充分利用和沿线国家的能源、基础设施、高端制造、产业园区等领域开展广泛合作，引领喀什、新疆企业“走出去”，为新疆喀什抓住“一带一路”战略机遇、实现互联互通、提升喀什战略地位和经济增长发挥重要作用。

4. 笑脸模式：PIC 瓜达尔海港城——PLC 喀什国际陆港城联动。

通过瓜达尔港将我国原通过马六甲海峡运输的石油、原材料等货物从瓜达尔港上岸，经中巴公路、铁路、管道等运输通道运送至喀什。基于巴基斯坦与伊朗、沙特阿拉伯、阿曼等中东国家签署了自贸协议，以喀什发展相关产业作为支撑，将我国出口至中东国家的货物直接从喀什经陆路运输至瓜达尔港分装后，免税进入中东市场，进一步开拓我国与中东市场的经贸合作。同时，中巴经济走廊运输通道的建设有利于提升中巴贸易运输，进一步辐射带动我国与中亚、西亚等国家的贸易往来，中巴经济走廊的建设为我国新疆乃至整个西部地区对外开放打开一个出海大通道。

在喀什建设国际陆港，通过铁路、公路、管道的建设联通，与瓜达尔港形成港口互动、产业互动，形成联动发展、合作共赢的局面。基于我国与中亚、南亚等周边国家在产业、资源等方面的互补性、差异性，将喀什国际内陆港发展定位为中巴经济合作走廊的交通贸易物流枢纽、丝路特色旅游枢纽、中西方文化交流枢纽、产业开发孵化基地，喀什也将成为丝绸之路经济带核心区港产城商一体化联动发展的纽带和引擎。同时，中交还在积极推进中巴铁路、中吉乌铁路建设，并可根据方案实施的可行性先行启动国内建设。若是将中巴铁路、中吉乌铁路建设和喀什国际内陆港协同建设，将更能发挥喀什国际内陆港的巨大经济价值。

三胞集团参与“一带一路”的关键词：并购为主、投资为辅、关联主业、相互协同

岳　雷

三胞集团有限公司（以下简称“三胞集团”或“三胞”），是一家以信息化为特征、以现代服务业为基础，“新金融、新消费、新健康、新科技、新置业”五大板块协同发展的大型民营企业集团。以大数据为核心，构建“金融、健康、消费”三大产业，形成“金、木、水、火、土”五大行业协同发展的产业生态圈，努力成为有中国特色、可持续发展的世界级企业组织。

集团现拥有宏图高科（600122.SH）、南京新百（600682.SH）、万威国际（0167.HK）、金鹏源康（新三板 430606）、富通电科（新三板 837438）等多家上市公司，以及宏图三胞、乐语通讯、宏图地产、广州金鹏、天下金服、中国新闻周刊、安康通、麦考林、拉手网、英国 House of Fraser、美国 Brookstone、以色列 Natali 等国内外重点企业，下属独资及控股企业超过 100 家，全球员工总数超过 10 万人，其中海外员工 4 万人。集团旗下“宏图”“宏图三胞”“金鹏”“新百”商标系“中国驰名商标”，品牌家喻户晓、享誉全国。

截至 2015 年，集团总资产和年销售总额均已突破 1000 亿元，第 13 年入围“中国企业 500 强”（第 132 名），并被全国工商联评为“中国民营企业 500 强”第 19 名、“中国民营服务业企业 100 强”第 10 名。2012 年以来，三胞集团为快速做大规模、保持竞争优势、进军世界 500 强，深刻把握国内外经济发展趋势以及跨国大企业基本发展规律，深思熟虑，制定了“走出去”战略。

【作者简介】岳雷，三胞集团高级副总裁。南京市公共外交协会副会长，江苏省海外交流协会副会长，第十二届全国青联委员。在三胞集团“走出去”发展过程中，注重与世界各国的文化交流、民间外交，积极投身于慈善公益事业。2016 年 3 月，被英国皇室任命为野生动物保护联盟（United for Wildlife，UFW）首位华人全球形象大使。

一、经济新常态下，三胞积极“走出去”

（一）“走出去”的动因

第一，推动转型发展。转型已经成为当今社会的一个热词，其实这并不是一个新词，这个词最早出现在1995年，中央在规划“九五”期间，提出经济发展方式转型，也叫调整产业结构，从微观层面来讲，也就是从企业的角度来说叫转型。转型的定义是多方面的，如管理的转型、模式的转型、产品的转型和服务的转型。而三胞对转型的做法是通过“走出去”实施跨国并购来推动企业的转型发展。所以国家提出的“一带一路”蓝图，为三胞“走出去”提供了巨大的发展机会和发展信心。三胞集团于2013年提出并确定了，今后五年要把国际化发展作为三胞一个优先发展的战略，2014年正式开启了三胞“走出去”的元年。

第二，储备竞争优势。欧美国家很多产业和行业都比三胞集团发展得早，比三胞做得也好，所以三胞要想实现弯道超车，就要借助国外先进技术、品牌资源和软硬件产品嫁接到中国市场上来推动其国内产业的转型升级和协同发展。这也就是政府所讲的两个市场、两种资源——用好和打通国际国内两个市场，整合国际国内两种资源。三胞是一家以传统零售起家的民营集团，在新的经济形势和互联网电商的冲击下，传统商业怎么走、怎么发展，这是眼前急需解决的课题和挑战。三胞集团通过到英国、到美国进行一系列的海外并购，把这些先进的技术和模式带到国内，然后嫁接到其国内的产业平台上，来推动它的转型，这也就是所谓的“走出去”和“引进来”。

第三，实现战略目标。三胞在2014年确立了下一个五年的发展规划，提出2018年要进入世界500强，2020年要实现“三胞梦”，即到2020年，三胞集团将实现5000亿总资产规模、5000亿年销售额，培养出50个亿万富豪、500个千万富豪、5000个几百万级富豪。这个战略目标和愿景，三胞必须通过并购来实现。三胞集团研究了世界500强的发展史，近半个世纪以来，没有一家企业是通过自身主业扩张和发展做进世界500强的；98%的企业都是通过中途接力、资本运作和并购发展来快速形成自己的规模，做大自己的财报，迈进250亿美元这道营收门槛。三胞2015年确定了“双千”的战略目标，即资产规模过千亿，销售收入过千亿。2015年已经实现了。应该说三胞离500强的目标还有两年的时间，完全可以轻松迈过这道门槛。

这就是三胞在这个时期，在经济新常态下，为什么要“走出去”发展的三个主要动因。说到底，转型发展就是为了企业活得更久、更好，如果说一个企业进行转型发展，十年、二十年以后依然活得很好，就说明这家企业转型是成功的。

（二）“走出去”的理念

三胞集团确立了跨国发展的战略目标后，就本着符合自身特点的国际化发展基本理念稳步实施“走出去”战略。关键词是“并购为主、投资为辅、关联主业、相互协同”。

第一个战略理念：并购为主、投资为辅。国外很多优秀的企业，你跟他合作，很难把其真经带过来，法宝也不可能拿过来，想拿来主义也是不可能的，只能做其没有话语权的小股东。三胞集团的理念就是必须通过并购把国外优秀企业的渠道品牌和资源全部拿进来，这是其在实施“走出去”战略方面运用的最重要的法宝。就是通过并购的方式，来实现其扩张，实现海内外两种资源的协同和整合。

第二个战略理念：关联主业、相互协同。三胞近些年来在海外做的一系列并购，每一美元都不会花在跟三胞主业无关的领域，也就是说三胞在海外买买买的背后不是任性，也不是盲目扩张，主要基于两点重要判断：第一点判断，花钱买的这个企业，与三胞现有的国内企业有没有关联性，有没有互补性，有没有协同性。第二点判断，并购的标的和业务，能不能在中国落地，这是一个重要的标志。2014 年三胞集团并购了英国最老牌的百货集团 House of Fraser（HOF），这给三胞旗下的南京新百带来了活力和协同。新百是南京老国企发展过来的，也走过了半个世纪，但是在新的竞争形势和业态下显得老态龙钟，举步维艰。在转型发展上，三胞首先把位于南京新街口的国贸中心收购了，然后在裙楼打通其商业经营面积，增加了两万多平方米的经营面积。现在新百有 A 座、B 座。南京新百 B 座 2016 年 4 月 28 日开业迎宾后，A 座与 B 座无缝对接，整体营业面积达到 12 万平方米。试营业的第一天实现 3700 万销售额，开业 5 天，新百刷新自己 64 年来“五一”节庆档的销售记录，客流超百万，揽金 1.5 亿元。据预测，B 座和 A 座打通，通过转型，每年将带来很大的业绩提升。但是南京新百如何保证并持续地发挥其竞争力，很重要的一个方面就是把英国的商品品牌统统带进来。HOF 的中国旗舰店，第一家就开在新街口的东方商城。这次改造是换血式的改造，跟原来的东方商城一点关系没有。200 多个品牌进驻，其中 100 多个品牌都是从英伦直接带到国内，

100多个品牌中53个都是第一次来到中国，而且进入中国以后都是排他性发展。这就解决了南京新百在新街口地区如何做到人无我有，如何做到把客人、消费者引到自己这里来的问题。所以三胞并购的一个重要立场，就是要让并购给自己带来关联性和协同，并使业务真正在中国落地。

（三）"走出去"的成效

2014年是三胞的国际化元年，三胞集团"立足国内，迈向世界"，正式启动了走出去的发展战略，至今已经进行了一系列的海外并购，业务范围拓展到北美、欧洲、中东等地，打下了国际化布局的基础。

第一，通过对海外商业企业的并购，促进了国内商业的转型升级。三胞集团旗下的宏图高科上市公司是国内最大的专业IT连锁，乐语通讯是国内最大的专业通信连锁，南京新街口百货上市公司是国内十大百货之一，美西时尚是国内最早的奢侈品电商网站。三胞在线上线下都拥有丰富的商业资源，可以说，零售就是三胞的"基因"。

三胞集团认为，在未来的互联网社会里，凡是单纯满足物质消费需求的商业模式终将被线上取代，而能够满足精神消费需求的商业模式在线下才有存在的意义。所以，线下的商业依然前途光明，但关键在于转型，在于如何为客户提供精神价值及体验价值。并购国外优秀的商业企业，引进其先进的运营模式和管理系统，就是国内商业实现弯道超车、快速转型升级的最好捷径。用一句流行的话来说，就是用未来定义未来。世界上最好的东西就是三胞未来的方向，那三胞就把未来的东西买过来，然后用来建立自己的未来。这就是三胞的逻辑。

百货板块：House of Fraser

2014年，三胞旗下的南京新百以4.5亿英镑的价格，收购了英国第三大百货House of Fraser。HOF有167年的历史，是英国最老牌的皇家百货，在英国、爱尔兰和中东拥有60多家商场，并建立了一流的多渠道供应链体系以及自有品牌、买手制与招租联营相结合的成熟的运营模式。

目前，国内百货业正在从单纯招租联营的传统模式向体验式的百货转型，但缺乏成熟的供应链和买手制体系；海外百货很想打开中国市场，却不了解中国消费者的习惯。新百与HOF的协同发展，正好实现了两者的优势互补，加快了三胞百货产业的整体转型升级，也为中国百货行业的发展带来了一些经验。

在促进国内百货转型升级的同时，HOF 本身在英国也得到了长足的发展。收购后，HOF 当年第四季度的销售，同比增长 12%，打破了它 167 年最好的增长纪录。2015 年 HOF 业绩同比增长 7%，处于英国同行业的领先水平。尤为重要的是，三胞集团还为 HOF 解决了影响其利润的高息债问题。在收购之前，HOF 有一笔近 3 亿英镑的高息债，年利率高达 9%。2015 年 8 月，三胞集团帮助 HOF 成功完成了再融资，年利率控制在了 4.5% 左右，每年可以节省近 1500 万英镑的财务成本，仅此一项就使 HOF 扭亏为盈。

这笔再融资是由工商银行伦敦分行和汇丰总行联合完成的，三胞从开始洽谈到完成交易，仅用了一个多月的时间。这也是希腊危机后欧洲成功发行的第一支百货企业的债券。

新奇特板块：Brookstone

近 20 年来，三胞在国内还开设了近 3000 家的 3C 店面，销售手机和电脑。在互联网社会里，如果没有“新奇特”产品的销售，3C 店面也将失去对人流的吸引力。过去三胞集团花了近 10 年的时间去探索建立新奇特的商业模式，由于缺乏管理系统和方法论，总是走不出采购、销售、积压的死循环，10 多年来损失很大。

经过仔细的调研，2014 年 6 月三胞在美国收购了全球最大的新奇特连锁商店 Brookstone，它在美国各大机场和购物中心都有自己的商店。三胞引进 Brookstone 先进的运营模式和方法论以后，促进了国内宏图高科、乐语通讯的成功转型，2015 年这两家公司的销售和利润同比都有很大的增长。

玩具商店板块：Hamleys

2015 年 10 月，在习近平主席访英期间，三胞集团战略伙伴成功收购了英国有 255 年历史的玩具商店 Hamleys。Hamleys 创建于 1760 年，拥有英国“皇家认证”，是世界上历史最悠久和最具知名度的玩具零售商。目前，Hamleys 在欧洲、东南亚、中东等地区拥有 60 多家商店，其中坐落于伦敦 Regent Street（摄政街）的旗舰店，是世界上最大的玩具店。这家店每年吸引顾客达 500 多万人次，是伦敦的十大旅游景点之一。三胞收购 Hamleys，就是要把场景和互动体验的先进商业系统引进中国的百货业。

第二，通过对海外医疗企业的并购，打造国内最大的民营医疗健康集团。健康是人类永恒的话题。据统计，目前在全球股票总市值中，大健康产业约占

13%。美国大健康产业占 GDP 的 15%，加拿大、日本等国也超过 10%，而中国还不到 5%。我们预计到 2020 年，我国大健康产业的规模将达到 10 万亿元。

经过认真研究，三胞集团决定把健康医疗作为三胞集团未来发展的另一个支柱产业。近两年来，三胞通过海外并购，使“三胞大健康”的产业布局快速成型。

养老服务板块：Natali、A.S. Nursing Company

10 年前，三胞就成立了中国最大的养老服务公司上海安康通，上海 70 岁以上老人使用的呼叫系统 Panic Button 都是安康通提供的。10 多年来，三胞在养老服务模式的探索上走了很多弯路，10 多年时间发展的用户还不到 10 万人。2014 年，为了加快安康通的发展，三胞经过全球对标分析，找到了世界最先进的养老服务企业——以色列 Natali，然后用 3 个月的时间完成了对它的并购。收购 Natali 以后，三胞引进了它的运营模式和管理系统，仅 2015 年一年安康通用户就增长了 100 万，现在已经发展到 350 万用户。预计未来 3 年安康通的用户将持续快速增长成为全球最大的居家养老企业。

2015 年年底，三胞集团又完成了对以色列最大的家政护理公司 A.S. Nursing Company 的收购。中国发展至今，还没有建立一套成熟的家政管理及护理业务的系统和标准。三胞收购以色列的 A.S. Nursing Company，就是要把这种成熟的模式和方法引进中国，结合中国的实际，建立一套中国的家政服务标准。

值得一提的是，2013 年，李克强总理和以色列总理达成共识，积极推动两国在远程医疗领域的合作。后来，以色列政府向中国政府推荐了 Natali。2015 年国家卫计委派专家代表团到以色列调研，发现 Natali 原来是一家中国企业的下属公司。目前，在国家卫计委的关心和支持下，由 Natali 承接的远程医疗项目已经在江苏常州落地，这也是中国远程医疗 B2C 模式的首个落地项目。

生物医疗板块：China Cord

生物医疗领域也是三胞健康产业未来发展的主要方向。随着生物医药、基因工程等科技手段的进步，以干细胞治疗、基因检测、癌症早期筛查为代表的个性化医疗和预防医学将成为健康服务业增长的新动力。而脐带血干细胞在临床上的应用是最为成熟的。

2016 年，三胞集团及其控股上市公司南京新百成立生物医疗产业并购基金，将以约 65 亿元人民币收购在美国纽交所上市的中国脐带血库公司（China Cord）控股权。

China Cord 拥有我国卫计委颁发的 7 张脐带血库牌照中的 4 张，在北京、广东、浙江和山东等地享有独家的经营权。其中北京库和广东库也是目前国内仅有的两家通过美国血库协会（AABB）认证的脐带血库。

回归后，China Cord 将从外资转为内资，不再受一些准入政策的限制，可以在基因检测、精准治疗等方面扩展业务，将拥有更广阔的市场前景。

二、三胞集团海外并购的体会

三胞集团作为一家土生土长的民营企业，有着自己始终坚持的管理哲学，这就是“中国传统儒家思想与西方现代管理相结合”。正是基于这种管理哲学，三胞在国际化发展的过程中，才做出了一些自己的特色。主要有以下几点：

第一，“打铁还须自身硬”。企业要国际化，首先要建立一支世界级水平的人才队伍。三胞集团的高管基本来自中央、省市政府和世界 500 强企业，新进员工也大多毕业于全球前 50 位的大学。三胞在投资并购方面的人才很多都来自花旗、高盛、美银美林等世界著名投行，所以三胞基本能够做到“带着投行做并购”。企业“走出去”，除了要在人才上做好储备，在资金上也要有一定的准备。三胞从 2009 年开始，就逐步收缩了传统制造业和房地产业，并与国内外很多金融机构合作，做了大量资金上的准备。

第二，“兵贵神速”。海外并购如同打仗，讲究“速战速决”。在南京新百收购 HOF 正式签约的前夕，当袁亚非董事长还在飞机上的时候，英国零售巨头迈克·阿什利突然出手阻击三胞的并购。袁亚非董事长一下飞机，就去找 HOF 的股东一家一家地拜访、谈判，30 多个小时没有休息，第二天就宣布正式签约，最终拿下了 HOF 的控制权。这也是得益于政府的简政放权，当三胞的收购完成时，证监会正好出台了 A 股上市公司海外并购不需要前置审批的新规定，这样，三胞在签约之后一个月就完成了交易，让外国人大跌眼镜。

第三，“出其不意，攻其不备”。袁亚非董事长经常跟三胞的团队说一句话：“我们到国外投资，一定要遵守当地的法律，但也要学会打破他们的规则。”2014 年 6 月，三胞竞购 Brookstone 时，美国法院为了保护美国企业的利益，临时把拍卖方式从竞价拍卖改为一次性开标，这对三胞十分不利。然而三胞最终出具的条款是"现金比对方高 200 万美金，其余条件与对方一致"。开标后，法官和对手大为震惊，认为这不符合商业规则。三胞则提出，既然当地法律没有明确禁止这种出价方式，那就应该有效。最后法官裁定三胞出价有效，三胞成功竞得了 Brookstone。这一案例也被美国法院判定，以后不得再使用这种投标方式。这次收购也被美国"全球并购网"评为 2014 年的"跨境并购案例"全球大奖。

第四，"海纳百川，有容乃大"。在当今互联网社会，三胞认为，多元文化之间应该有更多的相互尊重。如前所述，三胞总部拥有强大的管理团队，但对于并购的国外企业，三胞都是尽量用好原来的团队，给予股权、期权的激励。无论 HOF、Hamleys、Brookstone 还是 Natali，三胞都没有"空降"一个中国干部去管理。这是三胞对国外企业文化差异化的尊重。但同时，在对国外企业的管理上，三胞也有中国传统儒家思想的文化自信。三胞有一个坚持了十多年的"三省"制度，就是来源于《论语》中的"吾日三省吾身"。三胞要求员工每个月都要检讨自己工作上、思想上的得失，并把自己的体会写成报告，反省自己。虽然三胞采用自愿的原则推行这一制度，但在了解"三省"的意义之后，现在国外企业所有的高管每个月都主动向中国总部提交"三省"报告。

第五，"兄弟同心，其利断金"。中国力量的崛起是中国企业发展的保障，而中国银行业与企业界的良好合作，为三胞海外并购提供了坚实的后盾。工商银行作为"全球第一大行"，通过 HOF 再融资的合作，让各方充分领略了"大象跳舞"的智慧。中国银行也是世界级的大银行，三胞战略伙伴收购 Hamleys 时，原本是美国花旗银行作为贷款行，后来中国银行江苏分行与伦敦分行主动联手，一周之内就办完了审批手续，效率之高，令人叹服。而且价格还比花旗银行便宜，最后三胞选择了中国银行。

第六，本土化战略有利于增加归属感。集团收购英国 HOF 后，与工会合作，妥善处理了百货公司与员工的关系，充分考虑员工的就业问题，不但没有解聘原来的一万多名员工，而且还新招了一批员工，赢得英国员工及英国社会的普遍好感，提高了对集团的价值认同度。正如一名曾担心被解聘的员工所说："我的担心是错的，以前基金、投行是我们的老板，但现在来了一个能看得见的真正老板，让我们有了归属感。"

第七，品牌企业要有品牌实践。2016 年 9 月 23 日，三胞集团及旗下 HOF 和英国历史皇家宫殿组织牵头的中英“双塔会”活动在伦敦皇家植物园——邱园内隆重举办。正式签订对伦敦邱园宝塔维护和修复的赞助协议。恰逢伦敦设计节南京周主题活动在英举行，邱园宝塔和南京大报恩塔再次相遇，为新时期中英两国文化交往补充了重要内涵和价值。这是三胞集团推进中英文化交流的又一重要行动，获得了中英双边的积极评价。

皇家邱园宝塔是18世纪英国国王乔治三世的建筑师威廉·钱伯斯设计建造的。钱伯斯至少两次到访中国，后来发表了一部大力宣传中国风的著作《中国建筑、家具、服装和器皿的设计》。邱园宝塔完工于1762年，这座八角形的砖塔共10层，有163英尺之高（约合50米），在当时显得格外异乎寻常，以至于公众怀疑它如何保证屹立不倒。多位来自全球的研究学者一致认为，邱园宝塔是南京大报恩塔的翻版。很有意思的是，邱园宝塔和大报恩塔（78.2米）同为当时两国最高的建筑，并且同为皇家宝塔。

最初的邱园宝塔颜色十分丰富，灰墙红轩，塔顶的边缘曾经还盘有80个彩色木龙作为装饰，很可惜在1784年宝塔修缮的过程中被全部移除。之后的200年间，英国皇家宫殿一直试图寻找新的龙柱或者龙柱的替代品，但并未成功。此次三胞和旗下HOF对邱园提供的赞助将重现邱园宝塔的原貌，其中最重要的部分就是恢复塔顶的80个木龙，以确保还原这个历史建筑的完整性。

三、三胞集团“走出去”过程中开展企业公共外交的实践与思考

2013年，习近平主席提出了“一带一路”的发展战略。这是中华民族实现全球突围和崛起的历史机遇，在地理位置上和时间窗口上都是精妙的战略设计，更是中国智慧的集中体现。30多年的改革开放，已经使中国成为世界第二大经济体，并且也培养出了一大批有实力、有智慧的中国企业和一批国际化的金融机构，而且又成立了亚投行，这都为“一带一路”倡议的实施奠定了基础。在实践中，企业跨国经营离不开公共外交，公共外交已经成为企业“走出去”的润滑剂、助推器。

（一）三胞集团企业公共外交的实践成效

三胞集团公共外交是伴随着企业“走出去”开始的，主要服从服务于企业“走

出去”战略。2014年以来，集团积极开展了一系列公共外交活动，涉及文化交流、商务交往、媒体沟通、公益活动等领域，向美国、英国、以色列、印度等国家全面、客观地展示了公司的形象，成效显著。下表为2014—2016年集团主要公共外交活动，较为全面地呈现了企业公共外交的领域、范围与层次。

三胞集团企业公共外交主要活动（2014—2016年）

公共外交形式	文化交流	袁亚非董事长参加英国“创意英伦”盛典开幕式，与威廉王子交流
		哈佛代表团访问集团，袁亚非董事长与学生代表进行对话、交流
		三胞集团作为合作伙伴参加英国驻沪领事馆为庆祝英女王90岁生日举办的奶油茶派对
		中英戏剧演员在HOF牛津街店同台演出新概念昆曲，这是2016年伦敦设计节“南京周”汤莎会系列文化项目中的关键活动
	商务交往	袁亚非董事长在集团总部会见英国新任驻华大使吴百纳女士
		袁亚非董事长在英国HOF全球供应商大会上发表演讲，与国际品牌商开展广泛交流、互动
		袁亚非董事长在集团总部会见英国新任驻上海总领事吴侨文
		香港特别行政区政府投资推广署署长Simon Galpin一行到访三胞集团参观交流
		袁亚非董事长访问MIT媒体实验室，并签署合作协议
		“国际投资大师”吉姆罗杰斯访问三胞，对话袁亚非董事长
		南京市民营企业参与“一带一路”建设项目对接座谈会在三胞集团举行，十多个国外驻沪总领馆或商务机构派代表参加
		埃塞俄比亚总理在南京会见三胞集团高级副总裁岳雷
		袁亚非董事长参加英国财政大臣奥斯本在上海举办的中国企业家午餐会
		高级副总裁岳雷参加中英工商峰会
		高级副总裁岳雷考察斯洛文尼亚Mikropis公司
		苏格兰Saltire基金会商业管理交流访问团一行到访三胞集团参观交流
		袁亚非董事长在集团总部接待英国医疗局局长率领的NHS代表团
		袁亚非董事长在美国会见1993年诺贝尔化学奖得主、“PCR之父”Kary Mullis先生和2013年诺贝尔化学奖得主Arieh Warshel先生
		高级副总裁岳雷在法国驻沪总领事私人官邸拜会法国驻沪总领事
		高级副总裁岳雷在南京会见加拿大驻华大使、驻沪总领事
		南京市建设“一带一路”节点城市经贸交流合作对接会在三胞集团举行，十多个相关国家驻沪总领馆官员出席
		东帝汶研修班到访三胞集团参观交流
		马来西亚、印尼驻沪总领事到访三胞集团参观交流
		高级副总裁岳雷拜访中国驻越经济商务参赞
		联合国儿童基金会代表到访三胞集团参观交流
		三胞集团与哥本哈根投资促进署签订合作备忘录

（续表）

公共外交形式	媒体沟通	高级副总裁岳雷接待境外媒体“‘一带一路’看江苏”采访团并接受采访
		高级副总裁岳雷接待发展中国家媒体记者研修班代表团并接受采访
	公益活动	总裁杨怀珍参加英国驻上海总领事馆主办、上海英国商会协办的VOW“誓愿”行动
		高级副总裁岳雷会见IBM企业全球志愿服务队共谈慈善公益合作
		袁亚非董事长在集团总部会见英国皇家基金会主管Victorian Hornby、Sian Bartram
		三胞集团与英国威廉王子共同设立野生动物保护基金
		高级副总裁岳雷受聘担任野生动物保护联盟形象大使
		高级副总裁岳雷参加威廉王子野生动物保护“白金汉宫声明”活动
		三胞集团支持修缮南京大报恩塔“伦敦兄弟”——邱园宝塔
		高级副总裁岳雷在越南出席野生救援（WildAid）组织的公益活动
		高级副总裁岳雷受邀出席越南《河内宣言》会议，与威廉王子单独会谈

近三年的公共外交实践，最有成效、最令人称道、最值得思考的行动就是集团与英国威廉王子开展公益合作，共同设立野生动物保护基金，而且集团高级副总裁岳雷成功获聘担任野生动物保护联盟形象大使。

（二）三胞集团企业公共外交的经验总结

第一，公共外交显著提升了企业的品牌资本。品牌资本，“是一种感观，是人们对某个组织的感受和意识”。英国皇室地位尊崇，备受英国国民喜爱和尊重，也备受世界关注。因此，与英国皇室的相关重要活动自然也备受外界关注，天然具有新闻热点效应。剑桥公爵威廉王子作为英国皇室重要成员，国际知名度很高，他积极推动英国皇家基金会与三胞集团开展公益合作，这本身就是对三胞集团信用度与美誉度的充分肯定。三胞集团在英国国民心中的品牌知名度与认同度自然快速提高，远远高于投入大量资金做商业广告的效应。

第二，公共外交显著增加了企业的社会资本。社会资本，就是“实际的或潜在的资源的集合体”。野生动物保护联盟（简称UFW）由英国皇家基金会联合全球7个最有影响力的保护机构组成。形象大使现包括两位王子、贝克汉姆、网球冠军穆雷、F1世界冠军汉密尔顿等多位知名人士。三胞集团高级副总裁岳雷获聘UFW形象大使，这是全球华人首次获得这一荣誉，形象大使称号成为集团走向世界的一张含金量很高的国际名片。此外，三胞集团积极接待境外媒体采访团并接受采访，与之建立了良好合作关系。同时，主动参与、推动“哈佛中国行”项目，由哈佛大学肯尼迪学院教授带队访问三胞集团，使三胞集团有机会作为教学案例进入哈佛大学课堂，同时这些哈佛精英也成为集团品牌的人际传播者，与大众传播形成功能互补的局面。

第三，公共外交显著增加了企业的道德资本。道德资本，是“道德投入生产并增进社会财富的能力，是能带来利润和效益的道德理念及其行为”。三胞集团积极参与野生动物保护这一全球关注的重要议题，愿意出资成立保护基金并担任形象大使，这一举动本身就体现了强烈的社会责任与担当意识，体现了企业绿色发展、和谐发展的理念。同时，这一行为又会推动整个集团和全体员工的道德责任感，自觉把自己置于世界舞台上审视自己的价值、责任与义务，切实增强企业软实力。

当前国家正在加快推进“一带一路”建设，“一带一路”是经济贸易与文化发展的双核战略，各国的关系既需要贸易合作的“硬”支援，也离不开文化交流的“软”助力。三胞集团在“走出去”发展过程中的做法和理念，也为其他“走出去”的中国企业提供了借鉴和示范作用。

山东电建三公司践行“一带一路”的经验、模式创新与展望

李　杰

2002 年是海外业务开始收获的第一年，山东电建三公司（SEPCOIII）斩获尼日利亚燃气电站项目，开启海外模式并进入了发展的快车道。同样是在 2002 年，公司的海外业务吸引了数百名新毕业大学生加入，他们满怀希望与抱负开启了电力工程之旅。从尼日利亚到印度，从印度到中东北非，从中东北非到全球市场，SEPCOIII 在国家“走出去”战略的引领下，一步一个脚印踏实地走到今天，成为中国电力工程行业海外 EPC 业务的领军企业。这其中有失败的辛酸，也有成功的喜悦。展望未来，SEPCOIII 已经准备好了在“一带一路”上继续前行，实现新的突破，创造新的辉煌。

一、行走全球电力市场

当公司认识到今后的出路和发展重点在海外市场时，时间定格在 1999 年，那一年也是公司管理层人员调整、公司经历撤并挑战的一年。种种经历和挑战，让 SEPCOIII 更加坚定了执行海外战略的决心，从而开启了海外市场的征程。

经过三年的准备、探索、反复和挫折，终于在 2002 年迎来了海外市场第一单——尼日利亚燃气电站 EPC 总承包项目。“西非市场”“卖方信贷”“主权担保”等关键词，预示着第一单落地不会那么简单。合同是签署了，但是需要有配套的融资才能启动项目，而电力工程新手 SEPCOIII 还选择了相对来说比较难操作的融资方式，融资一谈就是两年，其中有和尼方政府就利率、条件、价格等方面的

【作者简介】李杰，中国电建集团山东电建三公司副总经理，长期从事海外电力工程业务拓展以及投融资业务。

谈判，也有国内各类审批的上下求索。终于在2004年实现融资关闭、项目启动，SEPCOIII行走全球电力市场的第一个脚印深深印在了尼日利亚。

在签署尼日利亚合同三年后，初步经历了海外市场磨炼和洗礼的SEPCOIII踏入了印度市场，并利用三年左右的时间一跃成为当时在印度的最大的海外电力工程公司。SEPCOIII目前在印度承揽了6个总承包项目，合同总金额超过了90亿美元，机组类型涵盖135MW、600MW和660MW，每个项目都按合同要求顺利移交。值得一提的是实现了中国600MW亚临界和660MW超临界第一次进入印度市场以及中国自主超临界燃煤发电技术第一次出口海外，为中国发电技术出口其他国家打下了良好的基础。同时，完全以中国660MW超临界技术建造的嘉佳2×660MW燃煤电站荣获了境外工程鲁班奖，中国技术和中国方案扬名海外市场。

印度市场成长三年后，SEPCOIII在2008年以小步快跑的方式一头扎进中东北非市场，第一站到了约旦，之后不停歇地来到沙特阿拉伯、阿曼、伊拉克、埃及和摩洛哥。中东电力市场，尤其是海合会GCC六国，是众所周知的中高端市场，长期以来被欧美日韩企业所垄断，而且项目标准都采用欧美市场通用标准，对中国标准不认可。同时，发电技术以重型燃机和大型燃油机组为主，而中国在燃机技术上一直没有突破，尽管可以在中国生产燃机，但是核心部件和技术都是国际三大巨头控制，而且对于燃机出口有很严格的限制。这就决定了中国企业在中东电力市场上拓展和执行项目时，更多时候需要按照国际惯例和标准整合国际资源，与国际巨头为伍，以实现互利互惠和长期发展。为此，SEPCOIII先后与国际电力投资公司、设备供应商、设计院、咨询公司、融资银行等合作伙伴建立顺畅的沟通渠道和良好的合作关系，在中东北非电力市场上实现了一个又一个的突破，承揽的总合同额超过了80亿美元，在2008年金融危机之后担起了公司海外业务发展的重任。在此市场上值得一提的是国内金融机构以纯项目融资的模式为沙特拉比格以及阿曼萨拉拉项目提供了融资，实现了融资模式的突破以及中国资金顺利打入中东电力市场。项目投产发电之后，拉比格项目获得了国优金奖，萨拉拉项目获得了鲁班奖，也体现了政府、客户、协会和市场对公司在中东区域项目执行能力和成果的认可。

在中国提出“一带一路”倡议之后，公司在做好现有市场项目拓展以及执行的同时，加快脚步进入“一带一路”沿线国家，以期为“一带一路”倡议的落地实施提供支撑点。公司先后在巴基斯坦、孟加拉国、缅甸、印度尼西亚以及中东北非等“一带一路”沿线国家斩获新的项目。截至目前，在“一带一路”沿线国家总的项目承包额突破了100亿美元。伴随着“一带一路”倡议的落地实施，公司的发展模式也在转变，从传统的EPC承包商向EPC承包加投资运营转变，以实现长期稳定的现金流和项目收益，逐步向产业链的中高端迈进。

行走至此，我们的足迹已经遍布亚洲和非洲，而后将在做实“一带一路”沿线市场的同时着眼全球市场，打造全球电力投融资及EPC业务的核心竞争力，并不断向产业链上游发展，提升企业的品牌和价值。

二、边走边学边进步

公司行走海外市场十多年，与部分国内和国际市场上的大佬们相比仍然是新手，需要公司继续上路，持续学习，不断进步，方能在竞争日益白热化的国际电力市场上分得一杯羹。回顾十多年来的旅程，欣慰地发现了公司的进步和成长、团队的历练和提高、市场和客户的认可与赞许，这里的点滴分享可能会给同行们带来一些帮助和启发。

（一）印度突破

SEPCOIII不是第一个进入印度电力市场的中国公司，但可以说是第一个在印度电力市场实现突破的中国公司。

一是合同突破。在与世界闻名的“印度式谈判”交锋中，在吸取其他中国公司经验教训的同时，边谈判边学习边总结边进步，以总承包方式先后签署六个EPC合同，为中国机电设备出口尽了绵薄之力，为印度电力行业发展贡献了力量。目前，六个合同基本执行完毕，没有出现工期、性能罚款，没有出现保函、质保金扣留问题，合同关闭都顺利进行。

二是技术突破。第一次出口中国自主技术的600MW亚临界和660MW超临界机组，尤其在考虑印度巨大市场空间和中国产能过剩的背景下，实现标准和技术的出口对于整个电力行业来说意义重大。而在突破国外超临界技术转让方重重封锁的技术出口限制时，公司总经理带队和业主董事长谈判，国内主机设备厂家、设计院密切配合，成功击退业主聘请的美国咨询公司的不信任、不接受和不可能，以技术自信、团结协作、不弃不馁的精神，创造了中国自主超临界技术出口海外的先例，也为后续项目以及其他市场的技术出口打开了先河。

三是管理模式突破。结合公司管理实际和运作多个大型国际EPC项目的规划，总结分析国内外项目管理的经验和教训，设计了一套SEPCOIII管理模式。这一模式的主要特点是最大化利用公司资源，主动整合外部资源，实现系统化和程序化的项目管理。在这一模式下，公司总部负责设计和采购环节，由公司总部相关职能部门具体操作，确保了资源共享并可以同时运作多个项目。现场施工及管理环节由公司派驻项目所在国的项目部负责，同时负责该项目在所在国所涉及的其他所有业务、协调和审批，确保管理无死角。为了确保设计、采购、施工环节的协调一致，由公司委派一名项目副经理在总部工作，全面协调各个环节的工作。而这一管理模式得以顺利运行，重要的是有一套经过实践考验并不断完善的项目管理体系以及相配套的程序文件，以规范项目管理参与各方的行为并明确职责分工。这一管理模式第一次在印度市场实践，通过不断改进和优化，为公司后续进入中东市场并布局全球市场，而且可以同时运作多个大型工程打下了坚实的基础。

（二）中东挑战

2008年的中东市场依然很热，这不仅体现在当地气候炎热，也体现在金融危机之后的市场竞争白热化、地区动荡热点不断，因此对准备进入这一市场的公司提出了很高的要求和挑战。

中国标准，NO！长期被欧美日韩企业占据的中东电力市场，抬头低头都是西方化的管理和理念，无形中被现有的市场参与者设置了进入门槛，尤其要限制被他们认为是最大市场威胁的中国公司。在我们进入中东市场的初期，有些业主竟然不知道中国在地球上哪个位置，更何谈接受中国标准。因此，进入中东市场的第一大挑战来自标准和理念，如果坚持使用中国标准，分分钟废标出局。

IPP模式，不是很懂。在习惯了尼日利亚和印度市场上的业主自筹资金或者政府主权担保融资模式后，中东市场长期以来推行的IPP（Independent Power Producer）模式让很多初来乍到的工程公司都有点懵。为什么罚款这么高？为什么保函比例这么离谱？为什么融资银行突然成了老大，什么事情都需要听它的？为什么重金聘请各种名头的顾问参与尽职调查并监督项目执行？为什么要求 EPC 干苦力活的同时还必须要安排 ECA（出口信贷）融资？这些“为什么”是每个接触 IPP 项目的公司都会面临的一小部分问题，而这种在中东已经很成熟的模式也是想参与此市场竞争的中国公司必须要学习和掌握并按照要求执行的，否则的话只能是看看热闹，无法扎根当地市场。尤其是融资方面的要求异常苛刻，而这是 EPC 承包商所不能掌控的，经常受到业主和融资银行的双重压力。

工期和性能，底线、红线和高压线。利用结构化融资撬动的 IPP 项目，其核心就是风险分担以化解项目执行和运营的风险，让最有能力承担某一风险的参与方确保其工作范围内的事情不出问题，进而保证整个项目不出问题。对于 EPC 承包商来说，最主要的两点风险就是工期和性能，如果不能满足合同规定的考核工期和考核性能，则 EPC 承包商将面临高得离谱但可以弥补其他项目参与方损失的罚款。因此，在中东执行 IPP 项目的底线就是确保合同工期和合同性能，各方皆大欢喜。如果这一底线没能保住，工期有所延误或者性能不能完全达标，则触动了 IPP 项目的红线，罚款是在所难免，交钱走人，虽不能皆大欢喜，但是毕竟可以关闭项目，只是有部分资金损失，希望在合同签订时已考虑了相应的风险费。在最坏的情况下，如果工期延误超过了最长宽限期，性能不达标且超过了合同允许的上限，则简单的罚款恐怕也没法解决问题，最坏情况下投资方将行使拒收的权利，这也是项目的高压线，碰不得。

面对诸多挑战，SEPCOIII 在不断总结提高并优化系统管理程序的基础上，成功站稳中东北非区域市场，实现了中国公司在这一区域一个又一个的突破，在中高端市场上续写着中国电力工程企业的辉煌业绩。

（三）项目融资瓶颈

在海外做工程，很多时候都离不开投融资的支持，谁手里有钱或者谁能撬动其他人手里的钱则可以在市场上大有作为。SEPCOIII 第一站在尼日利亚，做的是卖方信贷，类似于 SEPCOIII 借钱给尼日利亚政府，而尼日利亚政府为这笔借款提供主权担保。同时，SEPCOIII 的资金是从国内金融机构借来的，还款途径是尼日利亚政府先还 SEPCOIII，然后 SEPCOIII 再还款给金融机构。SEPCOIII 第二站在印度，金融危机之前全球到处都是钱，就缺项目，因此印度市场的融资基本不是问题，只要有合适的项目银行都愿意借钱给投资方，尽管当地利率很高，但是借款门槛较低。所以SEPCOIII在印度市场做的项目大部分是业主自筹而且是当地货币融资，项目做得风生水起，直到金融危机爆发，印度私人投资骤降，电力项目融资收紧，项目机会也随之大幅度减少。在SEPCOIII进入中东电力市场且全球金融危机爆发之后，中东的电力IPP项目大部分都需要EPC承包商协助提供ECA融资，这也是投资方选择EPC承包商所必须要考虑的重要条件之一，因此开启了SEPCOIII上下求索、到处找钱的融资模式。所幸的是政府在金融危机之后迅速调整融资政策，出台“421”专项融资支持政策，中东两个电力项目也因此受益并在预定时间内关闭融资，顺利实现开工建设。

沙特拉比格2×660MW燃油电站IPP项目。此项目是沙特国家电力公司公开招标的第一个IPP项目，最后中标的投资方是沙特ACWA公司和韩国电力公司，EPC合同由SEPCOIII与东方电气的联合体共同执行，是中国公司进军沙特电力市场的第一单。该项目总投资约25亿美元，总融资额约19亿美元，融资期限为24年。项目于2008年开始招标，2009年7月关闭融资，ACWA和KEPCO在项目公司中各占40%的股份，沙特国家电力公司拥有20%的股份。此项目融资分为两部分，第一部分是伊斯兰融资，大约占14.1亿美元，参与的银行主要是沙特当地银行，利率在270BP—300BP；第二部分是国际融资，大约4.9亿美元，由韩国出口信用保险公司提供95%的政治险和商业险担保，中国银行、渣打银行、东方汇理、汇丰银行参与了融资，利率在250BP—300BP。2016年，投资方在项目投产后两年进行了再融资，根据市场信息显示，国际银团的利率降低到了135BP，伊斯兰融资银团的利率降低到了165BP。由于融资成本限制，中国融资银行选择退出了再融资。

阿曼萨拉拉445MW燃机和15MIGD海水淡化IWPP项目。该项目是阿曼政府公开招标的发电和海水淡化一体项目，总投资10亿美元，2007年招标，2008年中标，2009年11月关闭融资并开工建设。投资方为新加坡胜科公司和阿曼投资公司，分别占股60%和40%。项目融资额约7.5亿美元，融资期限为17.5年，其中中国融资额度为3.4亿美元，由中国出口信用保险公司提供了95%的政治险和50%的商业险担保，中国银行和中国进出口银行提供了相应的资金。其他融资通过国际银行和当地银行解决，融资利率大约为300BP。

在金融危机爆发后不久，全球市场恐慌情绪以及流动性不足等问题，导致国际银行对项目融资的风险考量以及业务体量进行了调整，中国融资在当时的中东电力市场博得了一席之地，尽管融资成本相对来说还是较高。但是，随着国际银行走出金融危机影响，全球量化宽松以及负利率等政策的实施，国际融资的利率持续走低，这时的中国融资在中东市场上就显得格格不入。除了成本问题以外，国际上通用的无追索或者有限追索的项目融资模式在中国的金融市场上接受程度较低，除了有限的几笔融资是按照这一模式操作以外，绝大多数的融资是按照公司融资或者主权担保融资操作，而这两种模式在中东基本没有市场。再者，中东电力项目的购电协议PPA的期限一般在20年左右，所以投资方的融资期限一般也都是期望实现20年，而中国金融机构普遍接受的期限是15年以内，这也与市场要求产生了较大的差距。最近可喜的变化正在发生，中国部分银行2016年参与的中东地区第一个大型燃煤电站项目融资接近关闭，参与行在融资利率和期限方面基本做到了和国际、地区银行看齐，对于今后类似项目的融资安排有积极的推动作用。

总而言之，融资难题主要体现在利率、期限和结构化融资方面，这些问题的解决需要政府、金融机构和企业共同参与，方能找到切实有效的解决方案。而“一带一路”的落地实施需要强有力的金融解决方案，在继续按照中国金融机构熟悉的方式推进部分项目的同时，需要接纳和推进新的融资模式，以实现平衡发展。

（四）无序市场竞争

行走海外市场的同时也见证了市场竞争的残酷、激烈和无情，面对陌生的环境和一个个如狼似虎的竞争对手，唯有将自己做到最好、让客户感受到最大价值、让市场认可和接受，方能在竞争中胜出。SEPCOIII在海外发展十多年，大部分项目都是通过公开竞标获得合同，锻炼出了能征善战的团队，同时对市场的冷暖也是感受最真切、最及时。在印度竞标期间，投资方将我们的会议和竞争对手的会议安排在同一层楼不同的办公室，有意无意透露给两家公司你们的竞争对手就坐在对面的会议室。合同谈判期间业主的老板也是和我们谈一会儿再去和另一家公司谈一会儿，到了要决策的时候还要休会祈祷，将整个谈判搞得紧张兮兮，尤其对我们这样的新手来说更是折磨。业主也经常说如果你们不接受我们提出的条件和价格，那我们马上去和对面会议室的公司去谈，其实业主已经确定要和我们合作，但是不把最后一滴油榨出来绝不放手。

在中东谈判的时候，更多的是面对业主的质疑，对中国公司的不认可，对中国电力产品的不接受，对中国融资成本的嗤之以鼻，对中国公司在其他市场上良莠不齐的项目执行反复拿出来进行案例分析，目的是让EPC在谈判时举手投降，业主要求什么就答应什么。加之中国融资在和日韩融资相较量时大多时候处于下风，中国公司被迫以低于日韩企业的价格接单，以弥补融资成本较高带来的评标差距。当客户用全寿命周期来评标时，项目建设成本、融资成本、发电效率、运行维护成本、燃料成本等都将会影响最终的评标，因此各个投标方都想尽办法提高方案的竞争力。投资方和客户给EPC带来了很大的竞争压力，让一部分做得好的公司在竞争中得到了提高和锻炼，同时也让一部分做得不好的公司逐步退出了竞争。

在应付客户制造的竞争的同时，还需要时时刻刻考虑如何面对竞争对手的竞争，主要是集中在韩国企业、本地企业和中国企业，不久的将来还会面临印度企业的竞争。在和韩国企业竞争时，更多是考量方案的经济性和竞争力，将重点放在技术的先进性和商务的竞争性，还要考虑融资成本在整个评标中的比重以及如何弥补融资成本居高不下带来的劣势。目前，韩国企业在电力行业受到了中国企业很大的冲击，已经在不断缩小市场份额，利用规则和市场壁垒坚守部分市场，而在部分中高端市场仍然会面临直接的竞争。在和项目所在国本土企业竞争时，更多的要考虑客户关系和价格，因为本土企业得到了政府更多的支持和帮扶，与客户之间的关系维护做得比外国企业要好，且在部分项目上的成本优势突出，所以在一小部分市场上，必须考虑与本土企业竞争，如果在合适的机会上与其联合运作项目也是不错的选择。当面对和中国公司竞争时，故事就比较多而且不可控的方面也骤然增加。央字号企业可以通过官方的协调机制获取项目投标机会，而地方企业在这方面就存在相对劣势，当年红火的印尼市场就是一个例子；面对上级的层层考核和“一带一路”的诱惑，越来越多的中国企业准备到海外市场一试身手，因此经常可以看到数家中国企业围攻一个项目，结果自然是客户欢喜，中标企业愁；海外项目比中国国内项目的风险点更多，不可控的因素也更多，按照国内管理和模式去投标和执行海外项目的话，势必碰一鼻子灰还不被市场以及客户认可，而不少中国企业正准备以这种方式去经营，导致竞争局面更加不可控；借着政府提出的“一带一路”倡议，众多企业纷纷举起大旗准备代表中国到海外发展，而不加控制和管理地“走出去”，难以确保项目执行质量，难以确保国家倡议的顺利落地；还有最近刚刚出现的新的竞争模式，中国设备厂家联合国外设备厂家承揽 EPC 工程，但是不采用自己生产的设备而是从国际厂家采购设备，不充分发挥自身技术优势和制造优势，反而降低身价联合外国厂家参与 EPC 工程竞争，混乱和无序的竞争可见一斑。

良性的竞争可以促进整个行业和企业的发展进步，但是无序和恶性竞争则会阻碍发展并进入恶性循环，最后受损失的是行业以及企业的利益。政府以及协会是时候出台相应的分层管理以及黑名单制度，让有能力、有品牌、有管理的企业代表中国实施“一带一路”项目，进而打造中国品牌和中国标准，让世界认可，让市场和客户接纳。

（五）发展模式创新

从国际上其他电力工程公司发展路径以及模式调整来看，中国企业在发展到一定阶段后都会面临模式转型和创新，方可以实现长期健康发展。目前，中国的电力工程公司在国际市场上是正当年，有干劲，有冲劲，也有宏伟的目标和理想，因此会在国际市场上大有一番作为。这些优势会转化为企业在市场上发展的活力和动力，也会帮助行走在“一带一路”上的企业取得骄人的业绩。但仔细观察市场，会发现投资方和客户对 EPC 企业的期望和要求正在发生变化，单纯的 EPC 业务或者主权担保类项目正在缩减；传统的竞争对手仍然活跃，而潜在竞争对手正在步步为营，一步步逼近中国企业据守的地盘；不少项目也提出了要求 EPC 参与股权投资以及项目运行，从承包商向电站投资方和运营方转变，逐步渗透到产业链的上游。这些变化都在提醒中国企业关注企业的长期发展和模式创新，在风险可控的情况下培育未来新产业和新竞争力。

1. 投融资加 EPC 逐步成为市场的趋势和各方共识。

在全球电力市场竞争加剧的情况下，已经很难找到单纯 EPC 项目只从投资方那里收钱，更多的时候是需要投入资本金并撬动债务融资进而获取 EPC 以及相应的长期收益。这一市场趋势与市场转型有关，也与承包商发展模式转型相关，在单纯获取工程承包收益的同时，对于项目条件好且风险可控的项目投入资本金，分享项目的长期收益，拓宽企业营收渠道，这对于投资方和承包方来说都是值得考虑的发展模式。尤其在"一带一路"倡议下，国家以及金融机构辅以大笔资金扩大各国经贸往来、互联互通、工程承包和产能合作，中国可以输出的不仅是会干活的管理人员和一个个标志性的项目，还能将30多年改革开放的成果、经验、管理、标准等与沿线国家共享，在建设好项目的基础上，参与项目的长期运营和收益分享，这既保证了项目长期目标的实现，也对"一带一路"合作成果落实和金融机构资金回收起到协助作用，是项目各参与方、利益相关方所乐见的合作模式。

中巴经济走廊是"一带一路"落地实施的标志性合作项目，涉及中国和巴基斯坦两国之间数百亿美元的能源、交通、港口、通信等项目合作，各方都给予了高度关注，金融机构也在融资方面给予了优先安排。作为中巴经济走廊合作框架下第一个落地的大型电力IPP项目，Qasim 2×660MW燃煤电站项目的成功签约并关闭融资对于走廊内的项目推动起到了很好的示范和推动作用。此项目的投资方为中国电建集团和卡塔尔AMC公司，分别占股51%和49%，融资通过中信保海外投资保险和中国进出口银行独家资金安排解决。中国电建作为大股东发起此项目，从合同谈判到融资关闭以及后续的开工建设，体现了中国投资方在类似IPP项目运作方面的成熟和稳健，得到了各方的认可和赞许。同时，SEPCOIII作为中国电建的子公司承揽EPC合同，带动中国机电设备出口，向海外市场推广中国标准和中国解决方案。在项目投产发电后，中国电建还负责项目寿命期内的运行维护，确保电厂按照协议要求提供稳定、高效和环保的电力给巴基斯坦当地人民，实现对项目的全程控制，并实现了短期和长期收益的有机结合，为"一带一路"的类似项目运作提供了很好的案例。

2. 本土化发展是长期拓展海外的必由之路。

中国企业在走出国门承揽海外项目的初期，都习惯于从国内带分包队伍、机械，按照中国的思维和习惯来管理海外的项目。经过几十年的管理模式演变和管理能力提升，中国企业在海外耕耘电力市场必然需要实现本土化发展，这既是当地政府对本土化比例的要求，也是外国企业在当地长期发展的必由之路。对于大型电力项目高峰期动辄需要数千人的施工队伍来说，从国内安排队伍到第三国执行项目却有很多挑战，如签证、安保、后勤、语言、劳资等方面，不少中国企业在海外也吃过这方面的亏，因此回过头来看，坚定不移执行本土化战略是长期扎根海外市场的重要举措。

SEPCOIII 刚刚踏出国门时也是依赖国内的队伍，尤其在尼日利亚当地有能力有业绩的工程公司相对匮乏，因此选择中国队伍就成为大家的共识。在项目投产发电后继续由 SEPCOIII 做运行维护工作，一方面是客户对公司的信赖，另一方面 EPC 承包商对项目非常熟悉，接收运行维护工作有很大的优势。而在听取客户意见以及对尼日利亚市场长期定位做了分析之后，我们建立电站运行维护培训中心，专门培训当地员工，让他们与中国员工一起工作，组建了一支尼日利亚运维团队。同时，SEPCOIII 在印度和中东市场执行项目期间，首选当地公司进行土建和安装分包合作，若当地资源不足或者技能水平无法满足工程要求，则考虑从中国引进部分核心工种技术人员。通过本土化建设，目前 SEPCOIII 已经在全球市场拥有超过 1000 名外籍员工为不同的项目工作，中西结合的解决方案正在各个市场逐渐落地实施。

3. 抱团出海方能行久远。

“要走得快，就一个人走；要走得远，就一起走。”这句非洲谚语给我们行走“一带一路”带来了启示，抱团出海方能行久远。SEPCOIII 行走海外市场十多年，最大的体会也在于此。一个人和一个公司的力量是有限的，当把所有的力量集合在一起时，可以创造出一个又一个的奇迹。

进入沙特市场时面临的第一个难题就是融资方提出 SEPCOIII 的财务报表不够靓丽，而这也是中国电力工程公司普遍面临的问题，资产盘子不够大、利润不够多、负债太高。而融资银行在项目里扮演的角色类似于美国在世行里的角色，具有一票否决权。为了解决这一问题，我们找到了中国的设备供应商东方电气，提出与他们一起组成联合体承揽该项目，由东方电气提供锅炉、汽轮机和发电机等主机设备，SEPCOIII 负责项目管理、现场施工、辅机设备采购、调试、运行等所有其他涉及总承包合同的工作，这一方案也被投资方和融资银行欣然接受，进而实现了中国公司第一次承揽沙特大型电力项目、中国设备第一次出口沙特市场、中国融资第一次参与沙特电力工程。2014 年，沙特拉比格工程荣获国家优质工程金奖，这是对中国工程公司、设备厂家、金融机构抱团出海结出的硕果给予的最高赞赏和认可。

三、行走计划展望：与各方携手共同上路

全球市场很大，足以容纳有志于拓展海外市场的中国企业，而在海外业务拓展过程中，携手上路、共同出海则可以实现各方多赢的局面。

麦肯锡在2016年6月全球基础设施发展报告中的数据显示，当前，全球每年在交通、电力、水务和通信领域的投资额大约在2.5万亿美元，2030年前，若要满足全球经济增长预期，则需要每年投资3.3万亿美元在上述领域。同时，全球各大银行、机构投资者管理的资金超过了120万亿美元，但是需要有风险可控、架构合理的项目来吸引各方的资金进入基础设施领域。由此可以看出，包括电力在内的基础设施领域存在巨大的发展空间，资金规模也足够大来支持这一行业的发展，关键要看项目质量以及参与方合理的风险分担。

面对全球电力市场的发展机遇和潜力，SEPCOIII将充分利用十多年来积累的项目管理经验和程序化的项目管理体系，寻求在国际市场上更大的发展，在做大做强电力工程EPC主业的同时，适时拓展电力行业产业链的两端，包括电力投资和运行维护。同时，根据市场需求和自身能力建设情况，适时介入其他基础设施建设领域，以期实现电力工程EPC、投资业务和其他基础设施业务协同、稳健发展。而在行走“一带一路”时，我们也非常期望得到政府、协会、金融机构、合作伙伴的支持和帮助，携手上路，共同成长。

21 世纪海上丝绸之路澳大利亚融资合作研究

孟 刚

2014 年 11 月，习近平主席在访问澳大利亚、新西兰和斐济期间，明确提出南太地区是中方提出的 21 世纪海上丝绸之路的自然延伸，热诚欢迎相关国家共同参与海上丝绸之路建设，推动经贸合作取得更大发展。

目前，南太地区除澳新外共计有 14 个独立国家，[①] 从地理上属于大洋洲，是区域组织——太平洋岛国论坛的正式成员。由于这些国家主要分布在太平洋赤道以南，因此，国际社会一般称其为南太岛国。2015 年，整个南太地区人口总计为 3935.9 万人，陆地面积总计为 895 万平方千米，海洋面积总计为 4662 万平方千米。在南太地区，澳大利亚是发达国家，经济发展遥遥领先于其他国家。

表 1 南太地区部分国家 2014 年 GDP 全球排名（单位：百万美元）

国家	澳大利亚	新西兰	巴布亚新几内亚	斐济	瓦努阿图	密克罗尼西亚联邦	帕劳	基里巴斯
GDP	1 444 189	198 118	16 060	4212	812	315	269	181
排名	12	53	114	154	177	183	184	186

数据来源：IMF。

“一带一路”建设是党中央、国务院的重大战略决策。落实该倡议的重要支撑是资金融通，特别是要加大开发性金融对重大项目的支持力度。目前，中国主

【作者简介】孟刚，国家开发银行国际合作高级专员，现任开罗代表处代表，原任上海市分行澳大利亚工作组副组长，一带一路百人论坛专家委员会委员，中国社会科学院研究生院应用经济学博士后。

① 按照独立的先后顺序分别是：澳大利亚（1901）、新西兰（1907）、萨摩亚（1962）、瑙鲁（1968）、汤加（1970）、斐济（1970）、巴布亚新几内亚（1975）、所罗门群岛（1978）、图瓦卢（1978）、基里巴斯（1979）、马绍尔群岛（1979）、瓦努阿图（1980）、密克罗尼西亚联邦（1986）、库克群岛（1989）、帕劳（1994）、纽埃（2006）。其中，10 个国家和中国已建交，它们是澳大利亚、新西兰、斐济、巴布亚新几内亚、密克罗尼西亚联邦、萨摩亚、瓦努阿图、汤加、库克群岛、纽埃。

导的致力于服务“一带一路”战略的开发性金融机构主要有亚洲基础设施投资银行、丝路基金和国家开发银行（以下简称开行）等。截至 2015 年 9 月末，开行资产总额超过 11 万亿人民币，外汇业务余额超过 3200 亿美元，其中为“一带一路”沿线国家提供融资项目超过 400 个，贷款余额 1073 亿美元，在支持“五通”方面取得了良好成效。澳大利亚在南太地区政治上有影响力，同时也是经济发展的主力军，基础设施建设需求强劲，能矿资源丰富，和中国经济契合度高，合作基础扎实，合作意愿强烈，是开发性金融机构参与南太地区融资合作的重点国家。

一、以澳大利亚作为“一带一路”的重点合作国家

在政治环境方面，澳大利亚实行英联邦制，划分为六州两领地，政治制度稳定，政权更迭合法有序，投资环境良好，并将与美国、日本、中国、印度尼西亚的关系作为澳最重要的四大双边关系。在经济基础方面，澳大利亚经济高度发达，产业结构合理，是南半球经济最发达的国家和全球第十二大经济体，人均 GDP 约 6.8 万美元，服务业、制造业、采矿业和农业是四大主导产业。在自然资源方面，澳大利亚矿产和农业资源丰富，铁矿石、煤、黄金、锂、锰矿石等产量居世界前列，多种矿产出口量全球第一；农业高度现代化、机械化，是全球第四大农产品出口国。在对华关系方面，2015 年澳大利亚正式加入亚投行，签署双边自贸协定，就“21 世纪海上丝绸之路”和“北部大开发”共建战略达成共识。

相关的劣势是：一方面，“中国威胁论”在一定程度上影响着两国关系。一是少数政客崇尚“中国威胁论”，无根据地指责中国岛礁建设，对南海等问题指手画脚，不利于中澳双边经贸关系的深化。二是政界少数反对派人士认为将关键资产出售给中国国企将引发民众的抵制情绪。如禁止中国投资者购买大片土地，对北领地将达尔文港出租给中方表示不满等。另一方面，大宗商品价格暴跌，政府面临一定的货币贬值和财政赤字问题。铁矿石、煤炭等主力大宗商品价格下跌趋势明显，其中铁矿石从 2011 年每吨 190 美元一路暴跌至 2015 年 12 月每吨 40 美元左右。大宗商品价格下跌刺激澳元持续贬值，汇价均值降至 0.71 美元，创六年新低。同时，大宗商品价格大幅下跌对政府税收造成影响，2014—2015 年预计财政赤字为 411 亿澳元。截至 2015 年一季度末，澳大利亚净外债已攀升至 9550 亿美元，

约占 GDP 的 60%。但总体来说，澳大利亚有条件成为“一带一路”的重点合作国家。

第一，以经济外交应对全球经济秩序重构。金融危机发生后，美国推出了以高标准和排他性为特征的新一轮全球经贸规则，如跨太平洋经济伙伴协定（TPP）、跨大西洋贸易与投资伙伴协议（TTIP）。这些协定具有很强的排他性，会严重影响中国以及新兴市场和发展中国家。面对这种情况，在对 TPP 持开放态度的同时，中国提出了“一带一路”倡议，强调用投资输出和资本输出而不是商品输出构建连接亚太经济圈和欧洲经济圈的发展平台。澳大利亚是亚太地区政治上和经济上都具有很强影响力的发达国家，积极响应“一带一路”建设，是亚洲基础设施投资银行的创始成员国，2015 年 6 月和中国正式签署了《中澳自由贸易协定》，是中国主动适应经济全球化新形势的重要合作国。在澳大利亚深化国际产能合作，对中国以经济外交应对全球经济秩序重构具有重要战略意义。

第二，共同迎接新一轮全球科技创新革命。2015 年 6 月，中国公布《关于大力推进大众创业万众创新若干政策措施的意见》，强调创新是引领发展的第一动力，必须摆在国家发展全局的核心位置，深入实施创新驱动发展战略。2015 年 12 月，澳大利亚公布《全国创新和科学工作日程》，全面推进创新驱动战略。从历史上的几次全球化科技革命看，科技创新始终是提高社会生产力和综合国力的重要战略支撑。在世界新科技革命中抢得先机的国家，必将成为世界经济的领头羊。澳大利亚是资源、能源、农产品、健康产品等输出大国，中国是消费大国和制造业大国。中澳两国在科技创新领域的合作，具有极强的互补性，是两国共同迎接新一轮全球科技创新革命的必由之路。

第三，巩固能源资源领域传统合作，保障中国经济安全。澳大利亚矿产和农业资源丰富，铁矿石、煤炭、黄金、铀、锌铅、铝土、锰、石油、天然气、页岩气等产量居世界前列，农业高度现代化、机械化，是全球第四大农产品出口国。澳大利亚已探明的铁矿石资源约有 160 亿吨，勘探开发较为成熟，是力拓、必和力拓、FMG 等世界前几大矿商以及中资企业铁矿石投资的重点国家。澳大利亚是世界最大的煤炭出口国，黑煤地质储量约 575 亿吨（工业经济储量 397 亿吨），居世界第六；褐煤地质储量约 418 亿吨（工业经济储量为 376 万吨），占全球褐煤储量的 20%，居世界第二。加强和澳大利亚的国际产能合作，对保障中国经济发展所需要的能源资源的安全性具有重要的战略意义。

第四，拓宽中资企业“走出去”的合作空间。过去，中资企业“走出去”主要是贸易，也就是产品输出，通过贸易将中国制造的产品向外输出。在经济全球化的新形势下，中国推进国际产能和装备制造合作，核心就是要把中资企业的产品贸易和产品输出升级到产业输出和能力输出，从出口中低端产品到出口高端制造业产品，实现贸易驱动到投资驱动和金融驱动的新型对外经济合作模式。中资企业在澳大利亚开展多元化投资，是机遇也是挑战，如果投资成功，不仅可以将国内优势产业转移到澳大利亚，取得稳定的投资收益，更可以获得国际先进的技术及管理经验，为成长为具有全球影响力的跨国公司打下扎实的基础。

第五，中澳政府全方位战略对接为中资企业提供了历史机遇。2014 年 11 月，中国与澳大利亚从战略伙伴关系提升为全面战略伙伴关系。2015 年 8 月，中澳第二轮战略经济对话在堪培拉举行，双方达成共识，要通过两国发展战略的对接进一步提升合作的领域和层次。2016 年 2 月，中澳两国外长级会谈进一步明确了两国战略全面对接的具体内容。2016 年 4 月，习近平、李克强和来访的澳大利亚总理正式宣布了中方“一带一路”倡议同澳方北部大开发、中国创新驱动发展战略同澳方“国家创新与科学议程”的对接。2016 年 4 月 19 日，澳大利亚维多利亚州丹尼尔·安德鲁州长宣布该州的《中国战略》计划：加强与中国中央政府及各友好省政府的往来，明确工作开展方向及目标，同时为更广泛的中澳合作奠定基础；推动维多利亚州成为全澳对亚洲有深入了解、具备亚洲能力的卓越中心；通过文化交流合作，建立联系，并为人文交往搭建新的平台；为政府大型基础设施项目等吸引投资，为维多利亚州经济的持续增长提供支持；为成功的中澳商业交往提供支持；根据维多利亚州的竞争优势以及中国特定的市场机会，有针对性地开展贸易活动。中澳两国政府的全方位战略对接，为中资企业在澳大利亚落实“一带一路”战略、开展国际产能合作提供了前所未有的机遇。

二、以对接澳大利亚北部大开发作为“一带一路”的标志性合作

2015 年 6 月，澳大利亚联邦政府公布了北部大开发未来 20 年的发展规划（2015—2035 年），设立由联邦政府总理和副总理，西澳大利亚州、昆士兰州和北领地的州长共同组成的北澳战略合作伙伴论坛，力图发挥各级政府的合力，共

同负责领导、协调和执行北部大开发计划。2015 年 8 月，中澳双方达成共识，中国的“一带一路”倡议和国际产能合作与澳大利亚的北部大开发倡议和基础设施发展计划有许多共同点，要通过两国发展战略的对接进一步提升合作的领域和层次。可以预见，澳大利亚北部大开发计划对接“一带一路”建设无疑将成为南太平洋地区的重要标志性合作内容之一。

（一）澳大利亚北部大开发的六大主要内容

澳大利亚北部地区能矿资源丰富，农业潜力巨大，基础设施建设需求强劲，离中国等亚洲国家地理位置最近，特别是达尔文港等几个主要港口是海上丝绸之路进入南太平洋地区的门户，是我国“一带一路”倡议框架内与南线国家开展经贸合作往来的重要合作对象。为推动北部大开发计划，澳大利亚政府成立了由产业、创新和科技部部长担任负责人的北部大开发办公室，计划从六个方面推动落实北部大开发计划，并分别就这六个方面制订了两年、五年、十年和二十年发展规划，从而奠定了澳大利亚北部大开发的政策稳定性基础。

一是为支持投资制定更简便的土地政策。澳大利亚政府将在 2—5 年内梳理畜牧业改革的原则，对土著居民土地权管理提供更多支持，由澳大利亚政府会议（COAG）就土著居民土地管理和使用情况提交报告，就开发土著居民土地的新模式开展公众咨询，在澳大利亚北部建立适合商业使用的土地所有权信息数据，在土著居民土地管理方面引入新的基于成果的拨款模式，由澳大利亚政府会议开展土地调查取得进展，研究土著居民土地用于商业用途的排他性使用模式并取得进展。在此基础上，澳大利亚政府将就北部试点地区的土地所有权管理总结经验教训，在北领地就村镇土地长期租赁进行协商，在牧场租赁管理中减少规定要求，在北部对于个人拥有土著居民土地采用更简便的管理方式。在 10—20 年内，澳大利亚政府将解除所有的牧场租赁规定要求，争取实现排他性土著居民土地权租赁，土著居民土地和牧场土地的农业潜能信息容易获取，以吸引投资者，争取完成现有的土著居民土地认定工作，确保有更多确定权属的土地可用于投资和开发，在土地方面为澳大利亚土著居民带来更多机会。

二是开发北部地区水资源。澳大利亚政府将在 2—5 年内建立总金额 2 亿澳元的水资源基础设施开发基金，在昆州 Mitchell、西澳州 Fitzroy 水库和北领地达尔文地区进行水资源评估并完成相关评估，完成昆州 Nullinga Dam 项目和西澳州奥得河三期项目可行性研究（视可研结果考虑推动这两个项目），启动大自流盆地可持续性计划第四期，以控制该地区空洞形成，确定水资源基础设施开发基金将支持的北部地区重点项目，决定重点水库的用水总量上限，修复大自流盆地空洞取得显著进展，在重点水库推广用水许可拍卖等方式的水资源交易市场，考虑对更多有产业利用潜力的水库进行水资源评估。在 10—20 年内，澳大利亚政府将完成对北领地、昆州和西澳州法定水资源计划的复评，按需建设更多的水资源基础设施，帮助投资者了解水资源位置信息，在北部实现清晰、受法律认可的水权体系，在北部地区利用水资源更为方便，在水库和地下含水层建立有效的水资源交易体系。

三是发挥北大门作用，促进和亚太各国的经贸投资合作。澳大利亚政府将在 2—5 年内发布北部地区成熟招商项目的价值评估信息，开展调研，确定渔业和水产业的简化管理制度，推动北部科研机构和当地合作伙伴就热带地区健康问题开展合作，开发新的热带研究和商业化运用项目，帮助咨询顾问业进入北部地区的商业运营，对低风险渔业的环境许可有效期延长至 10 年，与土著居民及商业企业协商历史遗产保护管理体系，建立新的北部地区开发合作研究中心并投入运营，在达尔文开放新的边境口岸，在中国和印度开放旅游签证电子递交，试点快速通道服务，强化北部地区的生物安全管理，由澳大利亚北部保险专门团队提供推荐方案，更多土著居民担任生物安全巡查员，发布渔业和水产业评估报告，引进 10 年多次往返签证并试点简体中文的签证申请流程，将水产养殖管理权限由联邦下放到各州及领地，投入运行新的北部地区渔业联合管理窗口，涉及鳄鱼制品贸易、使用受保护动物的土著艺术品、袋鼠及澳洲鸵鸟出口管理简化措施到位，在进行咨询后，考虑修订联邦土著遗产立法，减少重复内容，增加相应保护，对于管理情况良好的渔业公司延长出口许可有效期至 10 年，评估北领地的出入境口岸并考虑在昆州和西澳州增设口岸。在 10—20 年内，澳大利亚政府将促进科研机构与外国合作伙伴通过强有力的合作获取以产业为导向的成果，将热带健康问题研究成果转化为商业机会，促使澳大利亚北部成为全球领先的热带健康研究中心，促进澳大利亚北部与 APEC 及东盟国家建立更紧密的联系，通过世界级的研发建立一个规模庞大、不断成长、具有可营利性的农业产业，建立清晰、低成本的监管体系，以支持有弹性的商业发展，在更为广阔的产业中有更多投资项目。

四是有序加快推进北部地区基础设施项目。澳大利亚政府将在2—5年内发布北部地区基础设施审计报告，建立总金额50亿澳元的北部地区基础设施专项贷款，建立一个商业小组为改善北部地区航空运输现状做准备，启动为期4年的地区航空运输及偏远地区机场升级计划，提高北部地区养牛产业供应链的生产力，为应对汤斯维尔机场新增的国际旅客，增加边检和生物安全相关设施投入，宣布总金额6亿澳元的道路相关一揽子计划，发布并不断更新北部基础设施建设计划，宣布牛肉运输道路拨款项目，开始Mount Isa至Tennant Creek铁路预可研，考虑降低检查和治疗壁虱的成本，宣布道路相关一揽子计划项目的开工时间，完成编制改善北部地区航空运输的计划，解除目前的沿岸航运管理框架，促进沿岸航运高效发展，力争北部地区基础设施专项贷款支持的项目取得显著进展，促使道路一揽子计划对重点发展的道路产生预期的改善，在牛肉运输道路拨款项目内改善关键道路，建立更短和更直接的运输线路。在10—20年内，澳大利亚政府将改善偏远地区机场，有更高质量的信息可以支持北部地区基础设施的强劲发展，修建更多牛肉重型车辆运输可使用的道路，牛肉产业的生产力更强更稳健，更好地利用北部地区基础设施，由政府和商业界共同投资支持更多现代的、高效的基础设施。

五是提高北部地区的劳动力数量和质量。澳大利亚政府将在2—5年内启动新的全国促进就业服务，在包括北领地在内的北部地区推行定点移民协议取得进展，扩大并简化季节性劳工项目以包括更多的农业和住宿相关产业，允许打工度假签证持有人在有需求的地区工作更长时间，启动面向太平洋岛国居民的低技能劳工试点计划，加大对北部地区商业界在产业技能拨款方面的支持，支持北领地简化工作技能执照相关流程，为公路建设项目准备的土著雇佣政策到位，旅游业提交季节性劳工试点方案，发布入境澳大利亚劳工情况报告，发布劳工关系框架报告，扩大简化北领地职业技能执照自动认定的适用范围，评估打工假期签证对国内劳动力市场的影响，在与昆州政府、商业界和社区讨论后，在昆州北部实行定点移民协议，评估面向太平洋岛国居民的低技能劳工试点计划实施情况。在10—20年内，澳大利亚政府将实现更多澳大利亚人在北部工作，土著居民社区有更多就业机会，北部商业界有更多打工度假劳动力，北部的劳动力需求基本得以满足，有技能的国内劳动力能得到低成本、高效的外国劳动力项目的补充。

六是加强政府和非政府机构等的共同治理结构建设。澳大利亚总理将和昆州、西澳州、北领地行政首长保持战略合作关系，寻求澳大利亚国会的支持，将议会北部联合委员会设为常设委员会，继续开展“全国地图开放数据行动”在北部的工作，启动政府借调项目，首次开展由副总理向议会就北部开发进行报告的工作，并在今后每年度进行，在国防年度白皮书中增加北部地区内容的比重，将澳大利亚北部办公室搬迁至北部地区，强化北部生物安全管理，配置更多的一线执法人员，减少北部相关议题的过多公文，发布联邦改革白皮书，建立一个新的合作研究中心用于研究北部澳大利亚开发，在达尔文建立一个出入境口岸，议会北部联合委员会向议会提交年度报告，通过战略合作延续领导力，基于国防年度白皮书确定国防投资重点项目，通过人员借调改善政府机构工作能力，各层级的政府间建立更优化的联席会议和更强有力的合作，共同建设澳大利亚北部地区。

（二）“一带一路”倡议和澳大利亚北部大开发对接的重点领域

“一带一路”倡议的实施将促进沿线国家和地区经贸合作自由化、便利化和一体化，带动沿线基础设施建设和产业发展，在全球化范围内促进经济要素有序自由流动、资源高效配置和市场深度融合，实现互利共赢的战略目标。搞好“一带一路”建设，参与国际产业链的分工合作，可以增强中资企业在能源资源、基础设施、农业等领域的国际产能和装备制造合作能力，对中国经济结构转型升级具有巨大推动作用。21 世纪海上丝绸之路优先推进基础设施互联互通、产业金融合作和机制平台建设，以政策沟通、设施联通、贸易畅通、资金融通、民心相通为主要内容，加强沿线国家区域经贸合作。澳大利亚联邦政府将农业食品、能源矿产、旅游度假、海外教育、医疗养老等作为将来支撑北部发展的五大支柱产业，并强调加大投入基础设施建设是落实北部大开发计划的前提和重中之重。在“一带一路”对接澳大利亚北部大开发计划方面，可以重点关注以下几个合作领域：

一是基础设施。基础设施互联互通是“一带一路”建设的优先领域。“一带一路”倡导国家间加强基础设施建设规划合作，抓住交通基础设施的关键通道、关键节点和重点工程，共同推进港口等国际骨干通道建设，实现国际运输便利化。澳大利亚北部地区人口分布较少，基础设施发展相对薄弱。澳大利亚政府在公路、铁路、港口、机场、管线等基础设施领域主要发挥制订规划、落实政策、推介投资等宏观管理职能，不直接参与基础设施项目的投资和建设。为了推动落实北部大开发计划，2014年，澳大利亚政府打破惯例，专门设立了总额50亿澳元的北部地区基础设施专项贷款，以优惠利率贷款吸引全球投资者加入该区域港口、公路、管线、电力、水利等基础设施建设，并将直接投资约10亿澳元先期进行重点基础设施改造，其中包括2亿澳元的水资源开发工程、1亿澳元的活牛运送通道建设以及6亿澳元的含大北高速在内的公路改造项目；2015年，白皮书又提出了金额达12亿澳元的投资计划，作为对之前50亿澳元基础设施投资的补充。

二是能矿资源。"一带一路"倡议倡导国家间加大煤炭、油气、金属矿产等传统能源资源勘探开发合作，加强能源资源深加工技术、装备与工程服务合作，积极推动水电、太阳能等清洁和可再生能源合作，形成能源资源合作上下游一体化的国际合作产业链。澳大利亚北部地区能矿资源极其丰富，主要有铁矿石、煤炭、黄金、铀、锌铅、铝土、锰、石油、天然气、页岩气等。澳大利亚已探明的铁矿石资源90%都集中在西澳大利亚州，勘探开发已经较为成熟，占据了全球铁矿石贸易的半壁江山，是力拓、必和力拓、FMG等世界前几大矿商以及中资等各国企业铁矿石投资的重点地区。昆士兰州的黑煤资源丰富，且以露天矿藏为主，已探明工业经济储量占全澳的62%，煤质较好，发热量高，硫、氮含量和灰分较低。焦炭、动力煤等黑煤的出口约占澳大利亚矿产和能源出口的1/4。北领地的能矿资源主要为黄金、铀、锌铅、铝土、锰、石油、天然气、页岩气等，目前正在运营的有八大矿山，2014—2015年矿业产值超过32亿澳元，LNG的年产能为1200万吨，2014年石油勘探投资达5.5亿澳元，页岩气资源潜力超过200万亿立方英尺，有17个成熟项目正在寻找投资机会。

三是农业。"一带一路"倡议倡导国家间开展农林牧渔业、农机及农产品生产加工等领域深度合作，积极推进海水养殖、远洋渔业、水产品加工等领域合作。沿线国家深化农业领域合作，可以彼此对外依存度较高的农产品为重点，提高重要农产品安全保障能力，帮助促进合作国的农业出口。澳大利亚北部地区的土壤和气候适于多种农业生产，农业发展主要依靠畜牧业、种植业、渔业、林业等，农产品主要用于出口，最大的出口市场是东北亚、东盟、中东地区，农产品以产值为序依次为小麦、油菜、大麦、羊毛、肉牛、蔬菜、绵羊和羔羊、水果和坚果、干草、牛奶、燕麦、园艺花卉及幼苗、蛋、鳄梨，等等。昆士兰州总面积173万平方千米，农业用地147万平方千米，占85%，68%的面积用于天然林草场的放牧。

西澳大利亚州总面积252万平方千米，农业用地109万平方千米，占43%，由于存在大面积的沙漠，全州的37%为极少使用土地。北领地总面积135万平方千米，农业用地67万平方千米，占50%，最主要的土地利用类型为天然放牧，占50%。澳大利亚高度重视和中国在农业方面的合作，在2015年12月正式实施的《中澳自由贸易协定》中，农业领域合作涉及最多最全面。西澳大利亚州、昆士兰州和北领地政府每年都会组织中澳两国企业家参加以农业合作为重要内容的论坛和座谈会，宣介和对接合作项目。目前，适于中资企业在澳大利亚北部地区投资的农业项目主要集中在畜牧养殖类农场、乳业等畜产品加工、渔业捕捞和贸易、粮食作物种植加工和贸易、水果种植加工和贸易、园艺以及林业等领域。

四是产业园区。“一带一路”倡导国家间发挥比较优势，探索投资合作新模式，合作建设境外经贸合作区、跨境经济合作区等各类产业园区，促进产业集群发展。通过共建海外产业集聚区，推动当地产业体系建设，在教育、科技、文化、旅游、卫生、环保等领域共同拓展合作空间。澳大利亚北部地区有各类产业园区，虽然与中国模式不尽相同，但同样具有产业集聚区的功能，并以推动教育、科技、医疗、农业、旅游等当地产业体系建设为目标。中资企业可以发挥建设产业园区的比较优势，与西澳大利亚州、昆士兰州和北领地探索投资合作新模式，与澳大利亚本土企业以及其他跨国企业合作建设经贸、经济、高科技合作区等各类产业园区，促进澳大利亚北部地区的产业集群发展，在教育、科技、文化、旅游、卫生、环保等领域共同拓展合作空间，深化中澳两国的国际产能和装备制造业的产业体系合作。

三、开发性金融参与南太地区融资合作的具体建议

澳大利亚、新西兰、巴布亚新几内亚和斐济四国是21世纪海上丝绸之路南线建设的重要国家。未来的工作，要以澳大利亚为抓手，以新西兰、巴布亚新几内亚和斐济等国为突破，不断探索开发性金融参与南太地区融资合作的思路与模式。

第一，对接规划，加强重大项目储备。融资合作的重要抓手是规划先行。开发性金融机构和澳大利亚、新西兰、巴布亚新几内亚和斐济四国开展规划合作，应当紧密围绕“一带一路”建设的整体战略布局，并和四国自身的重大经济发展规划紧密结合，如澳大利亚的北部大开发倡议和巴布亚新几内亚的基础设施建设

规划，在推动整体规划合作的同时，围绕重点领域，发挥所在国知名咨询公司、律师事务所、高校科研机构等社会力量的本土化优势，深入开展专项规划，包括基础设施、能源资源、经贸合作、产业投资、金融合作、人文交流、生态环保和海上合作等，实现点面结合的规划合作战略布局。在做好整体规划的基础上，着重加强重点领域重大项目的谋划和融资方案的策划，以基础设施、能矿资源、农业、装备制造和国际产能合作等为重点，加强重大项目储备。

第二，以澳大利亚为平台，发挥综合经营优势辐射南太各国。澳大利亚在南太地区的经济总量绝对领先，分别是排名第二的新西兰和排名第三的巴布亚新几内亚的 8 倍和 90 倍左右。澳大利亚的资本市场高度发达，金融业占全国经济总量的比重最大，约占 GDP 的 8.4%，拥有亚太地区第二大股票市场，澳元在全球的交易量位居第五。澳大利亚始终作为最重要的外部因素影响南太地区诸岛国，[①]和南太地区诸岛国保持紧密的经贸合作，并有直接到达大多数岛国的便捷交通渠道。因此，开发性金融机构在澳大利亚设立经营性分支机构，可以起到辐射南太地区诸岛国的作用，并将双边与多边合作相结合，将投贷等金融产品相结合，加大金融产品和模式创新力度，探索投融资合作新模式，全面开展项目融资、贸易融资、国际结算、财务顾问、离岸资产证券化、银团贷款等综合金融业务，为南太地区的中资企业提供全方位的一站式服务。

第三，结合南太四国政府热点，积极参与重大基础设施项目建设。在能矿等大宗商品价格暴跌背景下，澳大利亚、新西兰、巴布亚新几内亚和斐济四国均将加大基础设施建设作为新的经济增长拉动，如澳大利亚的北部大开发、新西兰的基督城震后重建、巴布亚新几内亚和斐济的电力交通等领域。以澳大利亚的北部大开发为例，联邦政府设立了总额 50 亿澳元的北部地区基础设施贷款计划，以优惠利率贷款吸引全球投资者加入该区域的港口、公路、管线、电力、水利等基础设施建设，并将直接投资约 10 亿澳元先期进行重点基础设施改造。建议开发性金融机构结合澳大利亚、新西兰、巴布亚新几内亚和斐济四国政府热点，引导中资企业探索“EPC+F”（工程总承包加融资）、PPP（公私合营）、BOT（建设—经营—

① 2007 年后，澳大利亚加大了对南太地区诸岛国的援助力度，投入大量资金实施“南太伙伴计划”。2006—2013 年，澳大利亚在太平洋地区的双边援助是中国的 6 倍。澳大利亚援助额是 68 亿美元，中国是 10.6 亿美元。

移交）、PFI（私营主动融资）等多种合作模式，积极参与重大基础设施建设，进一步推动国际产能合作和重大装备制造业“走出去”。

第四，设立大宗商品平稳基金，股权布局南太四国重点能矿企业。从短中期趋势分析看，能矿资源等大宗商品价格还有一定的下行空间。国际大宗商品价格的进一步急剧下跌将给澳大利亚和巴布亚新几内亚等资源型出口国带来更多问题，包括引发急剧的货币贬值、外汇短缺、通货膨胀或者削弱主权偿还外债能力等。但从另一个角度分析，这也是开发性金融逆周期介入，支持中资企业投资境外能矿资源领域的一个战略机遇。建议开发性金融机构可探索设立能矿等大宗商品平稳基金，在适当时机对澳大利亚和巴布亚新几内亚等大宗商品出口国施以援手，支持中资企业在互利共赢前提下，以股权投资优先的模式开展商业合作，短期会帮助缓解大宗商品价格下跌对出口国经济的崩盘式冲击，长期将增强中资企业在国际大宗商品定价方面的话语权甚至主导权。

第五，加强和南太四国的银行同业合作，共同支持重大项目。澳大利亚的金融监管法律严格。澳新银行、国民银行、西太银行、联邦银行等澳大利亚四大商业银行，在新西兰、巴布亚新几内亚、斐济等主要南太地区岛国都设立了分支机构，深耕多年，实力较强，是南太地区金融市场的主力银行。建议开发性金融机构加强与多边金融机构、中资银行、澳大利亚四大主力商业银行以及巴布亚新几内亚的南太银行等本地银行的合作，以银团贷款、直接授信和转贷等方式共同支持南太地区的重大项目开发建设，在产品开发、风险控制、信息技术、经营管理等方面，全面提升在南太地区的综合经营能力和影响力。

第六，为具有开发性的商业项目设计更市场化的金融品种。境外具有开发性的商业项目竞争激烈，主要体现为：一是很多赴境外投资的中资企业自有资金充足，融资需求综合化，更看重银行财务顾问等中间业务的服务能力。二是海外同业特别是外资银行的融资成本较低，融资决策较快，审批流程较高效，贷款币种较丰富，能够满足客户“子弹式”还款（贷款到期一次性还本）等不同金融产品的需要。因此，建议开发性金融机构为境外具有开发性的商业项目创新设计出不同的金融产品，对项目的风险偏好、风险容忍度、信用结构、贷款定价、贷款品种、审批流程等做出不同的标准和要求，满足开发性金融机构在境外以市场化的方式支持具有开发性的商业项目、实现“一带一路”建设整体战略布局的需要。

“一带一路”倡议是宏观经济新常态最佳再开放路径

许维鸿

2016年的国际宏观经济形势扑朔迷离，各大国的地缘政治博弈更是精彩纷呈。对于进入宏观经济新常态的中国而言，以往两位数的进出口增长已经很难再现，这是中国居民收入水平迅速增长的必然结果，也是中国经济从“中国制造”向“中国创造”转型的客观要求。在这种大背景下，“一带一路”倡议对国家、企业、个人而言，都需要与时俱进地调整和跟进。

本文试图通过客观分析国内外宏观经济形势变化，在国家层面探讨如何规避单纯依靠宽松货币政策刺激的经济发展路径，在“一带一路”沿线省份层面探讨现代金融的时代意义、企业的理性转型以及人民币国际化对产能合作的机遇。客观地说，进入2016年，包括房地产、外贸、金融等中国经济的各个层面都面临更急迫的“成长烦恼”，必须顺应国际、国内形势的新变化，进行供给侧改革的结构性“再开放”，而贯彻“一带一路”倡议是国家和企业的最优选择。

一、2016年的三大宏观事件与“一带一路”

事件1：英国脱欧是“海权—陆权地缘博弈”的历史缩影

2016年上半年最热闹的经济事件，恐怕就是沸沸扬扬的英国脱欧事件了。虽然英国脱欧给国际金融市场的冲击，仅仅维持了一个星期——除了黄金等贵金属价格，国际主要股票和外汇价格很快就回归英国脱欧前的波动区间（表1）。随着越来越多的人逐渐看清了事件的真相，英国脱欧对全球实体经济影响果然很有限，炒作的成分更多些，这多多少少让曾经的日不落帝国有些尴尬。

【作者简介】许维鸿，中航证券首席经济学家、一带一路百人论坛专家委员会委员。

表 1　英国脱欧前后的国际主要资产价格比较

	退欧公投前半年均价（1.23—6.23）	退欧公投后两周均价（6.24—7.10）	涨跌幅	近六周均价（7.11—8.21）	涨跌幅
英国富时 100	6117.69	6396.29	4.55%	6760.90	10.51%
道琼斯工业指数	17 325.28	17 732.66	2.35%	18 490.05	6.72%
上证综指	2891.85	2952.13	2.08%	3030.87	4.81%
日经 225	16 577.87	15 419.72	−6.99%	16 514.66	−0.38%
德国 DAX	9821.69	9545.91	−2.81%	10 310.16	4.97%
法国 CAC40	4355.74	4152.65	−4.66%	4399.07	0.99%
意大利指数	19 476.31	17 338.72	−10.98%	18 276.27	−6.16%
西班牙 IBEX35	8686.88	8022.68	−7.65%	8537.75	−1.72%
COMEX 黄金	1237.08	1340.63	8.37%	1343.90	8.63%
英镑兑美元	1.4363	1.3212	−8.01%	1.3127	−8.60%
欧元兑美元	1.1214	1.1090	−1.10%	1.1119	−0.85%
美元兑日元	111.0639	102.0336	−8.13%	103.1563	−7.12%
美元兑人民币	6.5222	6.6492	1.95%	6.6592	2.10%

这种尴尬并非短期政治冲动所致，而是过去三四十年利益博弈的大格局。英国从自身利益角度，并没有加入欧元区，也没有加入欧盟的申根签证体系，一定程度上很好地屏蔽了欧盟内部多样化带来的不必要的财政和政治风险，也给国内政治经济政策赢得了回旋余地。但是，有一利则必有一弊——英国这种与欧盟若远若近的关系，造成了英国在欧盟内部话语权的持续降低。例如，在 2011 年开始的欧洲主权债务危机处理中，英国由于没加入欧元区，在希腊、西班牙债务违约等经济问题的讨论和处理中，英国被欧洲央行、欧盟、美国、IMF（国际货币基金组织）甚至是中国排除在外，大大打击了英国精英阶层的自尊。

著名的“地理决定论”告诉我们，英国作为孤悬在外的岛国，必须用海权国家的理论来捍卫国家利益。换言之，英国最担心的是一群有陆权国家理论的欧洲竞争对手联合起来，形成数量级更大的陆权国家，最终边缘化英国。例如，两次世界大战（包括冷战）的最终结果，都是让地理隔离的英美海权国家稳固了世界霸主的地位。可惜，这个“套路”被欧元区的渐成规模打破了。

实践证明，欧元区经济虽不见得怎么强劲，但是欧元崩溃论只符合英美利益，并不符合欧洲国家和以中国为代表的新兴经济体国家的大利益，这次英国脱欧也是如此。过去二十年，欧元区和欧盟自由贸易区经济体量和需求的快速增长，很大程度上助力了中国的改革开放；英国脱欧代表了欧洲区域一体化的逆流，加大了欧洲经济特别是南欧国家的衰退风险；中国出口“压力山大”，必须积极寻找更多途径，抵御短期风险，“一带一路”倡议的意义也在于此。

“一带一路”从字面上兼顾了海权和陆权战略，且具鲜明的时代意义：一方面，中国改革开放三十年，靠的是海路自由贸易增量，今日通过再丰富海上丝绸之路的层次感，“以攻为守”地巩固海上通路，突围的同时也应意识到，海上贸易的新增量空间不大，英国脱欧就是最好的范例；另一方面，内陆地区的“以守为攻”需要巩固西北五省的经济基础，降低东西部发展差异，强调中国传统“多民族、大一统”陆权国家的地缘和规模优势，加强与中亚五国、阿富汗、巴基斯坦的经济密切性；通过与英美差异化的国策，倡导时代新陆权主义，为中国的崭新大国地位赢得经济和军事的战略纵深，应该得到国家层面的财力倾斜。这也许就是新时代的“海防、塞防”选择，也是2016年中央格外重视西北五省精准扶贫的深意所在。

事件2：应对发达国家货币宽松，人民币国际化需求更为紧迫

2015年底美联储意外加息，引发了贯穿2016年的欧洲国家和日本“无底线”货币宽松应对，这让已经全球一体化的国际金融市场既兴奋又紧张。辩证地说，国际金融市场试图“绑架”各国货币当局的言论压力，正是当前全球化经济的症结所在——西方短期执政的民选执政者，为了赢得选票，不顾一切地影响财政政策和货币政策，以求在四至五年的执政期间有一个让民众满意的经济答卷，最终牺牲的是国家和民族长期的经济福利，所谓“为了这代人，毁了下代人”！

而金融市场和财经媒体无意间做了短视政府的帮凶。虽然资深的交易员和财经记者都知道，过于宽松的货币政策对于宏观经济只能是兴奋剂，甚至是毒药，但是为了迎合读者和投资者的贪婪，又有谁真的关心未来一代人的福利呢？当然，金融市场也未必是宽松货币的受益者，美国2008年次贷危机和中国2015年的股市动荡，又有哪一个不是货币宽松——金融杠杆作的孽？

以日本所谓“安倍经济学”为代表的单纯货币宽松加本币贬值，对于分工愈发细致的当代经济结构性改革，注定是要失败的。遗憾的是，绝大多数国内媒体在试图解读安倍经济学时，都把目光聚焦在日本央行的无节制放松货币和日本高达GDP的250%的中央政府负债。广场协议以后的日本结构性负债大挪移，本来是想给企业减负以激发创新活力，但过于宽松的货币政策却让这种努力功亏一篑。

因此，货币宽松的最大受害者，就是一国经济的创新能力，日本三菱、松下等巨型企业的负债货币化、管理官僚化就是例证。除了显而易见的日本，这一逻辑在中国也能找到蛛丝马迹——每当央行通过降低融资门槛、降低融资成本鼓励企业投资的时候，低成本资金首先涌入的是诸如房地产、采掘业、能源等资本密集型行业，理性的投资者都会试图通过放大杠杆博取稳定回报，自然远离高风险、高回报的创新领域；或者说，企业创新投资的吸引力下降，必然导致创新资本的相对价格提高，企业变大了但是没有变得更强！

2016年的中秋节，中国楼市的火爆再次引发了财经界的大讨论，尤为引人注目的是房价先行指标——土地拍卖不断创造新高：9月23日，在苏州9月最后两宗地块的出让中，超过100亿元的出让总价也创下了苏州历史上土地价格新高。同样的情况也发生在南京、合肥、无锡、东莞等传统意义上的二三线城市，不禁让市场开始担心更广范围的房价泡沫。

过去三十年，中国房地产市场的发展与经济腾飞相辅相成；但是，随着居民财富积累和城镇化进程深入，一二线城市房价已经从“经济现象”演化为“货币现象”，房地产相关债务也已经成为中国未来金融危机的最大潜在风险。当然，不同于美国次贷危机，中国的房地产不良债务风险并不在买房者一端，而是集中于房地产企业和地方政府投融资平台债务，地方政府、房地产企业和房地产企业家都需要转型升级。

因此，除了英国脱欧给中国带来的外贸困局需要“一带一路”战略，中国的供给侧结构改革也需要“一带一路”战略。2016年3月，习近平出访捷克，推进中国—中东欧国家合作（“16+1”合作）政策框架，与捷克总统泽曼签署中捷两国建立战略伙伴关系的文件，进一步扩大双方在文化、教育、影视、旅游、卫生等领域交流。将以捷克为代表的欧洲先进制造业国家，与巨大内需增长潜力的中国经济相结合，给中国企业和企业家再搭建一个创新平台，是“一带一路”战略的历史使命。

事件3：“一带一路”企业要用好全球负利率的“双刃剑”

从2015年下半年开始、持续整个2016年，越来越多的发达经济体国家央行开始执行“负利率”政策：据海外媒体统计，截至2016年7月，占全球24%的GDP国家央行执行负利率——导致在债券市场上，超过13万亿美元等价的债券已经是负利率（收益）。虽然2015年前的日本和德国短期国债也曾经出现短暂的负收益，但是如此大面积的实际名义负利率现象，还是让很多金融从业人员和经济学家恐慌——诚然，这种恐慌既是对陌生金融逻辑的恐惧，更是对负利率时代财富被掠夺的恐惧。对于走在“一带一路”上的中国企业家，人民币国际化似乎困难重重，但是切不可乱了方寸；我们更应该关心的是，大面积的负利率到底对资产价格意味着什么？到底谁的财富在被掠夺？

负利率背景下，最直接的被掠夺者，是那些负利率货币的现金持有者以及货币基金的持有者。虽然目前欧美商业银行还没有贸然对自己的储户实行负利率，但是货币基金的收益率已经危在旦夕。其实，这也是欧美央行的负利率政策真实用心所在——他们希望私人资本不要躺在储蓄账户上孳息，而应该投入实体经济，置换那些因为次贷危机而被投入的国家资本，助推经济的结构化转型。

这种似曾相识的语言体系，跟中国目前积极推进的供给侧改革异曲同工，都是通过更多的私有资本投入，解决政府投资效率低下的问题，最终实现良性的充分就业水平和适度通胀率。以欧元区为例，在全世界都在讨论希腊未来的时候，欧元区最大的“问题”经济体西班牙实现了强劲的复苏。要知道，对中国投资者而言，被广泛关注的希腊经济总量在欧元区只占 1.7%，而默默无闻的西班牙则占 10.4%（表 2），西班牙的失业人口几乎占了整个欧元区失业人口的三分之一，对欧元区经济举足轻重。

表 2　欧洲五国 GDP 占比欧元区数据

	意大利	西班牙	法国	德国	希腊
2009	17.05%	11.69%	21.01%	26.66%	2.57%
2010	16.92%	11.40%	21.07%	27.21%	2.39%
2011	16.80%	10.98%	21.13%	27.73%	2.13%
2012	16.50%	10.66%	21.34%	28.17%	1.96%
2013	16.25%	10.44%	21.44%	28.57%	1.83%
2014	16.01%	10.34%	21.18%	28.95%	1.76%
2015	15.73%	10.40%	21.00%	29.09%	1.69%

次贷危机后的欧洲主权债务危机，严重打击了西班牙的房地产市场，房价大跌、房地产企业纷纷破产，融资成本大增；直到 2013 年第三季度，欧洲央行反复挪移，西班牙的国债融资成本才趋于稳定，GDP 也重新回到了正增长，但其后的复苏态势却颇为亮眼：在欧盟的强力支撑下，西班牙银行业在获得大量资本注入

后完成了资本重组，房地产资产所带来的账面坏账已经被逐渐剥离，风险得到了很大程度的释放，失业率开始下降（图 1）。另一方面，西班牙财政支出在历经多年的紧缩政策后，在 2016 年终于迎来了增长，开始尝试削减居民的个人所得税征收，供给侧改革在宽松货币政策下取得了初步成效。

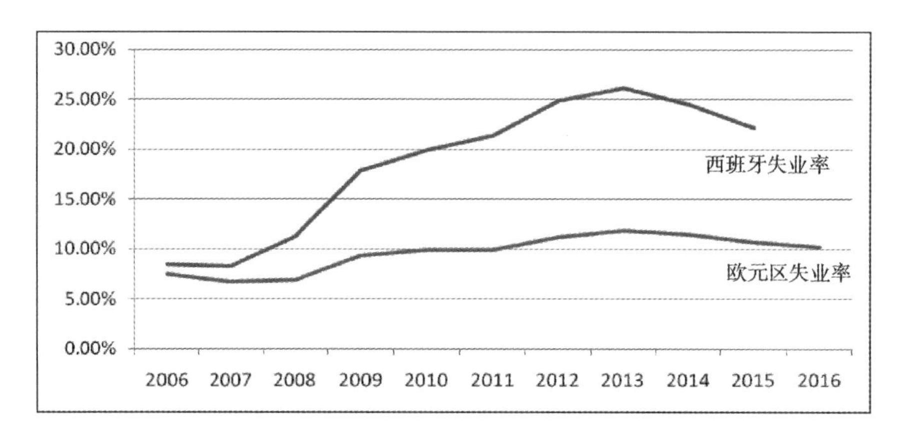

图 1　西班牙及欧元区失业率

可见，欧元区的负利率政策实质，是用购买欧洲主权债务的资本，补贴危机国家的实体经济，实现对国际财务投资者的财富掠夺。在这个层面，不幸“躺枪”的除了世界上最大的外汇储备国家——中国，还有更为依赖“金边债券”投资的中东石油美元，日本、韩国等亚洲制造业财富国家主权投资。雪上加霜的是，虽然美国还没有明目张胆地实行“名义负利率”，但是美联储利率早已多年低于通货膨胀率，也就是“实际负利率”，更是无形之中掠夺国际低风险偏好的财务投资者。

为了应对这种财富被掠夺的被动局面，中国的“一带一路”再开放战略和国内的供给侧调结构，是发展中经济体的最佳策略组合。毕竟，走在国际化道路上的人民币，是世界主要经济体唯一正利率货币，国内金融市场担心的“猪周期”没有给 2016 年的 CPI 带来过大的冲击，2016 年阶段性的宏观数据超预期，除了始自 2015 年下半年的基础设施投资加大，中国巨大的内需消费升级和消费细分，也给了供给侧改革更大的腾挪空间。作为率先将调结构作为政策基调的世界大经济体，2016 年 9 月杭州的 G20 峰会传达给世界的信息表明，中国会笃定“破坏式重建（Destructive Construction）”的决心，笃定正常的货币政策和财政政策目标，推进国有企业混合所有制改革，推进地方政府 PPP 投融资模式升级，推进人民币国家化下的“一带一路”建设，优化经济的全面资源配置。

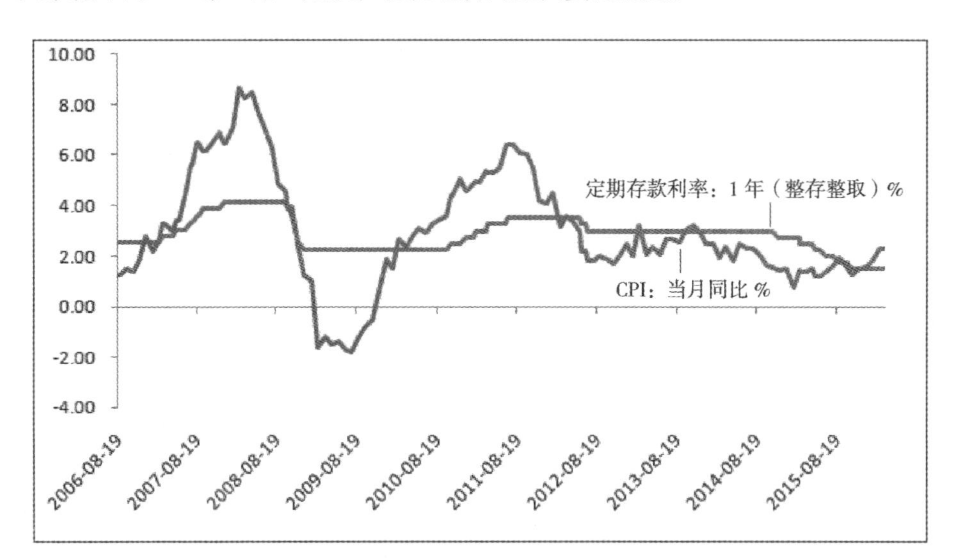

图 2　中国月度通货膨胀在一年期存款利率上下波动

当然，全球主要货币的实际负利率和名义负利率也有好的一面，就是让亚投行和丝路基金的离岸融资成本显著降低，民营企业“走出去”也会有一个相对宽松的资金成本环境。以中东石油美元为代表的国际财务投资者，对于“一带一路”的兴趣极大，理应成为中国企业的融资重要选择。

二、西部金融供给侧改革是“一带一路”倡议的重要组成

中国作为陆权国家，西北金融供给侧改革是陆权金融的最佳实践。2016 年 6—9 月间，我对新疆南部几个市县的调研可谓惊喜不断，可以说是过去四年最欣慰的一次——稳定形势迅速好转，源于南疆基层干部和自治区下乡驻点干部持续、务实的工作，很多不起眼的小办法起到了大作用。随之而来的是前几年离开南疆的汉族商人和游客大量回流，即便是交通相对不便的县城，回来做生意的汉族人数也超过原先的三分之二，整个喀什地区的游客更达到了 2015 年同期的一倍多，越来越多的人开始真正期待中巴经济走廊彻底改变南疆的对外开放格局。

安全秩序的稳定本就是应有之意，越来越多的新疆干部已经开始思考、筹划南疆经济社会可持续发展的政策，开始思考如何打破“基层农村金融服务不足”

这个精准扶贫的瓶颈问题。换言之，只有真正解决了南疆各族人民“有事干、有钱赚、有奔头”的核心问题，才能从根本上实现少数民族聚居区的长治久安。这种巩固经济基础的供给侧改革思路，立足南疆稳定大见成效的实践窗口，是中国“东防西扩”战略的最核心利益，是新丝绸之路经济带2016年最重要的改革战场。

（一）地方政府PPP投融资创新

在宏观经济管理上，中央和自治区政府可以本着“退一步、进两步”的现代经济逆周期调节思路，弱化2016年、2017年南疆各地市GDP增速、税收增速等考核指标，将“一带一路”产能合作、精准扶贫、有效就业、PPP投融资创新等作为政绩考核优先要素。南疆经济不仅仅是整个中国“周期叠加、经济下行”的一个缩影，更是诸多因素转型换速的集合，如果惯性强调短期数据靓丽，必然牺牲长期发展机遇。

需要特别指出的是对PPP投融资模式创新的广泛讨论，坊间戏称2106年的新疆“无项目不三匹，无投资不基金”！一方面，新疆是全中国对地方政府投融资定位转化最积极的省份之一，广受好评；另一方面，相对于东南沿海，西北各级政府管理模式计划经济色彩更重，新疆的民营资本积累也不如内地省份，PPP模式创新遇到很多困难。为此，我特别调研了很多一线干部，其中最具代表性的回答来自一位长期工作于各级财政系统的县委书记。对于PPP模式，作为县委书记的他在艰难落实自治区指示，多少有些不理解；但是当我问到长期趋势，他沉思良久，还是肯定了PPP模式在新疆推广的必然性。

PPP模式除了在基础设施投资领域投融资创新，其理念对于“一带一路”产能合作“走出去”也是非常必要的。PPP讲究不同所有制主体间相互合作、风险共担、长期协同，这对于中国企业走向“一带一路”沿线国家尤为重要，也是中国外向型经济发展初级阶段所缺乏的。中央部委、地方政府、中央企业、地方国有企业和民营企业，这五种企业所有制形式的投资主体如何发挥所长，在海外产能合作项目共进退，是全球跨国企业投资共同关注的主题，也是中国企业的“必修课”。

对于有志于“一带一路”商业机会的中国金融机构，PPP商业模式的融资服务比起单纯的“内保外贷”复杂得多。比起有国家信用担保还款的基础设施项目，产能合作是企业间的风险投资，金融支持所涉及的风险因子需要对风险的全面评估，这是商业银行等间接融资机构无法完成的任务，只能依靠对行业、对企业有主动估值能力的投资银行（国内称为证券公司）来完成。

年轻的中国证券市场经过短短二十多年发展，规模和交易平台已经为世界瞩目。但是，中国证券公司的直接投资业务和跨境业务还远远无法同国际一流投资银行竞争，这也成为"一带一路"产能合作项目落地的瓶颈。以中亚的哈萨克斯坦为例，已经"走出去"并形成产业规模的中国企业并不少，但是能得到中国金融机构直接股权投资的可谓凤毛麟角，而极个别与沪深股票市场有"绯闻"的投资项目，也是利用中国资本市场"傻白甜"散户的想象空间进行短期炒作。对于各级政府而言，"一带一路"产能合作急需有投资银行居中协调、境内外资金互联互通且有计划通过股票市场退出的资本闭环计划。

（二）产业扶贫借道金融帮扶龙头企业

西北五省是中国本轮精准扶贫的重点领域，需要扶持更多产业扶贫项目。过去几年，以广泛覆盖的扶贫安居房为代表，各项扶贫补助工作逐渐细化，西北各族农户得到了党和政府的实惠，特别是对南疆社会稳定起到了重要作用。同时，经济下行压力使得很多现代化农业企业发展受困，内地大品牌对南疆农产品的批量收购，更是挤压了本地中小贸易商的生存空间；南疆地市缺少农业龙头公司主导的自主品牌，无力对抗沿海市场上低价格、假冒的南疆大枣和瓜果的冲击。

中国经济改革开放三十年，取得了举世瞩目的成就，除了对外开放战略的增量国际需求，中国经济巨大内需带来的规模效应也是重要原因。统一的大市场孕育了市场经济快速发展的有利环境，包括劳动力、资本等生产要素能自由流动，加速了工业化和城镇化，也带来了区域间经济发展不均衡的问题。传统意义上，依靠中央转移支付"输血"贫困地区的做法，越来越不能适应经济和社会的协调发展，市场化运营的金融机构客观上"嫌贫爱富"，加剧了贫困地区的资本外流，加剧了贫困县产业空心化。

2016年很多金融市场人士"信誓旦旦"，中国经济面临中等收入陷阱和流动性陷阱危机，其实是对中国经济整体性认识不足的体现——如果这些表面上"忧国忧民"的人士深入中西部贫困地区，就会发现很多地区居民收入远没有达到"中等"、当地的民营经济更体会不到流动性泛滥的"富贵病"，脱贫致富任重而道远。而对于证监会IPO新政的广泛误读，也让产业扶贫和精准扶贫宣传显得格外重要。

农业产业扶贫是精准扶贫的更高层次和必经阶段。南疆的农业企业普遍体量小，目前得到的各种补助不足以覆盖市场风险，想要获得金融信贷更是难上加难。他们期待各地市和援疆省份更有效的、更具针对性的农业产业链帮扶，包括农业产业基金“股债结合”的投融资帮扶以及援疆龙头企业、南疆核心品牌的跨区域合作。至少，南疆各地市应该把有限的帮扶资金，首先奖励那些过去几年对南疆不离不弃、持续开工的企业——为了防止作假，可从社保缴纳情况、用水用电量等记录进行核实。

此外，在文化产业领域，需要更多接地气的项目。可喜的是，2016 年一批接地气的项目已经渐次推进，例如文化部对维吾尔族绣娘文化的全世界推广，两院院士与刀郎文化的结合等，都值得广泛宣传。其实，包括楼兰古城、尼雅遗迹、拜火教神庙、玄奘之路在内的南疆多民族璀璨文化，不仅仅是新疆旅游业的关键卖点，还应该是文化产业难得的 IP 资源。随着中国人文化消费的升级，文化产业的市场潜力巨大，值得企业和援疆省份大做文章。

三、“一带一路”产能合作对人民币国际化意义重大

梳理中国对外开放升级的国际化脉络，2016 年以前基础设施建设输出为代表的“一带一路”初期合作，旨在为沿线的发展中国家“架桥修路”，进而提升所在国家的民生福利，为产能合作的深入推进打下基础。相对应地，服务于基础设施建设的金融形式，则以区域开发性金融组织为主要形式，这就是亚投行（亚洲基础设施投资银行）受到国际广泛关注的重要原因。但是，人民币国际化需要深层次的定价基础，需要多样化的资本参与，如果仅仅是传统上贸易项目下的外汇使用，即便加上政府背景的基础设施超主权信用贷款，人民币国际化依然缺乏有效的国际市场的定价机制。一旦全球实体经济有个风吹草动，定价机制缺失的货币首先就会遭到诸如“量子”基金的大宏观投资基金狙击。

果然，2016 年人民币加入 SDR，本来是人民币离岸市场大发展的契机，可惜境外投机机构看准了国际市场对中国经济硬着陆风险的分歧，看准了人民币离岸交易商机构成分单一化缺陷，多次试图做空人民币获利。人民银行被迫采取收缩流动性措施，虽然稳住了离岸汇率，却实际削弱了人民币国际化进程的市场基础。

（一）产能合作的资本升级服务迫在眉睫

尽管人民币出海自2015年下半年起有所反复，但在国际资本流动的趋势上，中国总体上是资本输出国家，对外投资周期长，资本安全性受地缘政治风险影响较大。对于“一带一路”沿线的发展中国家，基础设施投资增速快必然会拉大原本严重的贫富差距，中国企业为获取项目施工权的内部竞争频有发生，一定程度上又加剧了当地官员腐败的滋生，需要外交和商务领域具有足够的风险意识。从很多学者对巴基斯坦的实地调研发现，中巴经济走廊就存在类似的问题：如果不加以重视，必定会因为个别权贵的贪腐问题，被不怀好意的西方媒体横加渲染、抹黑中国形象，甚至会葬送几十年来铸就的中巴“铁哥们儿”伙伴关系。

因此，2016年全国“两会”政府工作报告明确把“一带一路”的产能合作作为新一年工作重点，并倡议企业作为主体先行，这无疑会对金融服务和资本流动带来深刻的影响。以往全球化的实践证明，跨国产能合作是围绕市场对生产要素进行全球优化配置，直接融资和现代资本市场的多货币金融服务，是必不可少的金融基础设施，值得中国的货币当局和金融监管组织细细梳理脉络。

中国依然是高储蓄率国家。经济学规律表明，每年的储蓄盈余抑或变成贸易顺差累积外汇储备，在直接融资体系不发达前提下，持续推高本国房地产价格；抑或以跨国资本输出的形式对外进行投资，更需要直接融资的跨境服务。处于宏观经济转型升级阶段的中国，这两种跨境资本流动都存在，一方面“中国制造”产品竞争力依然，并带来贸易顺差和房地产泡沫，好在人民币持续贬值压力不大，欧美贸易伙伴也乐见人民币汇率稳定；另一方面，中国企业前所未有地对外进行资本投资，在世界范围进行产业布局，“一带一路”的产能合作基础就在于此。

（二）资本互联互通的两种流向形式

中国企业扬帆出海，少不了现代金融服务保驾护航，而且这种资本的流动更不应该是单方向的。如果按照产能合作形式和资本流动方向划分，资本的互联互通至少应该包括以下两方面情况：

第一，中国企业出海收购矿产资源或投资办厂。这种相对简单的产业链延展，是为了应对中国国内自然资源禀赋不足，以及劳动力价格上涨带来的生产成本上升，更多的是中国资本对外输出。与中国对外基础设施建设合作类似，海外收购的产业价值投资逻辑清晰，往往较容易得到政策性金融支持，也更容易受到资产所在地的地缘政治风险影响。

因此，我们建议随着“一带一路”倡议的深入人心，政策性金融应逐步淡出市场化融资领域，因为过低的融资成本会扰乱国际市场定价，最终给中国企业特别是民营企业带来竞争劣势。相反，应更多利用境内外资本市场机制，服务中国企业的“走出去”。以A股市场为例，已经有包括洲际油气在内的多家上市公司通过定向增发募集“一带一路”的产能合作资金，也得到了投资者的热烈响应。

第二，中国企业出海寻找技术和资金，服务“一带一路”沿线大市场。作为中国企业“走出去”的更高阶段，主动进行生产要素的更广阔领域配置，是“一带一路”产能合作的真正内涵。前面提到的中国与捷克的产能合作，很重要的一方面就是利用欧洲的技术和创新优势，提升中国“世界工厂”的生产效率，从供给端为“中国制造”注入新的活力。

诚然，产能合作的供给侧改革知易行难，特别是金融服务更是难上加难。中国企业习惯于以商业银行贷款为代表的间接融资，而对海外技术和创新能力的投资需要主动估值，需要以投资银行、股票市场为代表的直接融资服务。以中航工业2009年在奥地利成功收购的FACC公司为例，亚洲航空制造业首次通过收购欧洲航空企业，将FACC国际一流复材专业化技术以及其客户（波音、空客）在公司治理形式上接轨，提升中国航空制造业的整体能力；2014年，FACC在维也纳交易所成功上市，募集超过2亿欧元资金，反哺FACC在中国镇江等地的跨国合资公司，形成了中国企业利用境外资金主动构建的“一带一路”产能合作的资本闭环。

另一个值得关注的“一带一路”资金供给端需求，是以石油美元为代表的全球财务投资者。伴随着美联储加息周期一再延误，美国保持了历史上最长时间的“实际负利率”，而欧元区和日本甚至要起了“名义负利率”的货币游戏，这对中东石油富豪实际财富的侵蚀无疑是致命的。得益于国内中西部地区基础设施升级，以及“一带一路”的产能合作，中国有望持续坐拥四大经济体唯一正利率的国家，人民币国际化进程更让中国成为具有投资价值的目的地。如何构建互联互通的资本新丝绸之路，将石油美元通过现代金融市场引向中国的中西部，引向“一带一路”的产能合作，是新时代中国金融机构的历史使命。

在全球宏观经济新常态下，中国“再开放”战略的最佳金融路径，绝不是完全用自己的外汇储备补贴“一带一路”沿线的基础设施投资和产能合作，而是充分应用现代金融工具和国际金融中心，“股债结合”地为企业进行跨境融资，沿线省份正在构建的“人民币跨境产能合作投贷基金”就是值得期待的金融创新。

（三）人民币跨境产能合作投贷基金

总结多方面探索与实践经验，现阶段最佳的人民币产能合作基金模式，应该由“一带一路”沿线省份牵头发起，联合以证券公司为代表的直接融资中介、相关领域中央企业和民营企业，混合所有制的管理模式，并最好以人民币为基础货币，通过资本市场推出投资、滚动管理，力求形成资本闭环。

在新丝绸之路经济带上，陆权金融理论正当其时，依托乌鲁木齐和阿斯塔纳“哑铃型”金融中心，践行人民银行新疆分行研究并提出的中亚地区双支点“2+X最优货币”理论，新疆维吾尔自治区可构建一系列面向中亚的矿产和农业产业基金，以人民币为募集和投资货币，力图通过国内外金融机构的合作，将成熟的投资主体在中国和中亚的证券交易所上市退出，寻求跨境资本与企业“双赢”，实现人民币投资领域的实际流动，丰富人民币跨境定价机制。

在21世纪海上丝绸之路上，云南和广西是国家正式授予的沿边金融改革试验区。构建中的广西“中马工业园”产能合作基金，同样可以使用人民币进行投资、交易，科学化投资决策机制，并可以寻求通过在中国或马来西亚的股票交易所进行上市退出。比起中亚五国，东南亚国家对人民币的认可程度更高，东南亚华人经济圈能力更强，更有条件在资本市场实现人民币国际化。

从金融技术角度，不同于基础设施投资基金，产能合作基金必须“股债结合”，需要主动对项目进行估值和分析，进行全面的投资风险分析，包括人民币汇率风险。由于沿线国家政治稳定性差、经济市场化程度低，很多民营资本往往难以全面驾驭投资风险；而有跨境融资便利的中央企业，则更擅长于政府基础设施领域的投资与建设，产能合作必须要市场化经营的民营机制。

作为直接融资中介机构，中国的证券公司国际化程度相对较低，在“一带一路”投资实践中，如何最大限度地通过资本运作，最小化产能经营风险，不仅需要专业的国际资本运营，更需要跳出以往专注国内市场的思维模式。

第一，参考欧美日发达国家对外投资的经验教训，“一带一路”产能合作基金需要“智库先行”。这里所说的智库其实是一个宽泛的概念，并不局限于国内外的专业学术机构，而包括更广泛的证券公司研究所、咨询公司、民间智库，甚至是律师、会计师事务所等中介信息服务机构。对于证券公司和民营企业而言，应该摒弃以往国内投资“踩点儿”经济周期、“拼速度”投资的粗犷模式，耐心地利用“外脑”认清目标市场，精耕细作投资计划。

第二，为规避政治周期风险，“一带一路”的国际合作伙伴应该“上市公司优先”。虽然沿线国家资本市场往往不发达，但仍有部分国家拥有规范运作的股票市场。如哈萨克斯坦股票交易所已与上海交易所进行了多层次交流。客观地说，尽管周边各国证券交易所的流动性远远不如A股市场，二级市场估值也比沪深交易所低得多，但相对于频繁更替的执政政府以及实际控制人多变的国有企业，“一带一路”沿线国家的上市公司往往是资本市场“铁打的营盘”，国际媒体关注度更高，便于依法处理双方纠纷，是混合所有制基金“走出去”的优先之选。

第三，对外投资要“巧用金融创新”的资金杠杆，用足国家各级政府“一带一路”产能合作金融政策，用好人民币国际化的大趋势。省级政府委托国资平台发起PPP（混合所有制）模式的“一带一路”产能合作基金，积极吸引民营资本参与劣后层和夹心层基金份额，并由商业银行或保险公司提供优先级份额，在成功募资的前提下，尽力实现风险与收益的匹配。

第四，“一带一路”产能合作要尽可能实现“资本闭环”，将虚拟经济和实体经济有机结合，让财务投资者有财富增长合理预期。假设基金合作各方能做到“智库先行、上市公司优先、巧用金融创新”，那么很多跨境产能合作项目的现金流预期将会被资本市场认可，可以通过境内或境外定向增发、借壳上市等资本运作实现未来现金流贴现，最终实现资金“腾笼换鸟”，最大化资本杠杆效能，用资本的力量助力“一带一路”倡议落地，最终推进人民币资本项目的国际化进程。

可见，成功的金融丝绸之路必须遵循“智库先行、上市公司优先、巧用金融杠杆、完成资本闭环”的指导思想。唯如此，才能在未来迅速摆脱2016年“一带一路”投资过于集中于基础设施领域、过于依赖中国政府补贴的困局，进而开创人民币国际化的新格局。毕竟，“一带一路”中国能为沿线提供的最高层次服务就是人民币国际化为基础的国际货币服务，打破美元独大的国际金融格局。

中资企业海外投资的困难与建议

梁海明

在“一带一路”框架下，中国要推进国际产能合作，企业向海外市场进行产业转移和资本输出，面对多种疑惑，遭受各种阻力。只有把握国际经济大趋势、捕捉国际新需求，在海外布局方面善尽地利、各地协调、合从连衡，企业才有可能更好地“走出去”“走进去”并“走上去”，实现对企业自身的提升，推动国际产能的进一步合作，促进“一带一路”的建设。

这是个不再拼四处抢钱而是拼四处砸钱的时代，不少企业甚至已经陷入想砸钱却无处可砸的困境。在中国国内，中国政府去产能、调结构政策的加紧落实，加上产能过剩导致 PPI（工业品出厂价格指数）持续下滑，投资回报率随之下调，同时人力、环保和资金等成本仍然高涨，导致企业投资意愿低迷。

对此，不少中国企业把投资目标对准海外市场，尤其是在“一带一路”倡议背景下，中国政府积极推动国际产能合作，鼓励企业向“一带一路”沿线国家进行产业转移和资本输出。当前，虽然中国企业“走出去”热情高涨，但调研发现，众多企业面临到海外市场投资什么、如何布局、该采取什么投资策略的困惑。

一、体验式产业：中国企业海外投资的产业选择

中国企业到海外投资应该投什么，海外到底哪些项目、哪些领域有前景、值得投？这是我最经常被企业负责人询问的问题。我认为，要消除这一困惑，企业需要至少把握两点，一是国际经济的大趋势，二是国际市场的新需求。

【作者简介】梁海明，丝路智谷研究院院长兼首席经济学家，盘古智库学术委员，一带一路百人论坛专家委员会委员，青海省丝绸之路经济带研究院学术委员，英国《金融时报》中文网财经专栏作家，中央电视台财经评论员，近著《“一带一路”经济学》《你不知道的财经真相：美国退出QE之后的世界》《中国经济新政策与我们》。

在国际经济大趋势方面，回顾环球金融危机的历史，危机在发达国家的平均持续期为7年以上，在新兴国家、发展中国家则平均为10年以上。照此推算，2008年爆发环球金融危机之后，2015年至2018年很可能是发达国家逐渐走出危机，但新兴国家、发展中国家仍在危机中的错配时期。该时期内，发达国家通缩问题逐渐缓解，外需增强，而新兴国家、发展中国家通缩问题仍陷困境，外需继续不振。由于今天新兴国家对全球经济增长的贡献已强于发达国家，这也将导致全球的经济增长水平较低，当前大多数国家的产能都已过剩，各国整体的对外需求也较难有普遍上涨的动力。

在这一国际经济的大趋势之下，除了环保、高科技、优质教育、体育和健康等产业的需求仍旺盛外，市场对多数传统产业需求欲振乏力。中国企业要到海外投资，如果只是把国内原来的产品、服务转移到海外不断复制，较难取得成功，需要去捕捉国际市场的新需求。只有找到新需求，才能了解哪些产品、哪些领域和哪些产业更有前景，值得投资。

今天国际市场新的需求方向，已逐渐由“拥有”转变成“感受”。对不少“一带一路”沿线国家，尤其是中东、欧洲国家的很多民众而言，吃穿用度样样不缺，他们更乐意花钱买“体验”。有研究报告指出，民众这些“不在乎天长地久，只在乎曾经拥有”的追求，每年可创造出约2万亿美元的市场需求。

不少沿线国家的民众之所以更热衷这种“体验”式消费，至少有两个原因：一是在很多富裕国家，已过了追求名车、游艇、飞机和奢侈品等物质需求的阶段，随时间推移，这些高端消费者会从累积物质产品转向购买新的体验。且随人口结构调整步入老年社会，民众对购买、拥有消费品的需求减少，会更倾向于体验式消费。二是随时代的变迁，不少国家的民众尤其是年轻消费者，往往更追求自己的成就和经历，而不是拥有的商品，诸如惊险的野外之旅、五星级减肥诊所、艺术品拍卖、独特的餐饮美食、豪华私人航班等体验式消费，才符合这些民众越来越强烈的目标欲和满足感。

对此，中国企业未来要前往海外投资，不仅要了解国际消费者的理性需求，更要掌握消费者的感性欲望。只有了解国际市场的新需求，才能逐渐消除到海外投资应该投什么的疑惑，找到投资方向和目标，并把项目精品化、精品必需化之后，才能解决到海外市场如何布局的困惑。

二、区域布局：价值全球化、策略区域化和战术本土化

中国企业赴海外市场投资该如何布局，通常面临以下抉择：希望是区域化还是全球化，是集中力量一两个国家还是分散力量到多个国家投资，才对企业更有利？

要解决企业是全球化还是区域化的问题，可先借鉴世界500强的企业是如何布局的。根据最新的世界500强企业名单，大部分的国际经济活动主要是由中国、北美、欧盟、日本的企业所主导的。我将世界500强的企业分为四大类：如果有至少一半商品是销售到其所属国家或区域的，则归为本区企业；如有20%以上的销售是在中国、北美、欧盟、日本这四个区域中的两个，则属于双区企业；如除了本区域之外，有50%以上的销售量是在其他三个区域中，就是主区企业；要是在这四个区域中，每区销售量均占20%至50%，则是全球化企业。根据这种划分，排在榜单前100名的如沃尔玛、苹果公司、三星电子、通用汽车和汇丰银行等，多数属于全球化企业；排在后100名的如日本中部电力、美国合众银行和英国耆老保险公司等，多数属于本区企业。在世界500强企业中，为数最多的企业则是在其所属区域奠定稳定基础，顶多再加上另一个区域。

即使是世界500强都并不容易实现"全球化"。这是由于范围较广、全球营运规模较大的情况下，企业必须持续评估本身的竞争优势，才能维持全球标准及本土化的市场条件，满足不同国家的客户需求。对于500强企业来说，要在全球标准化及本土有效性之间取得平衡是一件很棘手的事情。例如，今年在榜单排行68位的汇丰银行，为了传达拥有世界级服务水平，同时尊重当地文化及人民信念，采用了简洁有力的标语 The World's Local Bank（环球金融，地方智慧），在马来西亚还是用马来标语 Bank sedunia Memahami Hasrat Setempat（了解当地需求的全球银行）。

因此，对于大多数布局海外市场的中国企业而言，与其追求全球化，在全球铺点，不如先扎根区域化，我认为，企业"走出去"较佳的选择是价值全球化、策略区域化、战术本土化。企业应价值全球化，代表企业品牌、服务及流程拥有一贯的全球价值，以便让各国的消费者都有相同的品牌联想、认知及印象。策略区域化则是要考虑不同国家的客户差异和相似性，针对目标市场设定适当的策略。战术本土化就是企业推出让自己脱颖而出的客制化和差异化，企业要跟竞争对手

区隔开来，须根据当地市场条件加以客制化，然后转换为本土化的营销组合和销售技巧。

三、增长策略：内部与外部

纵观国际知名企业的案例，到海外市场投资的策略基本上有如下三种：一是将生产和投资外移到成本低廉的国家以降低生产成本。二是外部增长手段，通过并购、企业联合等模式扩大企业在市场上的占有率并取得规模经济的效益。三是内部增长手段，通过研发、创新、品牌营销等方式改善产品的内容和价值，把产品销售到海外市场。在如今的国际经济大趋势之下，市场对多数传统产业需求欲振乏力，简单将生产和投资外移到成本低廉的国家不大可取。下文重点探讨外部和内部增长手段策略的不同。我认为，企业要采取哪种策略，需要视企业所在的行业以及是否急需在短时间取得市场份额、市场优势而定。

法国的企业多数采用外部增长手段，以并购联合的方式，以产业集中化、大型化的策略因应市场需求和挑战，进军海外市场，对于急需在短时间取得市场优势的企业而言，并购联合是最快的方式，此一策略的运用在高端汽车业、钢铁业、化学制药业尤为明显。例如钢铁业，原本存在许多小型企业与些许大型公司的钢铁业，经整并后也成为单一巨型的钢铁集团；化学制药业则在政府运用其持股的情况下，将该产业整并为少数几家彼此为互补性而非竞争性的大企业。

德国的企业则相反，多数德国企业面对国际市场的需求，重视质量和技术提升这种非价格竞争力的加强。这种内部增长手段，让德国企业在传统制造业如机械工具、消费者耐用品、电子或电机工程、汽车、化学、精密仪器产品等国际市场上享有独特的竞争优势。

中国企业进军海外市场应采用什么投资途径，可参考德法两种企业的经营，按自身所在的行业决定。

四、中小企业海外投资的优势与策略

在中国企业"走出去"的投资策略中，不能不提的是中小企业进行海外投资的策略。我认为，对于众多准备到海外投资的中国中小企业而言，若采取适当的策略，实际上比大企业更具有国际竞争的条件。

纵观国际知名中小企业，成功的前提往往是在资源有限的情况下，企业善用自身的条件在特定领域扎根，采用适宜的策略进军海外市场。例如，照明、家具、制鞋等有国际竞争优势的意大利产业，大多由经济规模较小、以合作替代结盟的企业所组成，避开标准化、利润低的产品，策略上则力求遵循满足各种客户的不同需求，开发造型特殊的产品。这些企业讲求个人创意，因此能不断开发新产品，抓住市场趋势，并且具备随时调整的弹性。如德国万宝龙（Montblanc）公司，则以高质量、高品位和高价位钢笔打入全球市场。

大多数国际知名中小企业也倾向采用出口导向策略与有限度的海外投资。如意大利是借重代理商或进口商，而日本和韩国则利用经销商和贸易公司。另一种方式则是通过产业工会建立共同的市场基础，筹办展示会和共同进行市场研发工作，如丹麦的农产品业者就是通过合作共同开发市场取得出口的成功。此外，不少小型企业也以和外国公司结盟的方式进行全球竞争，逐渐成为中型规模的跨国公司。外国这些中小企业进军海外市场的经验，也十分值得中国中小企业借鉴。

五、在商言商，合规经营

在中国企业“走出去”的投资策略中，另一个值得重点留意的就是“在商言商”。中国企业“走出去”期间，应该大大方方告诉投资所在国的政府、民众，中国的企业过来投资，就是在商言商，合法经营、追求盈利。

随着“一带一路”的实施，越来越多的中国企业即将更积极地“走出去”。然而我们不应忘记，过去中国企业“走出去”的历史中，由于过多考虑商业之外的因素，多次遭受外界无端的猜测，不少企业更因此蒙受亏损。因此，在“一带一路”背景下中国企业“走出去”，应该更多地保持在商言商、务实主义的取向。

其一，企业“走出去”应减少盲目跟从投资所在国政府的指挥棒。不少“一带一路”沿线国家经济比较落后，这些国家的政府为加快经济发展，常常在以下三方面急于求成：一是项目规划缺乏充分论证，在环境评估、技术评估还没有全部完成之前，就要求外国投资者的项目快速上马。二是政府通常会优先选择施工期较短但成本较高的项目，往往加大了外国投资者的投资成本。三是较少顾及本国发展实际水平，政府通常会要求外国投资者提供高性价比的技术、产品和工程。

如果中国企业在“走出去”期间，遭遇到此类过于“心急”、把中国企业当冤大头、对中国企业诸多过高要求的国家时，一定要在商言商。切切不可盲目听从投资所在国政府的指挥棒，也不在所在国政府的小恩小惠下匆忙上马项目，而应该充分做好尽职调查、技术审查和风险评估工作，辨别项目可行性较高、成本效益和回报有保证之后，才是做出投资决定的较佳时机。

其二，中国企业“走出去”要有匠人精神。相比欧美、日本等发达国家，当前中国企业“走出去”的软肋主要集中在质量稍差和技术稍低的项目。我们必须看到，很多条件比较好、回报较稳定的项目，往往被发达国家的企业夺得，条件、回报均一般或较差的项目，中国企业才能分一杯羹。即使是这些“鸡肋”项目，中国企业之间还不时进行“内斗”，展开激烈的竞争，有企业采取低价中标策略，这不但为以后项目实施过程埋下隐患，也影响了中国企业的声誉，得不偿失。

因此，中国企业“走出去”，除了企业之间要加强合作，建立合作机制，以及中国政府建立及完善协调机制、有序引导企业参与招投标等之外，更重要的是中国企业要培养匠人精神。“匠人精神”指的是对于产品质量、制造技术的崇敬，更加强调企业间的分工与合作。匠人精神并非不鼓励竞争，而是竞争的前提是以产品的质量、制造技术说话，以此迫使企业不断改进技术和质量，最终获益的不仅是企业，更是所有民众。

其三，中国企业“走出去”要培养在地化意识。过去不少中国企业“走出去”，不但较少主动融入当地社会进行人文交流，也较为忽略当地劳工福利、安全保障和环保因素，不少中国企业更抱有 Over Pay 的想法，认为只要用钱能解决的问题都不是问题。不少“一带一路”沿线上的发展中国家，已开始对中国的投资说不，或者是要求中国的企业提供更优厚的条件，付出更多的金钱。

中国企业“走出去”更加要培养在地化意识，主动学习及掌握当地的制度和文化，遵守规则，与当地小区形成良性互动，主动融入当地文化，了解当地的风俗习惯，适应地方需求，不能有侥幸心理。同时，中国企业除了参与该国政府的项目之外，也要考虑“接地气”，更多与当地民营企业合作。只有逐渐为投资所在国的民众所接受、认同，中国企业才有可能发展得更顺利、更快。

如果中国企业能做到这些，一方面可避免投资所在国对中国企业提出不合理的要求；另一方面也能消除各国猜测中国企业“走出去”的背后目的，降低外界对中国“一带一路”政策的误解。

六、注重知识产权和品牌保护

在中国企业“走出去”的投资策略中，应该注重知识产权和品牌保护意识。企业要“走出去”，除了“思想先行”“粮草先行”，做好前期规划、风险评估和以雄厚财力作为后盾之外，还需要有“知识产权先行”的意识。在保护知识产权的框架下，建立更加完善的商标战略实施机制，提防中国品牌在“一带一路”沿线国家和地区受到侵犯。

中国企业如何加强知识产权保护意识，防止商标遭恶意抢注，是“一带一路”建设过程中常被外界忽略的，但这又是较迫切需要解决的环节。数据显示，中国企业过去在海外投资过程中，每年都有数以百计的商标遭国外企业抢注而失去商标经营的自主权，例如“飞鸽牌”自行车商标被印度尼西亚抢注、“海信”在德国被抢注、联想因 Legend 在很多国家被注册要改用 Lenovo 等。众多中国企业品牌商标遭抢注，固然是因为中国企业和产品在国外的声名鹊起，关注度越来越高，但被外国抢注的商标，中国企业无论是通过法律手段向国外企业赎回，还是另起炉灶新设商标，经济成本和时间成本都非常昂贵。这也为中国企业“走出去”带来不少障碍。

中国企业商标被抢注的原因很多，主要有以下四点：（1）企业缺乏长远规划，对知识产权的重要性认识不足，常常等到自身出口业务形成一定规模才想到海外注册，却可能为时已晚。（2）企业对投资所在国的知识产权保护制度了解不足，缺乏品牌商标的防御思维，在部分商标法不太健全的国家，的确常常发生商标原本所有人无奈放弃品牌的案件，或是至少要付出高额的经济补偿。（3）企业常常过多考虑知识产权保护的费用成本，由于海外商标保护、维护等费用较高，增加中国企业的负担，导致不少企业放弃商标保护，而且在商标遭外国企业抢注后维权意识不强，助长了抢注的坏风气。（4）目前在国内企业中，拥有专门知识产权保护队伍的企业为数甚少，企业制订品牌商标保护战略时，缺乏知识产权人才，而且也缺乏官方相关的数据和专业指引，因为后知后觉导致未能抢占先机、提前部署品牌商标保护程序。

如今在“一带一路”的倡议下，随着更多中国企业“走出去”，知识产权领域已逐渐成为中国企业布局全球、直面环球商业竞争的主战场之一。在前车之鉴下，企业更须具有强烈的知识产权保护意识。不光是中国企业，还包括中国政府，应当更加注重在以下几处发力：

对中国政府而言，一方面可考虑从强化知识产权人才培养储备、加强对品牌商标代理机构的资格认证、诚信机制建设和规范管理、强化培训机制等方面着手，开展前瞻性规划，组建系统的、完善的品牌商标服务专业队伍，为到海外投资的中国企业商标保驾护航。另一方面，应提供更多资源，对到海外注册商标达到一定数量的中国企业提供资金补助，解决注册费用高昂的问题。与此同时，政府应进一步引导品牌商标行业组织、协会的建设，发挥其“三自我”（自我服务、自我管理、自我教育）作用，为“走出去”的中国企业提供多一层保护网。此外、政府应加强与“一带一路”沿线国家建立商标领域的合作备忘录，通过这一政府之间的沟通平台，协助遭抢注商标的中国企业妥善解决这一问题。最后，政府也应考虑设立对知识产权、商标保护不力的国家黑名单，供中国企业参考。与此同时，政府可通过发布哪些国家对品牌商标侵权情况比较严重、中国企业在哪些国家需经常申请注册保护、同一行业在哪些国家已有注册等最新信息，提供各主要国家中国企业商标注册程序、商标注册数量、侵权诉讼数量和企业维权平均成本等信息，让中国企业“走出去”之前，可掌握相关权威资料，提前部署。

对企业而言，它们既要培养自身知识产权保护的海外思维模式，也应考虑创新商标保护模式。例如采取家族品牌策略、多元品牌策略和联合品牌策略三结合的新模式，在“走出去”时根据不同的国家地区、不同消费人群采取不同的品牌策略，不但可避免一旦商标遭抢注就全军覆灭的窘境，还可通过与投资所在国的知名企业合作，共同推出产品，并冠上共同品牌，为中国企业在竞争激烈的海外投资市场寻求新的发展模式。

在“中国制造”是当之无愧的全球第一的今天，全球知名的中国品牌却如此之少，不能不说是一大憾事。未来中国政府和企业必须提高知识产权、品牌商标的保护意识，合力推出中国知识产权保护战略实施机制，这样既有助于推动“走出去”的中国企业的长远发展，也能为“一带一路”倡议的进一步实施提供助力。

七、在对外交流中提高自身的文化包容度

在中国企业“走出去”的投资策略中，还需要注重在对外交流中提高自身的文化包容度。“一带一路”沿线国家多种文明、上百种语言并存，文化巨大差异下往往容易产生误解和摩擦。因此，除了企业、政府与外宣媒体要转变观念外，我国也应当针对“一带一路”展开对国民更多的教育和宣传，国人和企业在“走出去”过程中，都要从我做起，包容不同的文化与文明，注意自己的举措和言论，避免让国外民众产生不必要的疑惑。

我建议，应当倡导我国的企业、普通民众在对外交流中，注重提升自身大国国民的风范，进一步向沿线国家释放善意、消除误解，展现中国企业、民众谋求和平发展的诚意，从而扩大我国与各国之间人文交流的深度、广度。

中国企业、民众应在对外交流中避免显露文化、经济上的优越感。无论是国与国之间，还是一国内部的不同地区，炫耀优越感都有害无益。以美国为例，美国常以经济上的、文化上的优越感，从高高在上的角度对众多国家的制度、经济和文化等领域指手画脚，常遭他国民众的诟病、反感和抵制。再以德国为例，当年柏林围墙倒下后，原西德经济援助东德，西德的民众、媒体因此产生强烈的优越感，不但以“恩主”的心态与原东德民众交往，更对前往柏林旅游的原东德游客，打出“柏林不爱你”标语、出言侮辱甚至是投掷物品攻击游客，当时引发了不小的风波，不少东德民众至今心灵伤痕仍未抚平。

如今“一带一路”沿线国家，其中不少国家在科技、文化和经济等领域较我国落后，且部分还需要我国经济援助。对此中国企业、民众须以美国、德国的教训为鉴，收起优越感，摒弃高高在上的心态，应以平等的、友善的、互助的、合作的姿态与沿线各国民众交往、交流，对沿线国家抱持“文化包容”的态度，展现容忍、谅解的气度。这不但可对外展现我国的大国国民风范，更可为企业、国民“走出去”营建一个更加和睦共处的营商环境。

事实上，当今世界各大新兴市场国家，各有独特的发展模式，部分国家的潜力和发展前景并不比我国逊色，我国企业、民众对此应有开放、欣赏的心态。例如，

与中国先发展劳动力密集型产业不同，印度直接发展知识密集型产业，成为“世界的办公室”“西方延长出来的实验室”，以高附加价值取代大量劳工，在高附加值的产业中占据优势。

虽然印度联合政府决策过程缓慢，但印度的发展模式是由下往上改变市场，其自由且富创造力的企业家在国内发迹之后，进而占领世界市场，成为印度经济发展的推动力。政府的不足之处将逐渐由市场取代以解决之，印度人的企业精神和旺盛的意志力，足以弥补许多政治缺失。

目前我国的经济规模是印度的5倍，我国过去依靠投资与出口的经济增长模式，印度已经开始模仿。印度总理莫迪曾公开指出，印度目前需要以出口制造、公共基础和都市建设为导向的经济增长模式，将从目前由服务业导向转为由大量的劳动力与资本带动经济增长。印度如果转型成功，很可能成为新的“世界工厂”。

我国企业、民众也要有胸怀天下的使命感，才能真正获得“一带一路”沿线国家的真正支持与合作。我国不少企业、民众认为，作为“一带一路”倡议的发起国，我国必将以此获取他国资源、能源，为我国的利益服务。这种想法和做法，曾经的世界第一大国西班牙、英国都曾有过，美国现也有。如果我国企业、民众也存有这种观念，将难以走出一条有别于西方霸主的和平发展、携手共进之路，也会令原本对我国有期望、渴求改变当前国际秩序的国家失望，更容易令沿线国家对该倡议的动机产生怀疑。

因此，我国企业、民众更须有心怀天下、同舟共济的胸襟，在寻求国家利益的同时，兼顾沿线国家共同利益，以“是中国人，也是地球人”的气度和包容，更多参与全球性的议题，并为此做出应有的、力所能及的贡献。国人更应照顾和重视各国合理的、正当的、实际的需求和利益，只有如此才能“达则兼济天下”，最终和各国实现共赢。

我国企业和民众也应以身作则，发挥“规范性力量”，传播我国的道德规范和价值准则，以此进一步赢取沿线国家的认同、信任和尊重。

英国、美国的崛起分别以“自由贸易”“民主人权”作为价值体现，我国的“一带一路”倡议将会带给世界什么价值规范？我国不少企业、民众认为，和平发展、互利共赢、开放包容、互学互鉴是我国带给世界和平与发展的核心价值观。那么，该如何把我国的价值规范完整体现在世界各国民众面前？欧盟的经验可资借鉴。

欧盟的核心价值规范可归纳为和平、自由、民主、法治和尊重人权，欧盟各成员国通过各自官方机构的对外活动，运用“五扩散”（无意识扩散、信息扩散、程序扩散、转移扩散和公开扩散）的方式，有意识地在国际舞台上积极推行自己的价值观和展示自己的规范力量，此举不但获得了世界范围内的广泛认同，令世界各国看到不同于美国的另一种价值取向，也为欧盟在国际事务中发挥更大的影响力奠定了基础。

当然，要向世界展现“一带一路”的价值规范，除了每一家中国企业、每一个中国人应进一步在人类和平与安全、国与国之间平等与团结、经贸上的自由与公平以及人类权益的捍卫等方面展现出胸怀天下的雅量、气度和以身作则外，我国的媒体、智库和大学研究机构也应在对外交流、合作中，通过“五扩散”发挥“规范性力量”，以此推广“一带一路”的核心价值观。

由于“一带一路”沿线国家民族不同、信仰不同、要求不同、经济发展阶段不同，我国要与沿线诸国互利互惠、共同发展和实现共赢，我国的企业要进行海外投资，未来充满挑战，也藏有变数。作为“一带一路”倡议的发起国和主导国，我国的企业、民众应尽力展现大国国民的风范，营建和睦共处的营商环境，赢取沿线国家的认同、信任、支持与合作，以助力企业更加顺利地“走出去”，推动“一带一路”倡议的成功实施。

当然，我也必须强调，中国企业无论借鉴什么经验、采取什么策略“走出去”，并希望“走进去”和“走上去”以成功开拓海外市场，除了注重“术”之外，还应注重“道”，一是为善，尽社会责任，二是“常回家看看”“把根留住”。

企业只有“为善”，才是王。只有在投资所在国多尽社会责任，加上积极投入慈善事业，我为人人，人人才能为我，企业的投资环境变得更好，企业才能做得更大。企业必须理解尽社会责任并不会减少财富，为善实质是有形地拿出去，无形地收回来。

当前全球没有哪个国家可像中国那样，拥有近 14 亿人口的庞大市场。对此，中国企业到海外投资，除了探索国际市场新需求之外，更应“常回家看看”“把根留住”，时刻留意中国国内市场的需求。即便是在海外市场打造的项目，目标人群也应考虑更针对中国的消费者。我在调研中发现，部分广东企业在海外投资的项目，希望吸引的目标大多数仍旧是中国消费者，“身在曹营，心在汉”的投资策略，并非不可取，且市场非常广阔。

尤其是近年欧美国家、日本在多轮量化宽松政策之后，资金非常泛滥，需要寻找投资出路。加上欧美、澳大利亚的养老基金，中东国家的主权基金，由于在本国可投资项目已逐渐减少，也纷纷在国际市场上找寻可投的项目，中国14亿人口的庞大市场，也是上述基金紧盯的目标市场。

我在调研中发现，不少外国机构对中国的市场一直兴致勃勃，过去没有进入中国是出于不了解、不熟悉，如今随“一带一路”的推进，大量中国企业到海外投资，它们较为乐意和已到海外的中国企业加强合作，通过组建合营公司，或者互相参股的形式，既和中国企业共同打开国际市场，又和中国企业一起回归中国的市场。

对此，在海外投资的中国企业，在把产业和资本输出海外的同时，应考虑如何与外国企业强强联合，将海外资金、海外技术引入中国市场共同发展，以此创造多赢局面。

何况，企业到海外投资同样可以提高国家的生产力。当企业进行国际产能合作，产业转移和资本输出，加速进入海外市场的同时，也增加了出口、创造海外利润，并回头推动中国国民收入及产业升级。例如德国生产光学仪器的蔡司（Zeiss）公司、生产玻璃的肖特（Schott）公司，都是在打开国际市场、扩大市场份额之后，再回头强化在德国总部的研发能力，进而提升总公司的竞争优势。

这说明了进军海外市场和“常回家看看”回头协助企业持续在中国市场的升级和竞争优势，并减轻中国市场的弱点，这两股力量之间是可以互相强化的，对企业进军全球市场的关系互为依赖，缺一不可。归根到底，在国际产能合作中，企业最重要的竞争优势，其实还是本国市场的优势。

21 世纪海上丝绸之路视角下的我国邮轮母港现状分析与发展研究

姜　锐　姜　华　彭　鹏　盛方清

丝绸之路是世界精华旅游资源的汇集之路，汇集了 80% 的世界文化遗产。丝绸之路是世界最具活力和潜力的黄金旅游之路，涉及 60 多个国家、44 亿人口。据国家旅游局预计，“十三五”时期，中国将为“一带一路”沿线国家输送 1.5 亿人次中国游客、2000 亿美元中国游客旅游消费。同时将吸引沿线国家 8500 万人次游客来华旅游，拉动旅游消费约 1100 亿美元。国家旅游局把 2015 年、2016 年两年确定为“丝绸之路旅游年”，从一个侧面表明这一主题的重要性和丰富内涵。

旅游具有天然的开放性、渗透力和融合力，可以有效拉动经济发展、带动投资消费、促进扶贫脱贫、增进国家和地区间的友谊，更是开展丝绸之路国际合作的优势产业和先行产业。《推动共建丝绸之路经济带和 21 世纪海上丝绸之路的愿景与行动》提出加强旅游合作、扩大旅游规模、联合打造具有丝绸之路特色的国际精品旅游线路和旅游产品、提高沿线各国游客签证便利化水平、推动 21 世纪海上丝绸之路邮轮旅游合作、加大海南国际旅游岛开发开放力度等重大举措。

我国具备发展邮轮旅游的经济基础，产业链带动效应显著，特别是邮轮母港，其经济收益是停靠港的 10—14 倍，是港口城市新的经济增长极，是衡量港口和旅游竞争力的重要标志。在 21 世纪海上丝绸之路战略引导下，我国邮轮母港的发展方兴未艾，前景广阔。

【作者简介】姜锐，江苏海事职业技术学院副教授，国家旅游局青年专家，“一带一路”应用型海事人才研究院研究员，江苏省旅游学会、南京旅游业协会、南京旅游学会常务理事，江苏省青蓝工程中青年优秀骨干教师，全国交通行指委航海专指委邮轮中心委员；发表论文 20 余篇，主编教材 6 部，主持省级课题 5 项。

姜华，南京旅游职业学院副教授，国家旅游局万人英才计划项目负责人，江苏省旅游学会理事，国家职业技能鉴定考评员；发表论文 10 余篇，主编教材 5 部，主持省级课题 3 项。

彭鹏，江苏海事职业技术学院教师，美国皇家加勒比邮轮公司培训教师。

盛方清，澳门科技大学博士，江苏海事职业技术学院教师。

一、国际邮轮旅游市场的新常态

（一）市场规模新常态——规模扩张化

21 世纪的邮轮旅游市场呈现快速增长的趋势，邮轮游客规模快速扩大。1990—2009 年，邮轮接待的游客数量年均增长 7.2%；2002—2011 年，全球邮轮游客年均增长速度为 7.07%。根据 CLIA（国际邮轮协会）最新数据，2014 年全球邮轮游客数达到 2210 万人次，增速 3.76%。

邮轮旅游具有独特的市场吸引力，潜在客源市场不断扩大，市场渗透率还有很大的提升空间。据统计，邮轮市场渗透率分别为：北美 3%，欧洲 1%（其中英国最高，为 2%），亚洲 0.05%。随着可支配收入、闲暇时间、价格、目的地的变化，邮轮市场渗透率在我国具有很高的提升潜力。

近年来，国际邮轮市场格局处于持续而动态的变化之中。各大邮轮公司之间通过一系列的收购和兼并，逐渐形成“三足鼎立”的格局，即嘉年华、皇家加勒比、云顶香港三大邮轮集团。三大邮轮集团旗下的邮轮总注册吨位及床位数约占全球邮轮市场总量的 80% 左右。各邮轮公司持续加大投入，不断投放新邮轮，开辟新航线，在世界经济整体不够景气的背景下不断增加运力，扩大规模。

（二）市场竞争新常态——竞争垄断化

在邮轮接待能力不断提高的同时，各大邮轮公司之间的市场份额呈现出明显的垄断竞争的特点。皇家加勒比邮轮公司成立于 1965 年，经过兼并于 1997 年正式组建皇家加勒比国际邮轮集团。嘉年华邮轮航线 1972 年开始运营，经过一系列整合，2003 年正式成立嘉年华邮轮集团。1993 年丽星邮轮公司成立，2000 年并购了东方邮轮、NCL 邮轮。通过并购等商业活动，世界邮轮市场逐步演变为以嘉年华、皇家加勒比、云顶香港为主的三大邮轮公司，其市场份额超过 85%。邮轮产业经营的集中程度越来越高，寡头垄断格局越来越明显。

综合来看，邮轮运营商层面目前呈现出集中度高（市场为少数几大运营商所把持）、邮轮大型化（单艘船只接待能力较强）、服务创新程度高（船上以及目的地服务丰富度较高）等特点。邮轮运营商环节是整个邮轮产业链中最为重要和核心的一环，同时也是产生经济效益最大的一层。

表 1 全球三大邮轮集团、八大邮轮公司简介

所属邮轮集团	全球八大邮轮公司	成立时间	总部地点	邮轮数量（艘）
嘉年华邮轮集团	嘉年华邮轮（Carnival）	1972 年	美国迈阿密	22
嘉年华邮轮集团	荷美邮轮（Holland America）	1989 年	美国西雅图	15
嘉年华邮轮集团	公主邮轮（Princess）	1965 年	美国洛杉矶	18
嘉年华邮轮集团	哥诗达邮轮（Costa Cruises）	1959 年	意大利热那亚	15
皇家加勒比邮轮集团	皇家加勒比邮轮（RCI）	1968 年	美国迈阿密	28
皇家加勒比邮轮集团	精致邮轮（Celebrity）	1989 年	美国迈阿密	11
云顶香港有限公司	挪威邮轮（NCL）	1966 年	美国迈阿密	16
云顶香港有限公司	丽星邮轮（Star Cruises）	1993 年	中国香港	24

数据来源：中国邮轮产业发展报告，国信证券。

现代邮轮产业通过不断整合兼并，集中度得以不断提升，所产生的龙头企业在全球范围内具有较高的市场占有率，美国的嘉年华以及皇家加勒比邮轮公司牢牢控制着世界邮轮市场约 75% 的份额。纵观其发展历程，由于邮轮产业重资产的特性，在发展初期都离不开低成本抢占市场策略以及在登陆资本市场后的快速收购完善全球布局的过程。

嘉年华邮轮集团成立于 1972 年，总部位于美国佛罗里达州的迈阿密市。目前为全球第一的超级豪华邮轮公司，按载客人数计算，已占全球市场份额的 50% 左右，拥有 28 000 名船员和 5000 名员工，被业界誉为“邮轮之王”。在其多品牌战略下，有效覆盖不同地区不同客群市场。根据其 2015 年年报，公司运客量达 10.84 万人次，增长 2.56%。同时，从可载客日数（ALBD）来看，2015 年公司可载客日数同比增长 1.72%，同样保持稳定增长。

皇家加勒比邮轮集团目前为世界第二大邮轮公司，总部位于美国迈阿密，并同时在挪威以及美国纽交所上市，市值约为 166 亿美元。根据其 2015 年报，公司共拥有注册在籍豪华邮轮 44 艘，110 900 个铺位，并在世界各地运营 1000 多条不同的航线，停靠全球七大洲 113 个国家约 490 个目的地。

（三）市场分布新常态——重心东移化

邮轮旅游市场发展的重心逐步由欧美向亚太地区转移，主要体现在邮轮旅游客源市场、目的地市场及邮轮航线分布的转移上。北美和欧洲既是重要的邮轮旅游客源市场，也是不可或缺的邮轮旅游目的地。经过几十年的快速发展，传统的欧美邮轮旅游市场发展趋于饱和，加之新兴亚太国家综合实力的不断增强，这些因素均促使邮轮旅游市场分布发生转移，尤其是“东移”。亚洲成长为重点区域市场，而中国已具备作为邮轮客源市场的条件。

2013—2016年，亚洲邮轮运力在多维度方面都有所增长。部署在亚洲地区的船只数量以12%的复合年增长率增长。同样，在亚洲地区内和跨亚洲地区的邮轮数量和航次以22%的复合年增长率递增，运营日每年递增13.6%，亚洲游客运力每年递增29.3%。

邮轮产业将越来越多的邮轮访客带到亚洲目的地。2016年，亚洲邮轮访问次数将会达到5570次，比2015年3896次的绝对量增长43%；2016年的港口访问次数几乎是2013年的2倍。在所有港口访问次数中，增长最大的目的地是：日本（880次）、中国（550次）、韩国（368次）、越南（150次）。

作为全球邮轮游客的资源市场，来自亚洲的邮轮游客资源绝对量自2012年翻了近3倍。2012—2015年，游客量从77.5万人增长至近210万人，复合年增长率达39%。中国是亚洲市场游客增长的主要推动力，自2012年起增加了77万多名邮轮旅客，复合年增长率达66%。5个主要市场中的4个还见证了3年复合增长率的两位数递增：中国台湾（29%）、日本（30%）、中国香港（69%）和印度（37%）。

2015年来自亚洲地区的近210万邮轮游客中，中国游客占到一半以上。中国大陆地区的游客数量2015年达98.6万人，其他表现突出的客源市场包括中国台湾（22.87万人）、新加坡（18.27万人）和日本（17.99万人），中国香港（12.68万人）和印度（12.59万人）是另外两个超过10万人的客源市场。

亚洲邮轮游客以亚洲地区内的短线航程为主导。2015年绝大多数亚洲邮轮游客（80%）搭乘亚洲区域内的邮轮。在亚洲以外航行的长线邮轮方面欧洲（74%）则是领先的目的地，紧随其后的是加勒比海/美国西部/夏威夷（12%）以及阿拉斯加地区/加拿大/新英格兰（8%）。更短的航程最受欢迎，由此也获得了更大的游客份额：4—6晚的航程（50%）、2—3晚（30%）、7—13晚（19%）。

2016年在船只结构方面出现更多的变化。2016年部署在亚洲市场的2艘豪华邮轮和15艘大型船将会承担大部分的运力。2016年在亚洲还部署了21艘中型船，季节性地在亚洲还将部署16艘小型高端船，在有限的季节里将部署6艘船，面向探险类客群。

2016年亚洲地区内的航期和短航线还将主导航程。计划1473个航次，进一步将计划87个跨区航次（在亚洲以外的地区启程或结束），大部分邮轮航期为4—6晚（49.5%）或2—3晚（33.7%）。

2016年，邮轮产业有潜力带动游客目的地天数达1090万人天。根据规划将有超过5500次港口访问，航程将会跨越17个国家204个目的地，日本、中国和韩国将成为港口访问次数最多的国家（分别为1526次、850次和745次）。2016年总计超过300次访问次数的港口为：韩国济州岛（460次）、上海宝山码头（437次）和新加坡码头（391次）。至于游客访问潜力，日本、中国和韩国将迎接其中的大部分游客目的地天数，将有近300万游客通过邮轮到达日本，近200万游客到达中国和韩国。

目前，邮轮产业"东移"特征明显，亚洲以及大洋洲的接待邮轮游客人次的增速已远超欧美地区，2014年达到12.94%，其中亚洲市场2012—2014年每年增长率为34%，而中国大陆又是亚洲市场的主要客源，2015年我国邮轮接待出入境旅客248.05万人次，增速达44%。预计未来我国市场有望继续保持30%以上的增长，到2020年有望达到900万人次。

（四）市场结构新常态——客源大众化

与整体旅游市场相类似，现代邮轮旅游市场也逐步向大众化发展，邮轮游客从少数特殊人群逐步发展成为大众化群体。邮轮大众化趋势的原因在于：第一，邮轮旅游供给能力的提高。例如，邮轮的平均接待量从1996年的721人增加到2010年的1348人，增加了86.96%；10万吨级以上的巨型邮轮不断增多；2011—2014年投入使用的21艘邮轮中，10万吨级以上的邮轮有13艘。邮轮平均接待量的提高体现了邮轮规模经济的要求，也在客观上促进了邮轮旅游的大众化。第二，短程邮轮航线（尤其是3—4天的航线）的开通。相比长线邮轮旅游，短程航线价格相对较低，因此年龄较小、收入较低的青年人群也有实力参与邮轮度假体验。第三，滨海国家重视邮轮旅游发展，并不断加强旅游景区打造及旅游设施建设和完善。如云顶丽星邮轮在短短的几年内发展成为世界第三大邮轮公司，从而增加了邮轮旅游供给，对降低邮轮旅游价格和促进邮轮旅游市场大众化具有促进作用。第四，全球社会政治环境总体安定，经济发展迅速，人民收入水平不断提高，闲暇时间延长，城市化进程加快，生活节奏加快，工作压力增大，从而为人们外出进行邮轮旅游创造了良好的物质条件和旅游动机。

根据百度大数据调查，从行业整体流量来看，邮轮行业检索流量上涨较快，2015 年比 2014 年上涨 81%。主要集中于移动端，上涨了 158%，但在整个行业 PC 端流量往移动端转移的情况下，PC 端仍有 42% 的增长，这已经是个较高的增长率。

从百度用户关注度来看，豪华以及航线关注度持续较高。日韩还是最受青睐的路线。值得注意的是，当有事故发生时，会在检索端有非常直接的反馈。2015 年，越来越多的消费者关注品牌和船型的口碑。由于宣传的角度不同，大家对于邮轮品牌的印象也较为不同。用户更多地将公主号和奢侈品联系在一起，符合公主邮轮高端奢华的品牌形象。而皇家的海洋量子号主打全新以及高科技感，留下更多魅力印象。而歌诗达则更多地和高性价比联系在一起。

邮轮用户人群集中在有孩子的家庭、中高收入人群。从百度大数据发现，喜欢邮轮旅行的人群主要集中在 30—39 岁，占比在 50% 以上，男性用户检索比例明显高于女性。已婚有子女的用户比例也最大，达到 60%。相对封闭的环境、不用转换住宿地点、舒适安逸的体验，使邮轮成为有小孩家庭的最爱。从学历、收入来看，月均和家庭收入中高的人群占比较大，学历集中在本科及以上，中级管理人员比例较高。从地域来看，用户主要集中在沿海经济发达地域，如上海、北京、江苏、广东、浙江等。港口城市的占比较高。由于邮轮母港集中在上海、天津和广州，因此大部分的游客也从这些口岸登船，这些城市的检索占比也较高。

二、我国邮轮母港的现状分析

（一）近年来我国邮轮母港建设与发展

近年来，邮轮产业催生了我国邮轮母港建设热潮。与一般始发港不同的是，邮轮母港是邮轮旅客规模更大、服务功能较为完备和城市邮轮相关产业集聚度较高的始发港，是邮轮公司的运营基地。除基本始发港功能外，还兼具邮轮维修保养、邮轮公司运营管理等功能。

中国交通运输协会邮轮游艇分会的数据显示，2015 年中国有 10 个港口接待过邮轮，邮轮旅客出入境 248 万人次，同比增长 44%；乘坐母港邮轮出入境的中国游客 222 万人次，同比增长 50%。2015 年，上海口岸出入境（港）国际邮轮 688 艘次，同比增长 26.9%，成为全球第八大邮轮母港。而作为北方最大的邮轮母港，天津国际邮轮母港在 2015 年接待国际邮轮 96 艘次，进出港旅客 42.7 万人次，分别同比大幅增长 75% 和 92%。

2015 年，青岛港集团、华润置地、招商地产三方宣布，共同出资设立青岛邮轮母港开发建设有限公司，预计总投资超过 1000 亿元。而厦门邮轮母港项目也获得厦门市发改委备案批准，总投资上百亿元，二期泊位改建工程完成后，部分岸线水工结构设计满足 22.5 万吨级世界最大邮轮靠泊。

招商系是目前国内最大的港口建设运营商。招商蛇口提供的数据显示，目前招商系公司以独资、参股或联合开发的形式介入天津、青岛、上海、厦门、深圳邮轮母港的开发运营，其中天津、青岛、上海、厦门邮轮母港 2015 年接待邮轮旅客达 228.3 万人次，占中国全年邮轮旅客接待总量的 90%。目前，蛇口邮轮母港正在推动与嘉年华、云顶香港、港中旅等邮轮全产业链的合作，招商局也在天津、厦门等地搭建邮轮母港网络化布局。

两大中央企业中国交通建设集团有限公司、中国港中旅集团公司已与三亚市政府签署三方邮轮产业合作协议，以三亚凤凰岛邮轮母港为核心，共同打造中国邮轮的民族品牌。中国交建、中国港中旅将在年内成立邮轮产业合资平台型公司，年内完成相关航线首航，结束全球无一艘豪华邮轮悬挂中国国旗的历史，翻开邮轮产业发展的新篇章。

表 2　2020 年前中国大陆主要邮轮母港情况

港口	邮轮泊位	设计年接待能力
天津	大型邮轮泊位 2 个	50 万人次
青岛	大中型邮轮泊位 3 个	150 万人次
上海	大中型邮轮泊位 3—4 个	200 万人次以上
厦门	大中型邮轮泊位 2—4 个	150 万人次
深圳	大型邮轮泊位 2—3 个	50 万人次以上
三亚	大型邮轮泊位 3—4 个	100—150 万人次
合计	大中型邮轮泊位 15—20 个	2020 年前全部建成，年接待能力合计 700 万人次以上

（二）我国邮轮母港建设经济规制上的不足

1. 产业政策不成熟。

近年来，尽管我国邮轮旅游增长迅速，但起步较晚，总体规模较小，消费市场年轻，在全球市场上竞争力不强，我国邮轮母港整体发展亟待突破。20 世纪 90 年代，我国个别沿海港口零星接待小型邮轮停靠。21 世纪以来，抵访邮轮陆续增加，已经吸引嘉年华、皇家加勒比、云顶香港等国际邮轮公司进驻与拓展。但占世界市场份额小，对邮轮（旅游）组织、接待与管理、保障的经验不足。为此，急需进一步认识国际邮轮旅游发展规律，明确邮轮旅游的发展定位，统筹规划沿海邮轮旅游港的空间布局，制定促进邮轮旅游发展的政策措施，同时，也需要在产业发展中关注和重视安全、环保等规制，着眼邮轮旅游的持续、快速和健康发展。

2. 国际化运营的不足。

我国有关部门和部分地方政府纷纷将打造邮轮母港作为转变经济增长方式、发展现代服务业和建设旅游强国（省区市）的重要一环。但对邮轮母港这一新领域发展规律认知还不够深，对国际通行惯例了解不够多，对应有的发展定位还不够清晰，一味谋求高标准、大规模，开发运作缺乏理性。为此，提出规划统筹、强化经济规制等发展建议，有助于国家和地方政府在工作中未雨绸缪、找准对策，为沿海城市邮轮母港建设和发展提供政策支持。

3. “价格战”挑战。

在港口建设运营领域，数据显示，目前我国内地已建成并投入运营的国际邮轮母港除上海吴淞港以外，其他全部处于亏损状态。各地港口基本建设完成后，在后续的运营上还需要规范，如：与航空、高铁、公路网络的接驳，让游客可以便利地到达港口；地方政府部门如旅游局如何将邮轮产品纳入当地的旅游产品推介；对停靠邮轮收费优惠，等等。此外，2016 年邮轮旅游产品的价格走向是整个行业最为忧心的痛点。如邮轮产品陷入价格战，包船方被迫以低于成本的价格抛售，加上多种分销生态并存的复杂性，导致业界对我国邮轮旅游市场价格预期不乐观，也会影响到今后较长时期内邮轮母港的运营与可持续发展。

（三）我国邮轮母港建设社会规制上的不足

1. 邮轮大型化促使码头升级。

邮轮大型化趋势将显著影响港口码头的利润率。一方面，船舶大型化迫使港口升级泊位、装卸设备等基础设施，实现与大型船舶相匹配的装卸效率，减少船舶在港时间。港口不得不增加投资，安装更大、更自动化的设备，同时部署更先进的IT系统；另一方面，港口作业高峰期和低谷期的不均衡性是港口运营的痛点之一，船舶大型化导致挂靠港减少、进出量大幅变化，加剧了作业高峰期和低谷期的落差，港口运营商需要让码头更加智能以整合各种资源，确保效率和效益。

2. 同质化竞争影响港口长期发展。

目前，我国大型邮轮母港运营能力已达到较高水平，但是港口服务越来越同质化。邻近港口的腹地重叠、货类趋同，差异化竞争优势未能凸显。大部分港口发展依赖于腹地，腹地范围、旅游规模、邮轮渗透率直接影响港口的兴旺，但目前多数港口还缺乏与腹地旅游产业的紧密协作，缺少顶层的运输网络规划以及强有力的行动计划。

3. 环保呼声要求注重环境保护。

据统计，2013年中国港口靠泊的船舶共排放二氧化硫58.8万吨，约占全国当年排放总量的8.4%；港口船舶氮氧化物排放量27.8万吨，约占全国当年排放总量的11.3%。MARPOL公约提出了硫氧化物、氮氧化物在全球和一些特定区域（ECA地区）的排放强制性规范，明确全球船舶用油硫含量从2012年的3.5%减至2020年的0.5%。顺应环保潮流，港口运营商越来越重视港口的环境影响，新能源使用、废气排放监管政策发挥的作用越来越大。

4. 安全重要性促使加强安全管控。

港口作为重要的集疏运节点，大安全事故的波及面大，影响深远。港口安全已不再是单个企业的事情，直接关系到当地城市运营，重大港口甚至关系到国家安全。邮轮母港的建设、运营、服务与管理需要全面提高风险防范意识，建立安全管控体系，确保各方的安全利益。

三、我国国际邮轮母港的发展之策

为顺应 21 世纪海上丝绸之路的发展，我国邮轮产业要“请进来”，更要“走出去”，我国邮轮母港发展理念也须深化创新：从单纯港口开发走向产业链系统规划，从政府主导走向市场主导，从行政治理走向公众参与，从他者化走向主体性，从以物为本走向以人为本，从竞争纷争走向区域合作，从短期利益走向长远可持续发展，从经济追求走向经济社会环境等综合效应。

（一）我国邮轮母港发展的规划布局

邮轮母港范围包括邮轮码头及其周边配套区域，是邮轮的始发港、邮轮公司的总部基地和邮轮游客的集散地，母港的功能要素一般包括基础功能、核心功能和延伸功能等。借鉴国际经验，依据我国市场环境、区域条件分析，提出中国邮轮母港的规划布局，需要综合考虑开放发展、投资、规划、金融、航线、通关、人才、社会文化、专门立法等多方面因素。

1. 五大核心圈。

我国邮轮母港的建设，从北到南，基本布局已经成型，大致可划分为五个核心圈：一是以上海为龙头的长三角圈，上海邮轮旅游的游客与航次占大陆市场50%，位列全球第八；二是以天津为核心的环渤海圈，邮轮旅游的游客与航次占全国大陆市场 20%；三是以香港、广州与深圳为核心的华南沿海圈；四是以厦门为中心的海峡两岸；五是以三亚为中心的南海圈。

五个核心圈中，上海圈是龙头，南海圈可以看成是华南沿海圈中的一个二级区域，目前邮轮旅游量不大。不过，三亚所能辐射的南海区，长远来看占据战略要津，可辟航线丰富，区域内海景风光旖旎，市场需求展示出巨大的潜力。

2. 四大实验区。

中国相继设立上海、天津、深圳、青岛四个邮轮旅游发展实验区，旨在希望它们利用各自的资源及区位优势，推进完善邮轮产业政策体系，促进母港建设管理能力，提升邮轮产业服务质量，培育本土邮轮服务力量，扩大邮轮经济产业水平，在重点领域加强研究，探索实验，并与其他邮轮旅游城市积极配合，为我国邮轮旅游持续、快速、健康发展积累经验，充分发挥示范功能和引领作用。

上海邮轮旅游发展实验区：上海中国邮轮旅游发展实验区2012年在宝山吴淞口国际邮轮港揭牌，是中国首个邮轮旅游发展实验区。它促进了上海市的航运物流体系建设、旅游人才培养、邮轮研发等旅游产业链各环节的良性互动。发展邮轮旅游，既是上海市国际航运中心建设的重要组成部分，也是上海市世界旅游城市建设的重要内涵，还是上海市促进现代服务业发展的重要载体。

天津邮轮旅游发展实验区：2013年，国家旅游局批复同意在天津滨海新区设立中国邮轮旅游发展实验区，这标志着天津国际邮轮旅游纳入了国家发展战略，邮轮产业进入了一个创新发展、引领发展、融合发展的新阶段。实验区落户滨海新区，对于加快发展邮轮产业、做大做强邮轮经济，具有重要意义。天津港邮轮母港航线将彰显出天津邮轮经济发展的强劲动能，天津在中国北方邮轮产业发展格局中的核心作用将日益凸显。

深圳邮轮旅游发展实验区：2016年，国家旅游局同意在深圳南山蛇口工业区太子湾设立中国邮轮旅游发展实验区，实验区占地面积9.4平方千米。该实验区的确立，有助于深圳在邮轮产业发展中享受政策红利，促进“前港—中区—后城”的空间发展模式快速落地，以邮轮母港建设为核心，全力打造集旅游运营、餐饮购物、免税贸易、酒店文娱、港口地产、金融服务等于一体的邮轮产业链。配合邮轮母港建设，招商蛇口也引入众多邮轮公司，与云顶香港签署合作协议，与意大利邮轮品牌银海邮轮合作，并与美国嘉年华集团签署了合作备忘录，双方将共同打造中国本土邮轮品牌。

青岛邮轮旅游发展实验区：2016年经中国国家旅游局批准，青岛正式挂牌成立中国邮轮旅游发展实验区。青岛将构建高效、务实的邮轮经济，推进协调机制和邮轮产业信息平台，形成科学、合理的邮轮产业布局，发挥邮轮城带动经济发展、增强区域功能、提升城市形象的作用。青岛计划培育一批专业化的邮轮业务人才与企业，完善邮轮经济服务体系与配套开发项目，积极开发设计一批有吸引力的邮轮旅游产品与线路，强化区域市场培育，积极组织国内外营销推广，在推动邮轮产业全面快速发展等方面发挥改革创新示范作用。

3. 邮轮港口布局。

借鉴国际邮轮运输发展经验，结合我国邮轮运输市场发展特点和趋势，我国邮轮港口可划分为访问港、始发港和母港三种类型：一是邮轮访问港，以挂靠航线为主的邮轮港口。应具备邮轮停泊、旅客和船员上下船等基本功能。访问港一般分布在旅游资源丰富的城市或岛屿。二是邮轮始发港，以始发航线为主，兼顾挂靠航线的邮轮港口。除访问港基本功能外，始发港应具备邮轮补给、垃圾污水处理、旅客通关、行李托送、旅游服务、船员服务等功能。多分布在腹地人口稠密、经济发展水平较高、旅游资源丰富、交通便捷的港口城市。三是邮轮母港，邮轮旅客规模更大、服务功能较为完备和城市邮轮相关产业集聚度较高的始发港，是邮轮公司的运营基地，除具备始发港基本功能外，还应具备邮轮维修保养、邮轮公司运营管理等功能。邮轮母港是市场发展到一定阶段的产物，通常由邮轮公司根据市场需求、城市依托条件和企业经营战略来确定。

2030 年前，全国沿海形成以邮轮母港为引领、始发港为主体、访问港为补充的港口布局，构建能力充分、功能健全、服务优质、安全便捷的邮轮港口体系，打造一批适合我国居民旅游消费特点、国际知名的精品邮轮航线，成为全球三大邮轮运输市场之一，邮轮旅客吞吐量位居世界前列。

辽宁沿海：重点发展大连港，服务东北地区，开辟东北亚航线。

津冀沿海：以天津港为始发港，服务华北及其他地区，积极拓展东北亚等始发航线和国际挂靠航线，提升综合服务水平，吸引邮轮要素集聚。

山东沿海：以青岛港和烟台港为始发港，服务山东省，开辟东北亚航线。

长江三角洲：以上海港为始发港，服务长江三角洲及其他地区，大力拓展东北亚、台湾海峡等始发航线和国际挂靠航线，开辟环球航线，逐步构建完善的航线网络体系，健全邮轮服务功能，提升综合服务水平和邮轮要素集聚程度。相应发展宁波—舟山港。

东南沿海：以厦门港为始发港，服务海峡西岸经济区及其他地区，加快发展台湾海峡航线，拓展东北亚始发航线和国际挂靠航线，提升综合服务水平，吸引邮轮要素集聚。

珠江三角洲：近期重点发展深圳港，服务珠江三角洲地区，开辟南海诸岛、东南亚等航线。相应发展广州港。

西南沿海：以三亚港为始发港，服务西南及其他地区，拓展东南亚始发航线及国际挂靠航线，加快开辟南海诸岛航线，扩大市场辐射范围，提升综合服务水平。相应发展海口港和北海港，拓展东南亚等始发航线。

邮轮分会的资料显示，截至2015年，上海、天津、厦门、三亚已建成5个国际邮轮港口，舟山、青岛、大连、深圳4个城市正在建设邮轮港口，海口、广州、宁波、南京、烟台、秦皇岛6个城市有计划、规划建设邮轮港口。中国已成为亚太地区邮轮航线的重要始发港和环球航线的重要挂靠港。

（二）邮轮母港发展的经济规制

我国邮轮母港发展的经济规制需要考虑产业准入、金融扶持、邮轮航线、通关管理、邮轮运营、人才创新、法制保障等方面，分析现行主要政策规定与国际惯例的接轨与运作情况。

2016年，日本国土交通省在港湾局产业港湾课设立邮轮振兴室，专门负责邮轮的招商和改善停靠港口的接待环境，以实现其2020年赴日邮轮观光游客达到500万人的目标。2015年停靠日本的邮轮次数同比增加50%，达965次。而另一方面，以西日本为首的一些港口出现了停靠预约难的问题。因此，本次推出的服务旨在帮助邮轮公司通过相应的港湾管理部门顺利找到停靠港湾。日本国土交通省启动针对邮轮公司的邮轮靠岸地对接服务，实现邮轮靠岸“零谢绝”。具体来说，邮轮振兴室将发挥一站式窗口的服务作用，解答邮轮公司的咨询问题，根据全日本116个自治体参加的全日本邮轮观光促进会议提供的信息介绍可接待停靠的港湾信息。当邮轮公司未能成功预约到目的港湾时，还可向其介绍其他可停靠的港湾。为实现邮轮停泊“零谢绝”的同时，日本还将致力于打造国际邮轮观光基地，开发濑户内海和西南诸岛等新地的邮轮观光路线，开通运营豪华邮轮，建立新的邮轮观光经济发展模式，争取在全日本范围内设立停泊港口。

目前，我国政府结合邮轮旅游市场的发展形势，在供给侧改革、简政放权，促进旅游业发展等方面态度明确，邮轮旅游有望迎来政策红利释放窗口期。

1.持续改善邮轮母港的服务环境。

加快我国邮轮母港的良性布局和发展，加快落实我国邮轮母港建设的发展规划。地方政府应当结合本地的发展实际，制定更加清晰的发展目标和支持措施，完善港口及周边的服务设施，改进交通运输服务网络，强化对腹地的辐射功能。比如青岛提出投入1000亿元打造国际邮轮中心，无疑对青岛邮轮母港的定位和发展提供了强有力的支持。

通过邮轮母港的建设拓展港口的服务功能，使得一些港口从传统的物流中心向旅游中心拓展，城市从区域性城市向国际化都市提升，这需要地方政府营造更加良好的服务环境。比如提供更加便利的通关服务、旅游签证服务等。大力支持中国品牌的邮轮企业和港口企业发展。鼓励邮轮母港和邮轮企业良性互动，形成更加紧密的合作伙伴关系，不断提升品牌的国际影响力。为我国邮轮企业提供信贷、税收、金融等方面的支持，积极打造具有鲜明中国文化特色的高端邮轮服务企业，形成中国品牌。

2. 加强邮轮母港的建设和立法工作。

港口作为不可再生资源，不仅应该得到合理的规划和利用，而且应该在一个有序、开放的环境中发展。因此，加强港口发展的规划建设和立法工作显得尤为重要。首先，要进行港口结构调整。针对我国沿海港口码头数量众多的特点，根据腹地经济和所处区域位置，通过国家宏观调控，采取大、中、小港口相结合的建设方式，适度发展深水港，码头能力适度超前建设，尽量避免在同一区域建设多个深水港。通过港口结构调整，促进中国港口资源的优化配置。其次，加强港口建设和管理的立法工作。由于有关港口法规体系建设相对滞后，同时各行业的法规之间缺少相互协调，存在诸多矛盾，为适应市场经济条件下港口规划、建设和经营管理的需要，建议健全港口法规体系，依法对港口实行管理，保证港口事业的健康发展。再次，港口建设应鼓励采用新工艺、新技术，以降低对生态系统的破坏。当今世界，和谐发展已成为一种必然的趋势。我们在制定发展战略和项目决策时，应本着合理使用、节约和保护资源，提高资源利用率的原则，注重生态建设，遏制生态恶化，结合《港口法》《海洋环境保护法》的实施，加大环保治理力度，制定切实可行的实施方案，最大程度上维护生态平衡和环境和谐。

3. 建立良好市场环境，实施港口资源整合。

当前，港口行业已经认识到以往港口粗放式的发展模式不可持续，如何通过资源整合实现现有港口资源的优化利用是亟待解决的问题。近年来，国家及各地省、市政府将推进港口资源整合及一体化发展作为推进港口行业转型升级的重要内容加以推动。浙江省港口资源一体化加快发展，组建宁波舟山港集团，并计划推进全省沿海港口资源整合。江苏省也作为试点地区，分步推进地市级港口资源整合。京津冀地区资源整合加快推进，天津港与秦皇岛港、唐山港谋划更进一步的功能优化布局。

首先，政府部门要切实发挥监管职能，建立良好的港口市场环境，保证企业的合法权益，建立健康有序的市场环境，这是资源整合发挥作用能够真正实现一体化运作的前提。其次，处理好公共码头与“业主码头”的关系。从资源优化利用的角度来讲，一部分“业主码头”资源实际利用率较低，而若对其进行资源整合往往代价较大。因此要本着资源优化利用的原则，注意控制“业主码头”的规模和数量，明确“业主码头”的功能定位，在优质岸线资源不足、公共码头面临产能瓶颈的地区可推进“业主码头”公用化，提高岸线资源利用率。最后，港口资源整合涉及岸线、土地、地方利益、政府政绩等各方面。因此要有必要的体制机制保障，理顺各地政府在港口管理方面的关系，既要照顾到地方发展港口、发展区域经济的诉求，合理保护其发展港口的积极性，更要统筹区域港口发展大局，保证区域内港口行业适度的市场竞争，避免垄断。

目前中国已建成运营的邮轮港口中，只有位于上海宝山的吴淞港实现了盈利。这种盈利不仅得益于中国蓬勃发展的邮轮旅游市场，更关键的是对邮轮衍生产业的不断挖掘。真正意义上的邮轮母港要能够为邮轮经济发展提供全程、综合的服务及其配套。因此，吴淞港围绕邮轮不断完善各种服务和商业的配套。船工劳务输出已成为吴淞港新开辟的重要业务之一。此外，吴淞口国际邮轮港公司还建立旅行社、开辟广告业务和其他港务商业服务。发达的产业集群为上海邮轮经济的发展提供了丰富的产业配套。

再如厦门市正式与香港签订亚洲邮轮专案合作协议。亚洲邮轮专案将对停靠中国香港、中国台湾、菲律宾、中国海南和中国厦门各港口的国际邮轮实施联合奖励的激励措施，具体办法是对国际邮轮停靠该专案成员港口在 12 小时以上每航次奖励 1.5 万美元，在 12 小时以内的给予每航次 7500 美元。各参与港口根据邮轮在同一航线中逗留所有参与港口的时间按比例分别拨付奖励，每个港口最高奖励 50 万美元，奖励金额主要用于邮轮公司的项目营销和产品开发。厦门邮轮产业支持政策的扶持对象包括邮轮公司、邮轮经营人、租船包船企业及旅行社。邮轮公司在厦门注册、在厦门设立区域总部都有奖励，根据邮轮航次、出游旅客人数也有相应的补贴。如因恶劣天气导致邮轮延误、缩减航程、取消航班，也可以通过保险给予补助。厦门作为东南沿海重要的邮轮母港城市，多年探索与东盟国家共建“一程多站”式的国际邮轮旅游线路产品，已成为中国与东盟共同发展邮轮经济的先行者。厦门相关部门将进一步整合邮轮产业相关扶持政策，撬动社会力量共同发展邮轮产业；简化通关流程提升服务水平，营造更加便利的通关环境；加大邮轮母港片区市政配套、生活配套和旅游配套设施，将厦门建成中国东南沿海最有活力的区域性邮轮母港和海峡邮轮经济圈的核心港。

（三）邮轮母港发展的社会规制

我国邮轮母港发展的社会规制要分析邮轮母港发展的全球社会性趋势和我国社会环境，借鉴国际规制经验，考虑在环境保护、安全保障、权益维护、海权维护、口岸服务等方面的优化完善，保障我国邮轮母港健康和可持续发展。

1. 立法建制，协调发展。

基于新华社和波罗的海交易所联合编制的新华·波罗的海国际航运中心发展指数，2016 年全球排名前十位的国际航运中心分别是新加坡、伦敦、香港、汉堡、鹿特丹、上海、纽约、迪拜、东京和雅典。上海目前稳居第六。上海国际航运中心要建设形成“一中心、三基地、五集聚”的格局。“一中心”，即成为上海国际航运中心的航运服务中心；“三基地”，即成为上海国际航运中心的航运服务企业总部基地、船员服务基地和航运创新产业发展基地；“五集聚”，集聚高端航运服务产业、集聚航运信息资源、集聚三游产业要素、集聚航运金融功能要素、集聚航运文化资源。

上海已通过《上海市推进国际航运中心建设条例（草案）》，推进上海国际海运枢纽和航运枢纽建设，建成水运、空运等各类航运资源高度集聚、航运服务功能健全、航运市场环境优良、现代物流服务高效，具有全球航运资源配置能力，与国家战略和经济发展相适应的国际航运中心。条例规定：“市人民政府及其发展改革、交通、旅游、商务等行政管理部门应当争取国家有关部门支持，加快在邮轮旅游发展实验区复制推广中国（上海）自由贸易试验区的改革试点经验和相关政策措施。”条例规定：“市人民政府及其有关部门应当加大航运文化培育力度，促进形成航运文化服务设施齐全、产品丰富、特色显著，市民航运知识普遍提高的航运文化环境。”

2. 规范经营，化解纠纷。

针对邮轮市场的纠纷事件而推出的《上海市邮轮旅游经营规范》已正式在上海发布并实施，《规范》从邮轮旅游的定义、经营资质、保险、船票销售、邮轮合同、邮轮航程变更、设施及服务标准、特殊告知义务、纠纷解决等多方面对邮轮旅游进行行业规范。这一规范主要适用于邮轮公司、旅行社、国际船舶代理企业、邮轮码头等经营主体在上海市行政区域内从事以上海港为母港的邮轮相关旅游经营的行为，规范上海市邮轮旅游经营，维护邮轮旅游市场秩序，同时也能够保障旅游者和邮轮公司、旅行社、国际船舶代理企业、邮轮码头的合法权益。

近两年，中国邮轮旅游市场发展风生水起，国际邮轮公司频频加码布局，国内旅游企业包船拓展市场。然而，邮轮旅游行业中发生多起邮轮纠纷案件，甚至出现游客霸船事件。一系列的纠纷将邮轮旅游推上风口浪尖，也将国内邮轮旅游市场中出现的种种弊端曝光，由此，邮轮旅游市场的法制规范、经营规范等成为邮轮业关注的热点。行业规范的实施能够在游客遇到问题之际帮助其解决问题，使其投诉有门；同时，行业规范的出台也在一定程度上说明行业发展越来越成熟，游客出游也会感到更为放心。这一规范对邮轮这一“舶来品”制定了“中国思维”的法规，填补了中国邮轮旅游市场的法制空白。

上海市作为中国邮轮旅游行业发展的前沿城市，在邮轮市场的行业规范中一直发展较早，还出台了《上海市邮轮旅游合同示范文本（2015 版）》，是中国邮轮市场发布的首份邮轮合同，对旅行社和旅游者的权利与义务、赔偿方案等做出较为详细的说明。

3. 统筹管理，接轨国际。

以江苏为例，从 1984 年江苏连云港、南通成为首批对外开放的沿海港口城市，到 2004 年原交通部明确将长江以下港口按照沿海港口进行管理，至今，苏州港列居世界第五大港口，江苏国际海港区已经发展成为中国乃至世界瞩目的港口群。12.5 米深水航道已通至南京，江苏国际海港区“向海”发展的硬件水平再次提升。江苏将借鉴宁波—舟山港整合为一体化港口的成功经验，建设江苏沿江沿海国际海港区一体化的港口集团，根据地理区位，对产业、货种、股权、经营、资本进行优化和转型升级，变分为合，为国际海港区建设发展壮大产业支撑，建设南京、苏州、连云港等邮轮码头，推动国际海港区由大变强，增强世界级竞争力。建设江苏“江海一体化”的国际海港区，需进一步明确海船在长江南京以下航行时适用海上法规、国际海事公约和针对海域的强制性标准，适用我国海上交通与贸易法律，尽快出台针对长三角“江海一体化”的海事法律体系。

再如2015年，广西与海上丝绸之路沿线国家进行密切联系，开展了广泛合作。从国家层面来说，组建了泛北部湾中国—东盟旅游合作、泛北部湾地区的旅游合作等，在中国—东盟博览会平台上，搭建了中国—东盟博览会旅游展平台，在泛北部湾论坛基础上又举办了泛北部湾旅游论坛。同时每年在桂林举办世界旅游趋势发展论坛，这是广西壮族自治区政府和世界旅游组织、亚太旅游协会共同搭建的交流平台。此外，广西还参与了大湄公河区域旅游合作。广西于2015年开通了第一条中国到东盟国家的邮轮航线，经过越南，到达马来西亚等国家，很受欢迎。海上丝绸之路正在成为以海上跨国邮轮度假旅游为主体，融合游览观光、商务会展、康体养生、文化体验、修学科考、休闲地产等功能于一体的复合型国际旅游精品。广西与东盟的海上旅游成为中国—东盟区域合作的重要内容，成为广西旅游产业转型升级与创新发展的新引擎，成为国际区域旅游合作的典范。

我国沿海各地依托国家“一带一路”倡议，特别是21世纪海上丝绸之路的布局，紧抓世界邮轮产业快速东移的契机，须加快完善各邮轮港口城市建设，不断推进和丰富邮轮产业链延伸发展。中国的邮轮产业虽起步晚，但发展迅速，市场规模快速增长。随着经济转型升级，邮轮旅游市场的潜力也将被不断释放。我国邮轮母港是“一带一路”倡议的重要支撑点和辐射点，须进一步加快国际化步伐，充分发挥各自优势，加强社会与经济规制，包括母港建设运营、旅游目的地开发、邮轮修造、物资供应、旅游开发等相关领域，并通过和具有国际竞争力的公司深度合作，共同打造高端邮轮产业生态圈。

旅游是促进国家和区域间“人通”的最佳途径。因此，“一带一路”应大力推动邮轮旅游的先行先试，“旅游搭台、邮轮唱戏”，发挥旅游先行示范、先通促进的独特产业作用，实现“一带一路”民心通、资金通、物流通、信息通。21世纪海上丝绸之路旅游将开辟世界旅游新格局，形成一条全新的、全方位合作的世界旅游黄金路，有利于树立以中国为中心的横跨亚欧非的旅游共同体和命运共同体，形成世界旅游发展新空间，同时赋予中国在世界旅游中的新担当，通过旅游彰显世界大国风范。

「一带一路」的文化遗产再利用与创意产业的发展

民心相通：「一带一路」对公共外交的新要求

皇家驿栈：打造「一带一路」建设的文化精品

「一带一路」的中医药国际化：澳大利亚的实践

媒体要敢于亮剑维护「一带一路」

《羊城晚报》「一带一路」新闻报道的探索与创新

加强化石保护研究，夯实「一带一路」人文基础

中国西北丝绸之路沿线人口分布及其结构特征

「一带一路」：来自泰国的另一种反映

“一带一路”的文化遗产再利用与创意产业的发展

陈　平

“一带一路”倡议具有鲜明的文化意涵，“丝绸之路”不仅是联结沿线各国的文化符号，也包含了诸多宝贵的文化遗产。文化遗产是世界上物质与精神财富的重要组成部分，是人类成长历史中所有智慧的结晶与载体。无论有形还是无形的文化遗产（非物质文化遗产）、可移动或不可移动的文化遗产，都代表了一种和社会发展水平密切相关的价值观。很多文化遗产对经济的发展也有着重要影响。在“一带一路”建设中，应思考如何体现并利用文化遗产的当代价值，扩大其与创意产业的交集，使这二者有机结合，相辅相成，相得益彰，这需要有识之士、专业学者共同探讨并付诸实践。

一、重视“丝绸之路”的文化遗产保护与利用

自1985年12月12日中国成为《保护世界文化与自然遗产公约》缔约国以来，截至2016年7月，经联合国教科文组织审核批准列入《世界遗产名录》的中国世界遗产已达50项，其中世界文化遗产30项、世界文化景观遗产5项、世界文化与自然双重遗产4项、世界自然遗产11项，在世界遗产名录中排名第二，仅次于意大利（51项）。从2006年8月开始，经过长达10年的努力，2016年6月22日，中国与哈萨克斯坦、吉尔吉斯斯坦首次跨境联合申报的丝绸之路项目正式列入《世界遗产名录》。这是我国首例跨国合作并成功申遗的文化遗产项目。

【作者简介】陈平，国际民间艺术组织全球副主席、中国区主席，德中文化促进会会长，一带一路百人论坛文化委员会委员，上海大学美术学院客座教授、博士研究生导师。

众所周知，丝绸之路横跨欧亚大陆，它不仅是一条商贸之路，更是一条文化之路。资料显示，丝绸之路所经过的路线长5000多千米，包括各类遗迹共33处，三个国家共同申报的遗产区总面积为42 680公顷，遗产区和缓冲区总面积为234 464公顷。其中，中国境内有22处考古、古建筑等遗迹（河南4处、陕西7处、甘肃5处、新疆6处），哈萨克斯坦境内有8处遗迹，吉尔吉斯斯坦境内有3处遗迹。申遗成功后，世界遗产委员会建议将这个项目命名为"丝绸之路：长安—天山廊道的路网"。用国家文物局副局长童明康的话来说：作为世界上最伟大的贸易之路、对话之路、和平之路和发展之路，丝绸之路跨国联合申遗进一步增进了中国和哈萨克斯坦、吉尔吉斯斯坦等中亚国家的传统友谊，成为新时期中国与中亚地区各国和平对话、共同发展的新纽带。

2016年5月13日，国家文物局、陕西省人民政府共同主办的"'一带一路'沿线国家文化遗产保护交流合作论坛"上，中外30多家博物馆启动成立"'一带一路'沿线国家博物馆友好联盟"，并签署多项文物保护、交流的双边、多边合作协议。"'一带一路'沿线国家博物馆友好联盟"首次将丝路沿线的中外博物馆资源进行整合。显然，丝绸之路联合申遗的成功，非常好地体现了文化遗产领域内各国之间合作与共赢的价值。不仅为中国在世界遗产中增加了数量，而且为这三个国家的文化遗产提供了新的发展机会。今后，沿线国家在博物馆方面进行更多交流与合作的基础上，还可以进行更富有深度的文化与经济交流，共同发展旅游经济，为"一带一路"的推广与发展提供更多文化合作平台。正如中国联合国教科文组织全国委员会秘书长杜越所说，丝绸之路的成功申遗，不仅实现了中国广大文物工作者和文化工作者的多年夙愿，还对未来在这一地区兴起文化遗产保护热潮、促进当地旅游经济发展起到积极和重要作用。

但是，就旅游观光业而言，目前丝绸之路沿线遗迹景点还存在诸多问题。遗址年久失修，大部分都存在着大小不等的危机。交通基础设施落后，没有直达的飞机或火车，路途遥遥，耗费时间。救援卫生条件滞后，旅游缺乏安全性。酒店住宿、通信设施、餐饮卫生、如厕卫生、各种基础设施跟不上，达不到当代旅游的基本要求。加上旅游景点分散，无法在有效的时间里实现多重观光，因此旅游经济受到较大制约。如果不能尽快改善以上问题，加强基础建设，开发旅游产品，丝绸之路文化遗产的再利用价值就无法实现。要将文物古迹、文化遗产与当代旅游结合起来，还需要很多管理、建设等方面的提高与提升。

丝绸之路见证了当年亚欧大陆经济、文化、社会发展之间的交流，尤其是游牧与农耕文明之间的交流；如果有效地利用其现有价值，它仍然可以将中国与亚欧民众很好地连接起来。丝绸之路沿线景点与遗产所在地的民俗、民间艺术、手工艺、宗教信仰、饮食习俗等很多方面都有着相似之处，这就是所谓的"民心相通"，所以比较容易通过旅游与文化交流甚至旅游经济、商务贸易联系起来，形成良好的区域文化遗产与经济互动，便于发展民间友好交流，有利于形成多民族的大文化观，也有利于各国人民之间的团结以及其他领域的合作。

2005 年 11 月 25 日，联合国教科文组织在巴黎总部宣布第三批"人类口头和非物质遗产代表作"，中国与蒙古国联合申报的"蒙古族长调民歌"成功入选，这是中国首次与外国联合就同一非物质文化遗产项目向联合国教科文组织申报项目。早在 12 年前，跨界文化形态保护的合作共赢道路就已经开启，如今，文化遗产的跨国跨区域联合申报，已经作为一种世界文化资源的共享与共赢得到世界越来越多的采纳与运用。

二、借鉴成功经验，让文化遗产走近人们的生活

文化遗产的再利用应当成为"一带一路"文化建设的重要部分，同时，中国自身的文化遗产保护和利用事业也可以借此机遇加以提升。目前，全世界共有554 处世界级文化遗产，其中，意大利、西班牙、法国是名列前茅的文化遗产大国，而它们在文物古迹的保护修复和开发利用方面已有许多成功经验，值得中国借鉴。欧洲很多国家都非常重视文化遗产保护，政府会充分调动民间和私人的积极性，鼓励民间参与保护，并在政策法律上制定合理详尽的措施。不仅仅是文化遗产与古迹遗址，甚至连名人故居，都有严格的管理办法与制度措施。

法国是世界上第一个立法保护文化遗产的国家，对名人故居更是情有独钟。1913 年，法国就设立了专门机构对纪念性建筑进行分类管理，登记造册。1990 年，法国文化部对全国范围内的名人故居展开调查，通过缜密的调查研究得出报告，确定各类文学家、艺术家故居的特殊性和历史地位，同时提出一系列保护与发展建议，特别是提出法国需要创建一个国家级权威机构以确保文学家故居的建议。

该建议在1997年得以落实。之后，法国成立了国家文学家故居与文学遗产协会。2012年，法国文化部和该协会联合推出了第三份文学家故居调查报告，为名人故居的专业化保护与发展指明了方向。今天，世界各国的游客来到巴黎，不仅可以领略耳熟能详的地标性建筑，还可以清晰地了解到巴尔扎克、大仲马、萨特等成长与居住的环境，进而更好地接触法国的历史与文化。

法国还经常举办有关文化遗产的大型社会活动。通常，春季举办“博物馆日”，秋季举办“文化遗产日”，卢浮宫、凯旋门等著名博物馆和历史古迹也在免费开放之列。对法国青少年而言，文物和博物馆并不是高不可攀的或陌生而静态的，孩子们非常愿意去博物馆接触那些珍贵的文物，博物馆会针对青少年的特点、求知欲望，举办各类工作坊、图书朗诵会、亲子活动等。很多博物馆的藏书藏画都已经在网络上对公众开放。有的博物馆还开展各种活动，比如为孩子们举办生日宴会、各种家庭纪念活动，专门为学生制定特别的教育实践课程等。增加民众对文化遗产的认知，使之走入当今的生活形态中。

从1966年开始，美国也对名人故居进行登记，设立专门机构统一管理，并接受民众监督。而在英国，每一座故居都要经过长达2—5年的严格审订才能得到国家认证，之后会得到统一的蓝牌子标记。这些故居由此被称为“蓝牌屋”，受到法律保护，不得拆除。除此之外，英国还有很多博物馆都转卖给个人或家族、企业保管、运营，并对文化遗产赞助商给予税务方面的优惠或减免政策，鼓励民间与企业积极参与文化遗产的保护与管理。历史文化名人也是德国人引以为豪的珍贵文化遗产，在德国几乎所有名人故居都拥有自己的网站。在这些网站上，人们可以检索到故居的历史和现状、故居主人的生平故事、展品的数字版本以及故居举办的相关活动。

目前，中国的大部分博物馆还停留在收藏、保护、展示的功能上，游客只能观、看，而没有机会互动，更没有形成一种常态的活动，失去了把民众吸引到文物面前的机会。大部分名人故居的管理还仅仅停留在卖票、展览，而未实行开放式管理，没有与发展中的社会融为一体。就拿故宫博物院为例，其有足够的空间和条件，可以腾出一些不是特别重要的殿堂和场所，提供给青少年和感兴趣的游客；可以专门给孩子们开设课程，让他们有机会近距离学习中国的手工技艺，比如榫卯结构的建筑兴趣课，比如中国古典建筑的绘画手工艺传习所，比如各种刺绣手工艺的体验课或者国画书法等传统文化培训课，边参观边学习技艺；甚至可以在一些场馆再现明清生活场景，通过 VR、4D 等手段让孩子们感受当年的宫廷生活。

至于如何让名人故居动起来，打开大门，为民服务，国外已经有很多非常成熟的经验。贝多芬故居在伯恩，坐落在一个僻静的小巷里，很容易被游客忽略。但管理机构常年举办各式活动，从而使故居充满了生机和活力。游客在第一年就可以拿到次年的活动日历和介绍，而且可以上网查询。从“奢华、格调与趣味”音乐会到“贝多芬与维也纳会议”的讲座，几乎每周都有活动。这里为儿童专门提供讲解服务，还针对孩子们的成长特点和需求举办各种活动。孩子们可以在此过生日，庆祝成人礼，预约音乐制作人工作坊，还可以和画家们一起制作贝多芬的石膏像。还有一个叫“为贝多芬拍电影”的活动，其宗旨在于鼓励孩子们绘制并拍摄关于贝多芬的动画片。贝多芬故居最大程度上体现了名人故居的教育功能，让游客、孩子们更好地了解贝多芬，甚至热爱音乐。

三、文化遗产与旅游经济关系密切

“一带一路”文化建设，需要想方设法提升文化遗产对人们当下和日常生活的影响力，同时要与旅游产业等经济发展项目紧密联系起来。文物古迹与当代旅游结合与利用得最好的案例应该首推意大利。意大利拥有世界遗产 51 项，世界遗产名录排名第一。意大利全国有博物馆、宫殿、建筑物、雕像、教堂、艺术画廊、别墅、喷泉、历史建筑与考古遗迹等 100 000 多座。这些遗产和遗迹为意大利的旅游带来大约 4270 亿欧元的收入，旅游收入位居世界第四位。每年前往意大利的游客将近 4370 万，旅游访客量位居世界第五位。意大利的旅游业是成长最快而且最具有经济效益的产业，旅游收入是弥补国家收支逆差的第二大来源。

由此而见，保护好祖先的遗产，为后人造福，用历史遗迹和文物为现有的民众和国家带来收益，是利国利民还能惠及全球民众的商业经济。世界遗产事业的最初设计和提出，主要是在总结西方文化遗产保护管理实践的基础上完成的，它的发展与完善也主要由西方国家主导、推动。但是随着世界遗产事业在全球的推广，情况在逐渐发生变化。人们对东方，特别是对中国的兴趣渐渐浓厚起来，所以中国也必须根据时代的发展所需，制定有利于本国的发展政策，开启自己的文化遗产与旅游经济的发展模式，开发对世界有吸引力的旅游产品与内容。

中国的世界遗产目前居世界第二位，世界遗产众多，旅游景点众多。但对于很多外国人而言，只有故宫、长城、兵马俑是耳熟能详的景点，其余世界遗产的知名度无法相提并论。同时大多数景点已经成了一个个孤立的景点，周边古城已经不复存在，原有生活形式被旅游开发商人为破坏。新建景点雷同而缺乏特色和生命力，千城一面，千镇一面，质量粗糙，没有精良的设计、建造与工匠心态。缺乏精心创意设计的旅游纪念品，不合格的景区卫生条件……这些都影响了游客的心态和消费热情。

要想让文化遗产为旅游服务，就必须做成有文化的旅游。要发展中国的旅游事业，必须首先提高景区人员的服务能力，调动民众的参与积极性，提高国民服务素质，加强卫生以及现代化设施建设。只有这样，才能把旅游做出内涵与文化。有了宾至如归的感觉，世界各国的人们慕名而来，满意消费。而我们的百姓也能不卑不亢、开开心心地挣钱。

“一带一路”不是仅仅中国企业“走出去”、中国文化“走出去”，而是双向互动的关系，我们应该敞开大门欢迎更多的外国人到中国来，应该学会用现代的方式和语言推荐自己的文化、推广自己的生活方式，讲述中国自己的哲学思想以及人文与艺术。“请进来”不仅能把大量的货币带入中国市场，繁荣和刺激中国的旅游业发展，增加中国的经济附加值，同时还可以在自己家门口做好东道主，心平气和地迎接客人来访。目前，急需改变的是我们的心态和发展观。我们应该减缓速度、改变态度、调整心态，应该恢复爱国爱民族的自信心，提高教育质量，提升文化素养，培养民众各种生活教养、生活情趣，让民众面对这飞快变化的一切，有时间思考自己的理想与追求。不徐不疾，不断反思，发现不足。只有我们自己准备好了再出发，才能走得更稳更远。

四、文化遗产与城市经济的相互提升关系

（一）文物保护模式：基金会与对社会开放平台——以歌德故居为例

德国魏玛古城有一个歌德故居，这是歌德住了 50 年的地方。在歌德的孙子瓦尔特·冯·歌德过世不久后，歌德故居及其艺术、科技藏品被纳入歌德国家博

物馆基金会（1885 年创建）名下。自 2012 年夏天起，魏玛古典基金会创建两层楼高的关于歌德生活与工作的永久展览。魏玛古典基金会是一个独特的文化纪念机构，是德国最大和最重要的文化机构之一，包括 20 多所博物馆、宫殿、历史建筑、公园及文学和艺术收藏。其中 11 个基金会地产属于联合国教科文组织世界文化遗产项目“古典魏玛”的一部分，每年超过 700 000 人参观。基金会的工作重点在于魏玛古典主义时期、19 世纪的艺术和文化影响以及李斯特、尼采、范·菲尔德和包豪斯对现代化进程的影响。为了填补现今艺术科学的缺口，基金会致力于在传统的基础上激发讨论。使用这些文化资产，基金会的目的在于成为一个文化、科学和学习的中心，并在德国境内和世界范围内留下标记。基金会任务包括：维护、编录以及研究和记录收藏；维护历史建筑、纪念碑和公园；展示、采购和补充博物馆收藏；展览、活动的计划和操作；支持国内外的研究工作。

歌德故居收藏品十分丰富，管理耗资巨大，而门票并不贵，正常票价 12 欧元，16 岁以下免费。仅靠门票收入远远不能支撑整个故居与博物馆的庞大开支，而它之所以能够一直保持着健康良好的运营发展势头，正是因为有基金会的管理与运营。不仅如此，基金会还与创意产业相结合，积极开发了一系列以歌德为主题的衍生产品与旅游纪念品，既满足了游客到此一游带走一些纪念品的心愿，又为故居和博物馆增加了收入来源，还很好地推广了歌德乃至德国的文化。

（二）利用与活化文化遗产，提升文化创意产业

如何把生意做得更有艺术气息、把艺术品转化成商品以实现其商业价值是文化遗产和创意产业的一个新课题。去过中国台湾的人都知道台北故宫的创意产品、衍生品独具匠心，比如把康熙皇帝的御批手迹“朕知道了”印在胶带纸上，产品一上市就卖断了货。大家熟知的著名文物翠玉白菜，被开发利用了很多次，做出了无数创意产品，仅这一项就占故宫创意产品销售额的 32%。另外，明太祖朱元璋和马皇后的酒瓶塞、将双连瓶的线条拆解成为依偎着的油瓶与醋瓶、宋徽宗所创的“瘦金体”书法系列西式餐具，都巧妙地将中国古典艺术品融入现代柴米油盐酱醋茶中。进入寻常百姓家，是台北故宫博物院衍生品的独特之处。

（三）恢复传统节庆、再造文化空间

一座城市的魅力不仅在于它的经济之繁荣、地理位置之优越或自然风光之优美，更在于其文化内涵和历史底蕴。人们在一座城市里生活，久而久之与自然空间相互依赖，进而形成一种文化空间。艺术节是世界人民相互了解和沟通的桥梁与纽带，也是建造文化空间的最好形式，可以集中地体现民俗和保护传统文化的重要性，并且让下一代了解不同的文化习俗以及各民族的文化特色。经济与文化的日益融合已成为国家综合实力的体现。人们对节庆越发重视。节庆应以民众为主，鼓励青少年参与，从而实现保护和发展传统文化的主旨。

笔者所供职的国际民间艺术组织创建了很多国际艺术节，这些艺术节的通行惯例如下：（1）经济实惠、回归民间、小型多样、内容丰富。艺术节主办方需要负责受邀对象到达之后的食宿、交通及零用金，而机票及演出费用则是受邀对象自理。艺术节期间，代表团的成员可以住在当地居民家中，以便双方能更好地交流了解，使民众消除由于误会和生疏而产生的隔阂以及文化上的冲突。（2）返璞归真，保护原生态。所有的舞蹈和乐队都使用现场伴奏，不得使用电声和CD等现代手段。利用现有公园角落、青少年之家、广场绿地，恢复文化空间，再修复区域传统文化。（3）与民同乐，以民众互动参与为主。同时兼有大众娱乐性、青少年的教育性、传统民俗的普及性、活动的持续性和民族文化的传承性。

2016年9月14日，笔者带领127人组成的中国代表团应邀参加在意大利第四大旅游城市维罗纳举行的“国际街头传统游戏艺术节”。维罗纳是罗密欧与朱丽叶的故乡，整座城市都是世界文化遗产。艺术节有一个传统：在中心广场举行开幕游街仪式。主宾国可以拿着国旗，一边表演自己的传统节目，一边与各国游客互动。这样既拉近了游客与主宾国的距离，又能很好地展示主宾国的风采。艺术节三天里，共有来自世界各地的70多家媒体采访报道了我们的队伍和演出，将近30万游客观看或参与了我们的演出和互动游戏，如果说每一个人都用手机拍了一张关于中国游戏的照片，我们的节目就有了30多万张照片的宣传机会。艺术节还设有主宾国图片展、论坛、旅游推介会等，是一个非常成熟的交流平台。

“一带一路”倡议的落地，可以通过参加各种艺术节，让普通中国代表团深入不同国家和地区进行民间文化交流、面对面民间交流，更大程度地拉近中国与各国民众的心。艺术节期间我们得到了当地华侨的鼎力支持和帮助，他们常年生

活在国外，既了解祖国的文化，也了解当地的需求，了解当地的民俗、经济以及交流方式。海外华人华侨是“一带一路”的主力军，我们要保护海外华人华侨的积极性，运用好他们手中的资源，帮助国内企业“走出去”。

五、让文化遗产活在当下且惠及后人

“一带一路”是双向的，“走出去”还要“请进来”。文化的传承与推广，是一种习惯、一种生活常态，而不是一蹴而就的，也不是建一座博览城就能完成的，它需要慢慢养成，生根发芽才能可持续发展。产业发展的最高境界是有文化内涵的，但文化不能作为产业去发展，它只能培植，靠整体社会的推进培植，尤其是对很多手工艺业者而言。

2016 年的国庆节，笔者随一带一路百人论坛调研小组前往北京前门的手工坊考察参观，体会颇多。北京广安控股有限公司在对旧街区进行改造之后，精心推出了手工坊体验加展示区。大栅栏，这个声名远播的劝业场手工坊终于又跟游客见面了，旧貌换新颜。北京设计周期间，大栅栏推出“心中势”（谐音“新中式”）艺术展，传统与当代思想碰撞、民族与时尚应用相结合，带给调研小组的不仅有耳目一新、眼前一亮的重新设计修缮过的旧建筑，还有如何将当今传统手工艺和传统生活方式融入当代社会、如何让文物活在当下、如何让民族元素为现代设计所利用的新启示。

随着人类文明与高科技的发展，很多手工艺术被工业化低成本大批量生产取代，逐渐衰退甚至消亡，当它们彻底消失在我们的生活中时，将会是无法挽回的巨大损失。我们需要应对工业化技术时代的手工技艺面临的困境，保护手工技艺，保护人类历史文化的活力，保护我们赖以生存发展的文明的根基。特别是保护、推广手工技艺，让更多的手工艺人能在有尊严地生活的基础上，从事手工技艺传承、发展工作，让手工艺术成为文化创新的源泉。 在保护传统手工艺的同时，必须与时俱进，设计、理念、制作、审美以及时尚美学都必须符合当代社会的需求，让遗产活在当下，让更多的传统技艺为今天的消费者服务，让更多的青年人参与到这种创意工作中来，让传统文化在当今社会产生新的价值、散发新的风采与光芒。

从2013年起，笔者开始在贵州策划“贵州国际民间艺术博览会”，就是希望在原有的“多彩贵州两赛一会”的基础上加以提升，让贵州多民族手工技艺与世界手工技艺得以交会与碰撞，让传统与时尚相融合。2016年9月28日，我们再度邀请德国、日本、以色列、美国、泰国的当代设计师以及53个国家的手工艺大师和参展商，在贵州贵安新区展示、出售他们设计制作的手工艺作品与产品。同时我们还邀请了一支来自墨西哥和保加利亚的民俗歌舞团队游街表演，与游客互动。四天时间，游客达20多万，可见人们对传统手工艺的热望与好奇。

六、结语

珍惜并利用人类的文化遗产，让它成为当代生活、当代城市的一部分，甚至是当代旅游经济的一个重要部分。遗产与生活息息相关，遗产与生活形态紧密相连，遗产与时代发展密不可分。面对传统的时候，我们也许会缺少勇气和魄力，有时候会患得患失，有时候会故步自封。我们需要用自己的智慧，面对人类祖先的智慧，用新的方式，去解读、利用、传承、发展文化遗产。

“一带一路”是我们的时代精神和力量，我们应该勇敢地面对所有的苦难与风险，迎着朝阳前行。因为我们都在参与一段新的、伟大的历史的撰写，而我们留给子孙后代的也将是伟大的文化遗产。

民心相通："一带一路"对公共外交的新要求 *

柯银斌　于　凡　李　霞

"一带一路"是一项造福世界各国人民的伟大事业。符合国际社会的根本利益，彰显人类社会共同理想和美好追求，是国际合作以及全球治理新模式的积极探索，将为世界和平发展增添新的正能量。公共外交作为中国与世界各国民众之间的外交活动，在未来几十年的时间内，主要的目标就是服务于"一带一路"建设。

在"一带一路"建设的合作重点"五通"中，民心相通不仅是"五通"之一，而且还是其他"四通"的社会和民意基础。因此，从内容逻辑来看，民心相通就是中国公共外交的主要发展方向或子目标。通过开展公共外交活动，中国与沿线国家逐渐推进民心相通；在民心相通的基础上，其他"四通"建设不断推进，进而实现"一带一路"愿景。

为实现民心相通的目标，我们首先要了解民心相通对公共外交提出的新要求；再分析中国公共外交的进展和现状，评估其与新要求之间的差距并分析原因；最后，以缩小差距为目标，制订并实施公共外交行动方案，不断评估调整，进而实现民心相通。

一、中国公共外交现状与"一带一路"新要求的差距

中国公共外交的现状水平与"一带一路"提出的新要求，在目标、主体、受众、内容、方式及评估等方面存在较大的差距。

【作者简介】柯银斌，察哈尔学会创会秘书长、高级研究员，清华大学技术创新研究中心研究员，一带一路百人论坛专家委员会委员。兼任中国国际交流协会理事、《智库理论与实践》编委。出版著作10部，发表论文100余篇。主要研究领域包括跨国公司与国际关系、"一带一路"与共同现代化、智库战略与运营。

于凡，外交学院外交学专业2016级硕士研究生。

李霞，察哈尔学会国际合作主管。

* 本文是欧美同学会委托并资助的"'一带一路'公共外交的主要方向和着力点研究"课题部分成果。

表 1　中国公共外交现状与“一带一路”新要求的差距

	中国公共外交现状	“一带一路”新要求
目标	树立国家形象	推进民心相通
主体	政府为主	城市 / 智库 / 民间组织为主
受众	发达国家特定群体	沿线国家智库 / 普通民众
内容	中国文化符号 / 中国国情政策	“一带一路”倡议及其进展
方式	单一 / 单向	多元 / 双向
评估	较少进行	不断进行

（一）目标：“树立国家形象”与“推进民心相通”

在“一带一路”倡议提出之前，中国“开展公共外交的目的是提升本国形象，改善外国公众对本国的态度，进而影响外国政府对本国的政策”①。树立和提升国家形象更多地关注单方向的形象塑造，关注于我国在他国人民心目中的形象。从某种意义上来讲，这种公共外交还没有完全摆脱对外宣传思维，是对外宣传的延伸和拓展。

“一带一路”为公共外交提出了明确的目标，即促进我国和沿线国家民心相通。在“五通”之中，民心相通是“一带一路”社会建设的根基，它不仅是其他“四通”的基础，而且还是其他“四通”的保障。一方面，任何政策对接、基础设施、金融合作和国际贸易都要以互信为基础；另一方面，互信的建立可以减少合作的风险和成本，促进合作顺利进行。

民心相通更加注意双方的理解，这就需要更加注重平等的交流与互动 。民心相通之道，不只是加强相互了解，更在于创造共同历史记忆、共同身份、共同的辉煌。②

（二）主体：“政府为主”与“城市 / 智库 / 民间组织为主”

虽然有学者认为中国“公共外交的行为主体包括政府、民间组织、社会团体、

① 赵启正《公共外交与跨文化交流》，中国人民大学出版社，2011 年，第 4 页。

② 王义桅《“一带一路”建设的民心相通之道》，http://opinion.people.com.cn/n1/2016/0805/c1003-28613917.html，2016 年 8 月 20 日。

社会精英和广大公众等多个层面”[①]，但在实际工作中，中国公共外交的政府主导性非常明显。

“一带一路”官方文件虽然没有直接提及“公共外交”一词，但推进“一带一路”建设工作领导小组办公室负责人在答记者问时，明确提出“加强公共外交。加强沿线国家之间政治团体的友好往来。开展城市外交，欢迎沿线国家重要城市之间互结友好城市。支持沿线国家智库之间开展联合研究、合作举办论坛等。加强民间组织交流合作，重点面向基层民众，广泛开展各类公益慈善活动，促进沿线贫困地区生产生活条件改善”[②]。也就是说，除政治团体外，城市、智库、民间组织是“一带一路”公共外交的主要行为主体。

（三）受众：“发达国家特定群体”与“沿线国家智库 / 普通民众”

欧美发达国家一直是中国公共外交的工作重点。由于中国在现代化进程中的后来者角色，改革开放以来，我们一直在学习发达国家的技术和经验。因此，我们对发达国家的了解、研究较多，投入的公共外交资源也多，研究发达国家的公共外交成果也多。

“一带一路”公共外交的目标是实现民心相通，其主要受众群体自然就是沿线国家的智库和民众。但是，我们对“一带一路”沿线国家，特别是其中的发展中国家缺乏了解，对其民众的风俗、宗教信仰、生活方式缺乏了解，也缺乏相应的公共外交基础工作。也就是说，我们并不了解受众的“民心”，如何开展公共外交实现相通呢？这是“一带一路”公共外交面临的重大挑战。

（四）内容：“中国文化符号‘中国国情政策’”与“‘一带一路’倡议及其进展”

我们之前的公共外交工作，一直将很多精力放在一些具有中国特色的文化符号的传播上，比如武术、中医、京剧、杂技等，总体来讲，更加注重形式。对于接受国民众来讲，表演性质更强，与他们的实际生活相关性不大。政府主导的公

① 赵启正《公共外交与跨文化交流》，中国人民大学出版社，2011 年，第 4 页。

②《以“五通”打造利益共同体责任共同体命运共同体》，http://news.xinhuanet.com/2015-03/29/c_1114795525.htm，2016 年 8 月 20 日。

共外交主要内容集中在中国政策和国情上。

“一带一路”公共外交的主要内容应集中在“一带一路”倡议及其进展上，我们应更多关注沿线各国普通民众对于“一带一路”倡议的看法，更加关心每一个建设项目对他们的影响。我们要向沿线国家民众说明“一带一路”的目标是建立一个开放共享的机制，这一机制有利于沿线各国的共同发展，也有利于各国民众生活水平的提高。

（五）方式：“单一 / 单向”与“多元 / 双向”

推进公共外交的方式直接与主体相关。政府一直是我国公共外交的主力军，因此，政府的对外宣传是我国公共外交的主要形式。即使民间组织参与公共外交活动，也大多是政府主导或仿效政府行为。公共外交方式的单一性和单向性特征明显。

“一带一路”公共外交要求更加注重交流的多元性和双向性，不宜过多采用传统外宣工作“一个声音”“我说你听”的方式，因为“一个声音”并不真实，“只说不听”无法实现“民心相通”。一方面，我们要向“一带一路”沿线国家解释说明“一带一路”的意图，增信释疑；另一方面，我们也要聆听他们对于“一带一路”的疑虑和担忧，并及时调整政策。特别是“一带一路”沿线国家与我国的文化差距较大，相互之间缺乏了解，这就需要我们付出更多的心思和努力，尤其要在交流中注意倾听。

由受众多元性所决定，为了实现民心相通，我们要有更加多元化的渠道，包括但不限于开展文化交流、学术往来、人才交流合作、媒体合作、青年和妇女交往、志愿者服务，以及留学生交流、旅游合作、科技合作、卫生合作、社会保障交流、政党交流、民间组织交流等方面。当然，针对不同主体和受众，我们还应选择好着力点。就“一带一路”共性而言，城市外交、智库交流合作和民间组织往来是主要着力点。

（六）评估：“较少进行”与“不断进行”

多年以来，中国公共外交方面投入了大量的人力、物力、财力，但是公共外交的效果如何？我们这些资源投入的方向是否正确？我们的工作方式还需要做怎样的调整？由于没有系统的评估工作，这些问题我们都无法准确回答。可以说，效果评估一直是我国公共外交工作的难点和盲点。

“一带一路”公共外交要推进民心相通建设，这是基础性和长期性的工作。客观上需要所有行为主体和参与者切实做好公共外交效果的评估工作，以活动 / 项目评估为基础，做到评估制度化。具体评估工作可采取自我评估、受众评估、第三方评估等多种方式。贵在不断评估，找出差距并不断改进。

二、意识与能力：存在差距的原因分析

“一带一路”建设正在大力推进中，与其他“四通”相比，民心相通的进展偏慢。其原因在于“一带一路”公共外交工作仍然是惯性驱动，没有从民心相通的目标要求来改进。这深层原因就是各行为主体的“一带一路”公共外交意识和能力均存在差距。

（一）民心相通进展缓慢

从实践角度来讲，与其他“四通”相比，民心相通的进展偏慢。中国对西方世界的了解大大超过了对世界其他地方的了解，甚至在一定程度上把西方国家误以为是整个世界，对亚非拉等广大发展中国家和“一带一路”沿线国家的历史、社会、文化、宗教等基本情况都所知甚少。当前，随着“一带一路”建设的展开，很多地方政府表现出了很高的积极性，然而，很多地方把重点锁定在基础设施建设项目、跨国贸易和资金流通一级以及相关政策沟通上，民心相通相对滞后，推进速度要明显弱于其他“四通”。[①]

北京大学海洋研究院发布的“一带一路”沿线国家“五通”指数研究报告显示，中国与“一带一路”沿线国家在“旅游活动”“科教交流”和“民间往来”这三个涉及民心相通的大指标上表现平平。总体的民心相通指数还不足以达到推动“一带一路”建设、促进其他“四通”的程度。从具体的地区分布来讲，我国与中亚

① 赵可金《民心相通进展慢，“一带一路”瓶颈不是资金，是人才》，http://www.china.com.cn/opinion/think/2015-04/30/content_35458945.htm，2016 年 8 月 20 日。

及蒙古、中东欧、南亚及东南亚等地的民心相通指数表现一般，与西亚、北非的民心相通指数则更低。[①]

（二）公共外交行为主体的意识和能力存在不足

民心相通进展缓慢的原因在于中国公共外交行为主体的意识不足和能力不足两个方面。

公共外交意识不足是指对外交往的行为者没有意识到本身的个别言行将被外国民众视为其母国人的普遍言行，没有意识到自身的形象是母国形象不可分割的组成部分。这在某些中国“走出去”的企业、出国旅游的中国人身上表现较为明显。

“一带一路”公共外交的意识不足是指即使拥有上述公共外交一般意识，但仍然缺乏对“一带一路”民心相通新要求的理解，继续依赖之前公共外交的行为惯性开展工作。

总体上来讲，“一带一路”公共外交还处于初级阶段。一些中国企业没有意识到公共外交对保障自身投资和项目安全的重要性，没有自主开展公共外交工作的积极性。我国企业在沿线国家单独开展公共外交往往事倍功半，主要表现在：企业对公共外交理念的认知和实践水平相对落后；企业针对海外项目社会责任履行方面的信息披露较少；企业在履行社会责任等公共外交方面的投入不足；企业开展公共外交仍属单打独斗；企业开展公共外交的水平参差不齐。[②]

一些企业和政府部门依然停留于“只要搞定当地政府就行”的陈旧思想层面。实际上，项目当地的社区、各方的媒体以及各种民间组织都应该是我们公共外交工作的对象，但是依然有些企业和政府部门的观念没有及时更新。

公共外交能力不足是指行为主体的资源和能力水平与“一带一路”公共外交所要求的资源和能力水平存在较大差距，这种差距将影响到民心相通的推进。

中国政府的公共外交活动不能深入沿线国家的基层，主要在中央政府层面。我国政府本身的人力、资源有限，很多工作难以做得细致，更多的时候在处理应急问题，疲于奔命。据悉，美国在约旦的大使馆有工作人员1000余人，而我国驻

① 林永亮《民心相通指数报告》，《2015中国经济年鉴（一带一路卷）》，第114—129页。

② 许永权、王勋《关于“一带一路”建设中中国企业“走出去”与开展公共外交的思考》，《公共外交季刊》2014年冬季号第7期，第37页。

美国大使馆也只有200余人。在人手如此短缺的情况下，我国政府不可能有精力将工作做实、做细，深入民间。而且，这种情况由于受我国政府外交预算、人员编制等一系列政策的影响，短时间之内难以解决。

从我国企业的能力来说，改革开放才不过三十余年，中国企业大规模“走出去”也是近十多年的事情。不得不说，我国企业还是全球市场的后来者。我国企业缺乏必需的收集信息和规避风险的能力，也缺乏足够的资源来应对挑战。如果说在缅甸密松水电站项目等一系列的挫折之后，我国“走出去”的很多企业已经有了公共外交意识的话，现在它们还没有总结出一套成功的、成体系的、可以复制的企业公共外交模式。

从民间组织方面来看，许多社会团体，如共青团、妇联、全国总工会等，政府性质过强，面临的困境和政府部门一样，也受到相关体制机制的限制，无法发挥民间组织本来应该有的灵活快速的特点，也无法与对象国的基层和普通百姓打交道，因此它们推进公共外交的效果也并不理想。当然，随着中国社会的不断发展和进步，草根民间组织也开始出现，这些组织有着推动公共外交事业的愿望。但不可否认的是，这些组织的能力和资金支持与传统的政府管理的社会团体相比有很大的差距。由于推动“一带一路”沿线国家公共外交的发展，需要长期扎根于某个国家，这就需要民间组织与这个国家长期交往，甚至派出人员常驻该国。因此，能力和财力的不足就极大地限制了其公共外交作用的发挥。

公共外交主要是通过交流来实现的，除了人们之间面对面的交流，通过媒体之间的交流也十分重要。因此，可以说媒体是我们推进“一带一路”公共外交工作的重要抓手。但是，无论是我国还是“一带一路”沿线国，都不是媒体话语权的强势国家，媒体能力不足也是重要的制约因素。一方面，国内媒体在宣传介绍我们的政策时，声音难以被对象国所听到，因而发生了一系列的误解；另一方面，我们对“一带一路”沿线国家的媒体的关注也不够，无法很好地确知当地的舆论导向，无法为我国的公共外交提供前瞻性的工作指导。很多时候，我们和“一带一路”沿线国家的民众是通过西方媒体中所描绘的对方形象来认知对方的。西方和我国、西方和“一带一路”沿线国家之间，都有着文化差异，即使是最力图保持客观中立的媒体，其笔下的双方形象也是被西方视角过滤过的、被西方的认知所“建构”和“想象”的形象。更不必说西方媒体中还有一些从业人员本身就对我国和“一带一路”沿线国家有着很深的偏见，无法中立地撰写报道。这些都为我们的“一带一路”公共外交工作制造了各种障碍。

从中国自身来看，当前“一带一路”政策传播面临的主要问题有：传播内容略显空泛，国外对此已有些“审美疲劳”；出现核心、权威信息源不清的现象，国外机构搞不清楚为了获取最准确的信息，到底该找中国政府的哪家机构；有时表现出一种“以中国为中心、向他国施加恩惠”的心态；缺乏有效的对内政策传播，长期以来，中国政府投入大量资金用于外宣，即向国外受众宣传中国的政策，却忽视了全面、准确、及时地针对国内民众做好政策宣介。[①]

三、意识和能力不足的具体体现

第一，政府与社会的关系不够明确。由于政府机构和民间组织的性质和特点不同，在推进“一带一路”公共外交工作过程中针对的对象也应不同，这样才能分别发挥最大的功效。因此，政府不能对所有公共外交工作大包大揽，而应该充分调动民间的积极性，让民间力量具体负责公共外交工作的执行，而政府则给予相应的支持。

第二，过分宣传中国符号，而不是中国精神。公共外交的目标之一是让别人接受和喜欢你这个国家，“一带一路”公共外交更是提出了“民心相通”的具体要求。民心之所以可以相通，是因为双方对于某种理念产生共鸣，而不是停留于表面的文化符号。因此，对外说明和展示的中国应该有统一的中国精神。但是我们的公共外交实践习惯于传播中国功夫、汉字、中医等一系列文化符号，一些文化符号和文化现象则是为了体现这一种精神服务，一直执着于宣传某种符号，就是本末倒置。之所以总在传播中国符号，一方面在于我们对于何为中国精神缺乏细致的梳理，另一方面也在于我们对于所熟悉的宣传方式形成了某种“路径依赖”。这既表现出我国“一带一路”公共外交的意识不足，也表现出能力不足。

第三，对外塑造的中国形象定位不准。中国形象要与其他国家的文化有所相同，又要有所不同。人的认知能力都是有限的，当他们遇到与自身实践有着很大

① 赵明昊《“一带一路”的政策传播：问题与应对》，《对外传播》2016年第4期，第23—24页。

区别的东西时，往往会认为“他和我们不一样”，因而觉得神秘而陌生，常常失去理解的动力和兴趣。我们和“一带一路”沿线国家的文化本身就有着很大的差异，要让他们了解中国、了解中国文化，总是一味地强调中国文化的特殊性，恐怕不是好的方法。因此，在与这些国家初次接触时，应该强调我们与这些国家的一些共性，让对方感到熟悉、亲切，让他们能够对中国感兴趣。

当然，一味求同也不是解决之道，它只能在文化鸿沟之间架起桥梁，但回答不了我们为什么要建设“一带一路”的问题。要回答这一问题，一定需要中国的精神可以帮助其他国家解决他们的问题。例如明朝年间来到中国的耶稣会士，如果他们只是在中国用儒家的方式解读基督教义，可能历史不会记住他们。他们为中国带来了先进的历法、水利等科学知识，在某种程度上推动了中国的进步，所以才会被中国历史所铭记。同样，我们对“一带一路”沿线国家进行公共外交工作，一定是要用我们的精神、我们的思想去帮助他们，只有这样，才能真正实现共同发展。

第四，推进“一带一路”公共外交工作操之过急。我们推进“一带一路”公共外交的过程当中，习惯于向沿线国家“介绍中国”。可以想象，当一个与你完全不熟悉的人总是不停地向你介绍他是谁、他经历过什么，你会觉得反感，因为你并不在乎这个人是谁。我们就像一个国际社会的后来者，希望得到别人的认可，于是总是在急切地向别人介绍自己，但是效果未必很好，这样的行为并不会让别人更容易接受我们。相反，我们更应该努力地去帮助他人。只有我们的想法、我们的实践真正帮助了别人，别人才会开始有兴趣去了解我们，去探寻我们怎么想的、我们为什么这么想，这样的公共外交工作才是有效的。

“一带一路”公共外交工作的要求是要做到“民心相通”，这就说明它将是更加系统性和长期性的工作，需要我们做好持久性工作的准备，要有相关的意识和能力。

第五，不讲自身存在的问题。中国在发展过程中依然存在着很多问题。解决好自身的发展问题是推进“一带一路”公共外交的根本。在全球化的时代，内政与外交之间的界限已经越来越模糊。对于中国这样的大国来说，每一个内政事件都会引起外界的注意，都会引发各种猜想，从而产生外交影响。我国和“一带一路”沿线很多国家都是发展中国家，所面临的很多问题都具有相似性，所以他们一定会对中国发生的各种问题及其解决之道十分感兴趣。

我们在推进“一带一路”公共外交工作时，要坦然面对我们存在的问题，传达我们解决问题的决心。坦诚的态度才会让沿线国家对中国产生亲近感。相反，如果我们习惯性地否认我们存在的问题，也就很难让其他国家对中国产生亲近感，便无法做到“民心相通”。

皇家驿栈：打造“一带一路”建设的文化精品

刘少军

如果用登福布斯全球酒店榜、上榜时代周刊、几乎所有西方主流媒体竞相报道来评价皇家驿栈的话，那么皇家驿栈无疑是成功的范例。

如果从接待两名国家元首、五十五国驻华大使、近百名世界500强企业CEO，住客遍布全球145个国家和地区，全年出租率保持85%+的层面上来评价皇家驿栈，或许更有说服力。

笔者一直认为丝绸之路成功的原因，是我们建设了伟大的城市——长安，我们造就了一个伟大的时代——盛唐。那时优秀的文化、精致的生活方式，吸引了全世界的人，万邦来朝。今天的我们更应该建立更多的核心吸引物，让这些文化精品成为彪炳万世的地标。“一带一路”倡议的成功一定需要建设文化精品，像灯塔一样吸引着全世界追随的目光与脚步。

文化经济学的“一带一路”，就是打造经济红利与文化精品的过程。皇家驿栈要充分展示中国文化中最精髓的要素：大气和优雅，以彰显“文化是行走经济”的力量。

人类的纠结是注定的，人类的诞生也许是一场事故，把人放在了动物与神之间，两不像。想想也是：人类的堕落多数在动物属性，而高尚的人更接近神性。我们不知道如何成为神，但能够确定的是音乐、艺术、文化等可以使人更接近神，接近天道。这是笔者做文化创意酒店的初衷。

【作者简介】刘少军，北京大成有方酒店管理有限公司董事长、皇家驿栈品牌创始人，一带一路百人论坛文化委员会委员，北京第二外国语学院硕士研究生导师。

一、用外国人读得懂的方式传播中华文化

新时代中国改革发展永不止步，

在极具东方色彩的发展背景下，怀揣着对西方的好奇以及探索，

皇家驿栈探究传统文化底蕴，同时汲取着新鲜事物的养分。

作为文化创意酒店，我们想呈现对新时代中国的一种独到见解，

这也正是皇家驿栈所担负的文化使命。

酒店是传播文化、交流思想的地方，在新时代重新阐释传统的中国贵族生活方式、实现传统文化有温度的回归，正是皇家驿栈的文化定位。皇家驿栈作为北京首家精品酒店，隐身于皇城根的一角，想向世界展示专属于中国人的"皇家文化"。但是，正确传播比传播正确更重要。很多外国朋友喜欢皇家驿栈，主要是因为皇家驿栈在用目标客户能听懂的方式讲中国文化故事。

皇家驿栈在设计师选择、文化设计和服务流程上，都想方设法加入中国生活方式优秀的基因，潜移默化地让客人享受到中华文明的优雅大气和博大精深。我们相信，这些独特的入住体验一定会深深地吸引客人，并成为他们认可的文明的一部分。

大家都在谈大唐盛世，其实盛唐最可推崇的是文化自信，是意识形态的高瞻远瞩。面对多年来西方对中国经济发展的质疑，笔者总是抱乐观态度。其实道理很简单，我们的经济比起1945年时如何？我们的国际地位比起租界遍地时如何？中国最坏的时期已然过去，如今渐进式天天向上地改革和进步，不是很好吗？所以，国人当自信！

皇家驿栈的责任不仅仅局限于文化传播，培养国人的文化自信是皇家驿栈的另一份担当。文化自信从文化自觉开始。所以，用外国人可以认知和理解的方式传递中华文化是皇家驿栈的使命，也是每位中华儿女的使命。

二、追求中国精神的国际化表达

皇家是奢华，驿栈是简约。

皇家元素与现代文明相融的文化设计，现代设计语言与传统中国特色相碰撞。

精品酒店主张的是精致生活方式，引导每一位客人都成为精致生活家。所谓精致，必在水准之上，不能简陋，无论硬件软件；时髦必有反传统的星级标准，个性化设计加个性化服务；个性必体现地域文化和生活方式的独特性。皇家驿栈主张中国风，但不是纯粹的复古路线、学习古人，不是复刻古物。所谓中国特色是中国时尚特色，而不是中国古代特色。当年我们讨论酒店定位时，基本上有两类意见：一是仿古，雕梁画栋；二是西化，法国皇宫。归纳起来就是模仿。其实还有第三条路：创意。因此，新时代的精品酒店是一种与文化亲密结合、散发中国风文化气息的地标性艺术品。当精品酒店上升到一定的程度，或许也是对文化的一种保护与宣传，我们能做的就是将弱势变为优势，将属于我们的酒店中加入我们的历史文化优势、人工成本优势，从而创造属于我们的精品酒店！

皇家驿栈崇尚贵族精神。贵族，并不在于财富多寡，也不在于权位高低，而在于由内涵生发出的一种高贵精神。贵族精神代表人类文明的高端，向往高尚的意念。皇家驿栈试图以这样一种“贵族”视角传播文化酒店的理念。传播中国的贵族精神就是皇家驿栈一直想要做的。

精品酒店的选址也是一门美学功课，必择静室高斋，或在层峦之上，或处水涯之畔，无不融合当地文脉景观，山水氤氲出灵性，城市平添烟火气，使居者雪其躁气，释其竞心。如今，中国人讲求“面子”，于是县城做成五星酒店、省城要建第一高楼，大堂要宽，门脸要大，“大”即可约等于“世界第一”。殊不知：真正的中国文化是讲究藏的，是需要走进去的，比如故宫，比如四合院。门不大，打开门还有影壁。中国精英阶层的文人一直倾向于退隐山林的精神，热衷于“隐于林、隐于市”的慢悠生活。皇家驿栈选址时沉醉于“大隐隐于市”这五个字，不仅让身体安静而舒适，还能使内心安静下来。皇家驿栈生长于古城北京，北京的魅力在于胡同，而胡同的魅力在于混杂性。皇家驿栈故宫店坐落于故宫东侧东华门附近的胡同里，与皇帝的乾清宫一墙之隔，离景山也不远，但要到达酒店，必先经过几条最为普通、原始的老北京胡同，穿过几条狭窄的长巷子，水泥的马路两旁则是最典型的北京四合院。房檐低矮，门脸幽深，在巷子里穿行，甚至还能感受到日头后的岁月幽光。这里有久远的生活印记，也有最现代的东西，这里散发着一种特别的能量，属于不同时代和年代的人混杂出来的活力。在外国游客眼中，这就是中国魅力的所在。这种平静的安然和它背后代表的原汁原味的老北京胡同生活——异域而来的游客与最纯正的中国北京原生态的生活际遇。因此，皇家驿栈选择这里作为中国文化传统的汇集地：既因地制宜，体现东方文化和信仰，又可以在这里看到故宫的红砖灰墙琉璃群落，这是岁月帘幕下的百转千回，是古往今来间的静默欢喜，是手掌纹里的路，直指人心。

建筑的生命源于生活方式的传承，建筑师于建筑而言像上帝，要给她注入灵魂！文化自信可以从建筑开始。我们追求建筑与文化、与自然人文环境的和谐统一，我们追求中国精神的国际化表达。其实看故宫仅仅是皇家驿栈的一景，真正难能可贵的是：在如此紧迫的空间内建造一间舒适而不拘束的建筑。所谓中国现代建筑的中国精神其实可以站在世界的高度看。皇家驿栈屋顶酒吧坐落在北京的中心，西接紫禁城、东邻高官府，景观在京城可以毫不谦虚地标榜独此一家。这里繁华也安静，呈现出一种超然的情境。

当穿衣服不仅为了保暖，当吃饭不仅为了获取热量和果腹，这才是文化。在一个城市特定的区域建设一个酒店，其核心是这个地点的文化脉络的梳理和挖掘。只有很好地理解这一文化特质才可能找到酒店的灵魂。至于设计和运营管理都会服从和服务于这一灵魂，因此客户体验是需要引领的，而不是盲从。精品酒店需要以发展上升到至高地位为目标，凸显其文化保护的作用。我们喜欢一个城市的文化聚集地而非商业聚集区，所以皇家驿栈致力于打造所在城市和区域的文化名片，同时也在引领一种超越一般的生活方式，记录东方文明的同时，展现中华民族待客之道，将普遍为大众所喜爱的酒店（大多数为位置、设计、服务和谐统一的酒店）升级成为拥有特别位置、独特设计、高水平服务的精品酒店，让客人感受中国传统文化和西方现代设计理念的完美结合，体验每一处细节与创新，让入住客人沉浸在醇厚的历史文化中。在皇家驿栈空中御宴的餐厅里休憩片刻，远观景山、北海和故宫，美食、美酒、美器、美景一应俱全，皇家情怀片刻分享，身心愉悦非凡体验。

三、东方文化与西方设计的碰撞

皇家驿栈引领但绝不重复！

皇家驿栈一直在创新，从来不怕被模仿，

满足渴望，引领方式，提供价值，

这一直是我们的座右铭。

皇家驿栈不仅在选址上彰显独特，在设计上也追求营造特殊情境。故宫店屹立于紫禁城东面，设计前卫大胆，以中国历朝历代帝王文化为主题，入住犹如君临天下一般，感受器宇轩昂与豪情万丈。这便是我们引领但却不重复的捷径。以文化博彩，以生活方式取胜！星级酒店作为工业化的产物和西方的舶来品，集中而极致地展示了西方的生活方式；而精品酒店，在传承西方精华的基础上，理应肩负起传递中华优秀文化的使命和担当。皇家驿栈的定位也一直都立足于此，面向国际游客，设计上是精益求精，既要有中国传统元素，又要有国际化设计语言。通过色彩、线条、图案、细节物品的运用来实现传统文化与现代生活的对接，同时又沿袭设计师小组自身的无国界通用的几何形体设计图式，将二者巧妙地结合在一起。如此，来自欧洲的现代设计与源自中国的历史文脉有序结合和过渡，便有了现在这个北京的第一家设计型酒店，同时创造出无愧于后辈子孙的时尚美！可见，皇家驿栈的文化设计理念一定不仅仅为了设计而设计，概念设计同时服务于文化和价值观。我们立志于设计出不同于传统意义的酒店，皇家驿栈大堂内没有前台，只有流线型的、明黄的软座椅安静地呈放。可供客人打发时间的书籍和电脑，让人一下子从旅途的喧嚣之中进入可以安心憩息的港湾。大堂四周留白，是中国山水画的写意和西洋画浓烈色彩的调和。皇家驿栈最初的名称非常幽默：Emperor Inn，皇帝的小旅馆，不禁将人带入皇帝微服私访的古老年代，后来经过斟酌和推敲，改名为“皇家驿栈”，以匹配酒店的设计感和客户需求。当东方碰撞西方，传统邂逅现代，在矛盾和交流之中，才能凸显出自己的风格：舒适、自然、贯穿着中国文化和现代便利生活的特色。

皇家驿栈酒店将中国传统文化和西方现代设计理念完美融合。设计师以GRAFT小组的设计图式——经圆弧处理后的菱形几何体作为空间的主要符号，既是各实用功能区、家具的组合符号，也是空间的装饰符号。从走廊开始，流线型的、流动的、科幻的色彩和造型贯穿了整个酒店，迎面是几组菱形沙发组合起来的休息区；步入客房，床、桌台、沙发一体式的处理有着一气呵成的流畅。同时，设计师从故宫提取了颜色：餐厅和客房的一层部分都是明黄色，二楼是沉静的绿色，三楼则是略偏深的蓝色。酒店的各层都是以金、绿、蓝、灰为主题色——这些原本出自紫禁城的“帝王色”，在设计师看来，很有生命力，具有表现力，是中国文化的一部分。作为一家设计酒店，皇家驿栈在走廊的处理上别出心裁。传统的酒店走廊让每个人从这里走过时都行色匆匆，直奔房间而去。皇家驿栈每条走廊仿佛能有自己的生命，客人走过时，步子会放慢，希望在这里休闲和交流。由于设计师的这一理念，酒店的走廊被设计成了功能区，可以使人停留，坐在连绵起伏的沙发上欣赏对面墙上的LCD屏中播放的老北京的画面，聆听美妙宜人的音乐，或是和旁边的“邻居”轻松交谈。来自德国的设计师在自己的设计之中非常注重中国的元素，并把这些元素巧妙地糅合到设计之中。从最初的被中国古建筑所震撼，到从中汲取折中的颜色和风格，融入自己的理解和特色。从酒店的55间客房中都可以看到一个蜿蜒曲折的线描带子，仔细看线条高低曲折，如素描的屋顶，原来这是简化后的重檐叠宇，中国传统的古典宫廷建筑便以这样的符号形式与每个入住酒店的客人相伴。酒店客房及其各场所的独特命名都富于特有的设计理念。其中，客房独特于“漂浮”的内部结构，皇家城墙时隐时现的设计线条，将所有家具相连其中，好像墙流入床、沙发延至书桌。这样的设计能激发人们的无限遐想，能为商务会议客户提供富于创意的灵感空间，这正是酒店特有的设计理念，也曾吸引了一些世界500强企业的思想碰撞会议的落地。

总有人问什么是高端服务？其实，服务好只是基础，微笑、跪式等都只是形式，关键是什么样的优质服务更深入人心。当然，这其中“人”的作用位列第一。只有每一位服务人员的学识、气质都不亚于客人，那他提供的服务才可能高端。当人们厌倦了千篇一律的星级标准时，我们提供了一种新的选择：精品酒店。精品酒店的服务是有形且无形的服务、有文化的服务、有层次的服务。

在皇家驿栈走廊里会看到客人拿着房卡饶有兴趣地研究酒店的房门。这里55间客房均以中国古代帝王的名字命名，房门用帝王画像代替了传统的房号，客人要根据房卡上的名字拼音和画像寻找自己的房间。对于一位不懂又心仪于中国文化的外国游人来说，如何选择房间，想来是个难题。因为每个房间都没有门牌号，给它们命名的是中国各朝各代皇帝的徽号，如唐太宗、元太祖、清太宗等。他们都是中国历史上具有传奇色彩的帝王，背后都有相关的各样功绩和传说。客人可以每天换一个房间，以感受不同的中国历史和传说。客人们都很喜欢这个妙趣横生的游戏，尤其是外国友人，他们想更多地了解中国帝王。为此，酒店特意准备了《皇帝传说》小册子，介绍这55位帝王的奇闻轶事。当客人离开时，酒店还给客人赠送纪念品，一枚有着房间皇帝名字的印章。这既是经营的手段，也是意趣，更是传播中国文化的一种手法。

如果你的房卡上用线条抽象地绘出秦始皇的画像，那么便要开始一段寻找秦始皇的游戏了。手持这张房卡，拾阶而上，通过刷卡进入三层。最终，你会发现它偏安楼层最西处。这是酒店内最大的房间，有足够的空间可以容纳秦始皇的思想。主卧、起居、洗手间和步入式衣橱以通透的玻璃隔断，空间的呼应感油然而生。玻璃上有悠扬的屋檐线条，默契地呼应着窗外的故宫。无论是墙上的图案，还是淋浴和喷头的设计，都用颜色、形状和线条做了不同的装饰。夕阳西下，阳光洒满整个屋子，洒在静静置放在案头的秦始皇印章上。“每个人都是尊贵的，独一无二的，如果你愿意，就能在生命中最特殊的北京之旅中成为中国皇帝。”

此外，专注细节、完善细节也是皇家驿栈精品酒店的特色之一。皇家驿栈会为客人安排贴身管家，同时也是客人的中国文化顾问。客人一进入大堂，贴身管家便立刻为客人递上一杯中国茶，并告诉客人中国“奉茶迎客”的习俗。此外，皇家驿栈还考虑到游客思乡心切的情绪，故在入住房间之后，管家同样会按照中国的习惯，提醒客人可以先给家人报平安，提供给客人3分钟的免费国际长途通话时间。皇家驿栈正是随处将中国文化的待客之道融入现代服务，传播给往来的各国客人。无论来自哪个国家，无论个性如何独立，中国式的善意向客人诠释了亲情和血脉的意义。

中国式酒店需要的不只是中国文化的外壳，更需要中国文化理念的表达。皇家驿栈就是东方文化与西方设计碰撞的作品，是在用国际化的语言来解释中国文化，尤其是让广大外国客人能够轻松地理解中国文化。皇家驿栈的外部设计与周围古朴的文化环境柔和地融为一体，形成自己的风格、自己的经典。

四、食不简单：咀嚼美食，即咀嚼美好

他们或坐拥绝佳风景，或拥有绝色烹饪技艺，

读饮食文化，品味历史风韵，

皇家驿栈——伴君咀嚼中国饮食的美好和意义。

民以食为天，无酒不成席。前一句讲“果腹”，后一句是“饮食文化”。饮食确实是中国人生活中的重要内容。在中国漫长的封建社会历程中，完备的农耕文明为饮食的发展提供了物质基础，当然，在饮食中也能看出中国人对社会和人生的态度，体现出中国文化的某些特性。传统文化中的许多特征都在饮食文化中有所反映，如“天人合一”说、“阴阳五行”说、“中和为美”说以及重“道”轻“器”、注重领悟、忽视实证、不确定性等等都渗透在饮食心态、进食习俗、烹饪原则之中。即便一个异国人士，整日与中国人一起进食，日久也会对中国文化有些感悟。

步入皇家驿栈“食”餐厅时，恍惚中，如同走进北京八百余年建都史——这里既拥有皇城北京散落一地的五百年风霜，也有时尚北京东方和西方、前卫和活力的交集魅惑。这里的美味，更是创意与精致味道的结合，厨师用中式素材配以时尚设计创意出品，奉献目不暇接的味觉盛宴。诸如“紫禁玉带虾球”“毒药”等美味，听其名就让人振奋不已。用料考究的创意宫廷菜以及独一无二的环境，使每一个人对北京的皇城气质与时尚魅力了然于心。厨师长郝文杰先生是北京著名的新锐创意少壮派厨师，爱好绘画，注重整体构图和细节布局，以小见大，每道菜都自成一体、一气呵成，有“盆景美馔”的美誉。其中，最令人拍案叫绝之处，不是把高贵的食材做出高贵的味道，而是把简单的食材做成无上的美味。精致烹调、写意摆盘、食材配搭、季节遵循，营养均衡，艺术追求，以及所在酒店的性格和所在城市的人文精神。这一系列事物在融会贯通后，被提升到一个全新的高度，一道又一道 Fusion 创意美食在东西混搭中交融，在器皿中娉婷舞动，在味蕾间从容绽放，和“皇家驿栈”的总体设计理念一样：简单、洗练、绵延。

美食是艺术的时尚，说说“士人菜”。大家知道象棋里的“士”，“士”在中华文化中拥有特殊地位，所谓“士志于道”。于是内心清明，与社会自觉担当的一类人就叫“士人”。俗民以食为天，士人也一样。东坡肉就是士人菜。而清朝大学士袁枚更是将“士人美食”总结为书，叫作《随园食单》。士人菜的精髓：简单，清新，随意，自然。这正与皇家驿栈设计理念不谋而合。

皇家驿栈的美食之旅，可以从一杯回味悠长的“帝王梦”开始。这是一款“食”餐厅独创的鸡尾酒，酒品色彩简洁高雅、晶莹剔透，明黄色的皇室氤氲中，飘荡着一颗鲜艳热烈的红唇（樱桃），低调间波涛汹涌。“帝王梦”采用中国最古老的酒品——黄酒作为基酒，口感轻滑圆润，淡淡的酸度和微妙的香气交织融合，收尾的点点甜意过后，这座城市积淀千年的帝王梦境，昔日的辉煌与繁华，如同真实流畅的画卷，在我们面前徐徐展开。

主打汤品——“毒药”：源自野史。松锦战役失败被俘后，明朝大将洪承畴被关押在沈阳故宫的三关庙内，皇太极多次派人劝降，洪承畴不予理睬，甚至绝食求死。后来降清的汉官范文程前去劝降，他发现洪承畴几次将落在衣服上的灰尘掸去，于是告诉皇太极，说洪承畴“必不死”。美女劝降的计划开始展开。在夜深人静之时，洪承畴卧在床上，这时一个楚楚动人的少妇走到面前，轻声软语地叫声“大人”，然后表示了对洪承畴视死如归气节的仰慕，洪承畴立刻感觉到被人关心的温暖。美女见机送上一紫砂壶，言说壶中是毒药，愿成全洪承畴效忠大明的名节，多日未进食的洪承畴喝下后不仅没死，还精神了许多，正诧异时，美女言道：为明朝尽忠的洪承畴已经死了，现在是为清朝效力的洪大人了。洪承畴本不想死，有了如此台阶，遂决定投降。这个机智美丽的妇人就是皇太极的爱妃庄妃。留下的“毒药”美汤，现在可以在皇家驿栈品味。

香妃小羊排：一段香妃与乾隆皇帝的爱情故事。香妃是乾隆皇帝的宠妃，其祖籍在现在的新疆喀什地区。传说香妃不仅美貌，善舞蹈，而且不施粉黛却自生异香，如在旷野，便能引来蝴蝶追逐。香妃经常用家乡的烹饪方法制作美食与乾隆皇帝，这道香妃小羊排就是取材乾隆与香妃的爱情故事的西域美食。

以上只是皇家驿栈美食的冰山一角，来自皇帝的故事串起了美味佳肴的“食”餐厅。由此可见，皇家驿栈餐厅的每道菜品都很精致，从餐具到摆盘到菜名到做法都是独创，精雕细琢；而且，我们一直在尝试中餐分餐，多数菜品可选择位份出品，有效避免了铺张浪费。其实，我们祖先时期就已经开始分餐，现在的高端餐饮也是按“位”上菜。我们或许会发现：在食文化深厚传承的国度，在温饱解决之后的国度，食物或者不仅仅是食物，而是一种随处可见的“文化”。就连饮食都要做到很艺术、很享受——这就是皇家驿栈一直尊崇的准则：诚心传承中华文化，时刻挖掘当地文化；坚持原创设计，争做世界唯一！

皇家驿栈从故宫起步，先后在北京的前门、鼓楼，贵州的荔波，西江的苗寨，苏州的木渎，海南的海口保亭留下了足迹。我们努力在中华大地打造更多的文化地标，让世界人民在这里享受精致的生活方式，并把中华文化带回故土，让中华文化传遍世界。

皇家驿栈未来希望打造一个中国精品酒店联盟，就像国际上的 SLH，做统一的市场、统一的营销。我们计划在瑞士、德国、美国等开设海外门店，将目标定于为中国人提供酒店服务。2015 年中国的出境人数达到 1.1 亿人次，集中在欧洲和美国。与外国的酒店相比，皇家驿栈更了解中国人的习惯，能够更好地为国人服务，用中式语言给国人讲述西方的故事。

皇家驿栈受到欢迎，说明中国以文化为核心的“轻资产”项目的后发优势，核心竞争力是品牌、服务、坚守与创新。在“一带一路”建设中，必须要注重差异化的个性消费需求和消费体验，才能成为文化经济学的精品。

“一带一路”的中医药国际化：澳大利亚的实践

薛长利

“一带一路”是澳大利亚产业开拓进取、进入新市场的绝佳机遇。“一带一路”在中澳双方合理统筹协调下，秉承包容和互利的宗旨，必将给澳大利亚产业和中国产业带来更多经贸合作机会。“一带一路”为中澳两国经贸发展描绘了美好的蓝图，能进一步增强双方互惠互利的合作伙伴关系。中澳在多个产业有很强的互补性，具有长期发展的潜力。中澳“一带一路”产业合作促进会于 2016 年 5 月 27 日在墨尔本市政厅举行盛大发布会，同时在澳大利亚和中国两地首发《澳中“一带一路”产业合作蓝皮书》。澳大利亚、中国和其他“一带一路”沿线国家双边贸易投资时逢重大战略机遇期，增长潜力巨大。

中医药作为一项具有品牌价值的项目，在澳大利亚得到很好的发展。澳大利亚的中医药发展在西方国家中处于领先的位置， 1996 年就开始在国家公立大学开办中医药的课程。澳大利亚还是第一个对中医药进行立法和注册的西方国家。在“一带一路”建设中，中澳双方在中医孔子学院模式拓展、中医药国际化研究、标准认证、全国中医立法以及中医师注册等领域开展广泛合作，助力中医药更好地立足西方世界和国际社会。

一、皇家墨尔本理工大学（RMIT）中医系 / 中医孔子学院

1987 年，笔者从广州中医药大学毕业，留校任教。笔者发现，国内中医院校的教学方法更多是依赖临床经验，中医的教学与研究方法还存在诸多不足，需要

【作者简介】薛长利，澳大利亚皇家墨尔本理工大学健康与生物医学学院执行院长，澳大利亚国家中医管理局局长，世界卫生组织总部传统医学顾问委员会委员，世界卫生组织传统医学合作中心主任，中澳中医药国际研究中心联合主任，皇家墨尔本理工大学中医孔子学院院长。

通过更多的科学证据的评价。同时，通过更多的学习，笔者渐渐了解到中医领域的提升价值和国际发展的重要性。于是开始寻求进一步深造的机会。

1993年，笔者来到澳大利亚。首先攻读了澳大利亚皇家墨尔本理工大学的中医药的研究课程，从硕士读到博士。然后从讲师做起，致力于中医药临床实践、技术与文化推广，为宣导中国传统文化和东方思维不断努力着。如今，澳大利亚皇家墨尔本理工大学健康与生物医学学院包括中医学、脊椎正骨学、指压疗法、护理学、心理学、运动科学、配药学、实验室医学、生理解剖学、药物应用科学、放射医学科学等11个系。

20世纪90年代以来，来自中国内地、受过正规中医药高等教育的新移民日益增多，促进了中医药教学、科研、医疗在澳大利亚的发展。澳大利亚现有三所公立大学（皇家墨尔本理工大学、悉尼科技大学和西悉尼大学）开设中医相关的学士学位及以上课程。20世纪90年代的澳大利亚，中医药临床虽已经有了一定的基础，但当时在维多利亚州还没有公立大学开办综合针灸及中医药双学位课程。皇家墨尔本理工大学首先看到中医药研究的价值与潜力，1993年与南京中医药大学合作成立了中医系，开设中医本科双学士、课程类硕士课程，成为西方国家第一所为政府所承认中医药学历的公立大学。中国国家中医药管理局给予了大力支持，皇家墨尔本理工大学中医系首先采用中国中医药大学高等教育的教学大纲，在课程规划上，基础医学占60%（中西医基础医学各占一半），临床医学占40%(其中30%为西医临床医学，70%为中医临床医学)。中医系现有五个学位课程：中医本科健康科学及应用科学双学士、针灸应用科学课程类硕士、中药应用科学课程类硕士、本科荣誉学士和哲学研究类博士。其中中医本科双学士、课程类硕士课程都是获得中医管理局认可的课程。学生毕业符合注册条件可直接在澳大利亚所有的州作为执业中医师就业。课程类硕士课程主要针对澳大利亚健康从业人员管理委员会注册的西医医生、有多年临床经验的护士、物理治疗师等设计的课程，通过三年的系统的中医学习，毕业之后成为中西贯通的执业中医师。中医系建立之初，学生大部分都是华裔，人数也较少。现在情况很不同，来求学的70%以上都是当地人。此外，现有100余位硕士研究生、近30位博士研究生。在澳大利亚的执业中医师每八人就有一人是从皇家墨尔本理工大学中医系毕业的。从学生结构的变化也可以看出，中医药在澳大利亚已从不被人重视到了被大众所广泛接受、逐渐认可的程度。

教育与科研密不可分。澳大利亚中医药科研历史还比较短，目前多以“教研结合”的形式开展。皇家墨尔本理工大学的中医药研究中心成立于2001年，主要研究领域包括针灸和传统中草药治疗过敏性鼻炎和神经性头痛，小细胞肺癌以及慢性疼痛等疾病的临床研究，中草药质量控制和中药复方作用机理研究等项目。该中心研究项目受大学以及中国、日本、韩国一些医药公司和澳大利亚国家科研基金的多项资助。澳大利亚政府机构对传统医药以及补充替代医学的科研扶持也加大了力度。维多利亚州政府2003年就拨款50万澳元建立补充替代医学研究中心（ARCCAM），以进一步推进补充替代医学，特别是传统中医药的现代基础与临床科研。旨在通过对替代医疗的循证医学研究，为将来在传统疗法中寻求一些新疗法打下基础。根据全国代表性的抽样调查结果，在澳大利亚成年人中有超过三分之二的人使用辅助及替代医学，有近20%的人使用中医药和针灸。通过对2500余位维多利亚州居民的电话调查，超过90%的草药使用者认为他们使用草药之后取得了一定的疗效。很多人使用草药提高身体健康水平而不是单纯治病。2009—2016年笔者及其科研团队在澳洲国家健康及医学研究基金委员会（NHMRC）的支持下进行了六个中医临床实验项目：中药治疗慢性阻塞性肺疾病、针灸治疗更年期潮红热、针灸治疗花粉症、电针治疗骨骼肌肉疼痛、针灸治疗紧张性疼痛及针灸在急诊痛症的应用。这些项目的设计是按照国际上严格的标准，采取大样本量、随机分组、研究人员盲法、在澳大利亚及新西兰临床试验数据库注册、澳洲药品监督管理局备案等方式，并在澳洲十多家公立及私立医院开展。这一模式的科研大大拉近了中西医医疗行业在澳洲的紧密合作及发展，为西医同行了解中医药及针灸的使用和循证科学研究提供了很好的平台。这些试验中的中药治疗慢性阻塞性肺疾病研究在澳大利亚墨尔本市四家大型医院（Austin Hospital, Box Hill Hospital, Northern Hospital, Frankston Hospital）及中国广东省中医院招募近400位病人，这一大规模的海内外同时进行的中医临床研究对中医面向世界开展高水准的国际研究意义深远。

在学术研究的过程中，为了帮助中医更好地适应澳大利亚当地的体制与习惯，克服可能“水土不服”的困难，笔者及其团队积极借鉴西医的理论与研究方法，在药理、配药及临床研究方面和很多当地机构合作，博采众长，优势互补。

2005—2010年期间，通过维多利亚州政府的支持，我们开拓了中医针灸在澳大利亚公立医院教学的先例。皇家墨尔本理工大学中医系五年制学生在注册中医师及西医急诊科医生的指导下为墨尔本最繁忙的急诊科之一的北区医院1000多位急诊痛症病人提供治疗，取得令病人和医生都满意的效果。相关的病例也被系统性研究，发表在权威的医学针灸杂志上。

抱着让澳大利亚本地人更好地理解中医知识的理念，我们还在传统医学术语英语翻译上投入了大量精力。通过世界卫生组织西太区及总部的一个项目，在过去10年里参与翻译了4000多个中医术语。笔者担任世界卫生组织疾病分类传统医学部分(WHO ICD 11)术语工作委员会主席。2016年10月，和来自十余个国家和地区的卫生官员及传统医学专家沟通协商达成共识，在日本东京发行了初稿。

在国际交流方面，澳大利亚中医药界和相关教育机构近年来先后举办了一系列国际性的传统医药科研论坛、专家讲座及大型学术活动。2003年第一届世界中医药大会（WCCM），来自23个国家和地区的860多名代表出席。其他还有2005年中西医结合国际研讨会，2009年首届世界卫生组织传统医学合作中心亚太区主任会议，2013年世界卫生组织传统医学合作中心亚太区教育及劳动力资源计划会议。皇家墨尔本理工大学作为世界卫生组织传统医学合作中心、中澳国际中医药研究中心、中医孔子学院，开展各项科研课题的学术活动，推动着澳大利亚本土的中医药发展，也促进了中医药全球化进程。皇家墨尔本理工大学的教师积极参与和中国紧密结合的活动，例如世界中医药学会联合会（WFCMS）教育指导委员会、专业学术委员会及翻译委员会、中药全球化联盟（CGCM）。皇家墨尔本理工大学也是全球传统医药大学联盟（GUNTM）七个发起国成员之一，2009年和中国、日本、韩国的顶尖中医药大学结成联盟，推动中医药在亚太地区的合作发展。

我们还与中国国家汉办密切合作，近年来为中医文化在澳大利亚的传播做出了努力。2010年6月20日，时任中国国家副主席习近平造访皇家墨尔本理工大学，并出席中医孔子学院授牌仪式，发表了关于中医药历史背景和未来发展方向的讲话。习近平的讲话给澳大利亚中医药学的未来指明了方向。皇家墨尔本理工大学中医孔子学院成立后，接待了来自中国及“一带一路”各国同行的访问。

多年来，皇家墨尔本理工大学的中医课程获得了社会的认可。2008年获得世界中医药学会联合会王定一杯中医药国际贡献奖，这一奖项表彰的是海外中医药机构对中医药国际化发展做出的贡献。2013 年澳大利亚政府工业、创新、科学、研究及高等教育部颁发的优秀教学团体奖表彰皇家墨尔本理工大学中医课程沿革历史发展，有创新，并着重于中西医结合的循证教育，培养高质量的有实际操作能力的中医师。通过 20 余年的发展，皇家墨尔本理工大学中医系已经和全世界 20 多个国家近百所大学、医院及科研机构合作。传承了“一带一路”的国际友好发展精神。2016 年 2 月 19 日，“一带一路”与中澳关系论坛在墨尔本召开，“一带一路”核心专家赵磊教授、梁海明教授及中国中央媒体代表访问了皇家墨尔本理工大学中医系及中医孔子学院，进一步了解中医药在澳大利亚的发展。

二、澳大利亚中医药管理的机构及相关政策

澳大利亚是联邦制国家，联邦政府和州、地方政府拥有不同的立法和管理权限。根据法律规定，澳联邦政府药物管理局（TGA）拥有对药物生产、进口、销售的审批、注册管理权；而各州及地方政府则对医师的行医资格认定、医师的开业申请等事务拥有管理权。TGA 是澳卫生部所属的联邦药物主管机构。通过采取一系列的监管措施，确保澳公众能够及时获得所需的药品，并保证这些药品符合相关的标准。TGA 的职能包括评估新药、制定标准、确定检测方法、执行检测、颁发药品制造许可、监督药品生产过程、抽检药品市场、视察药品生产厂、检查药品生产记录以及处理投诉等。

在对中医从业者的管理方面，最早实行注册管理的是墨尔本市所在地维多利亚州。2000 年维多利亚州通过中医立法，为 1000 多名中医师、中医针灸师、中医配药师注册。2008 年澳大利亚牵头通过了一个医疗行业的国家方案，主要目的是为医疗界的 14 个行业提供系统的管理，成立了相关的国家级管理机构——澳大利亚健康从业人员管理委员会（AHPRA）。之所以成立 AHPRA，一是为了提高效率。在这 14 个行业里面原本一共有 85 个管理局 / 机构、65 部法律，每个州或者每个领地的法律都不一样，造成医师从一个州搬到另一个州时形成很大障碍和资源的浪费。在方案实行之后，从 85 个局减少到 14 个局，从 65 部法律减少到 1 个法案，还有 1 个统一的注册体系。二是方便人员流动。由全国管理局注册之后，

注册医师到任何一个州都可以从事同样的工作。三是有利于行业间合作。从教育标准、行为规范标准等来说都是统一的管理方案。通过这一个统一的法案，有利于行业之间相互合作和支持。四是增加透明度。设立一个全国的医师检索系统，可以在全国范围内查到医师的信息。AHPRA 总部在墨尔本市中心，是建立在国家法下的独立管理机构，为 14 个管理局提供统一的政策框架和支持。独立于政府之外，但对政府负责、对部长负责，全部费用由医师注册费支持。注册体系主要有两个功能，一是行业从业人员的注册，二是有关教育水平的确定和课程的批准。澳大利亚从 2012 年开始实行全国统一的中医注册管理制度。澳大利亚是西方世界第一次为传统中医药成功立法及全国注册的国家。

目前注册体系组织架构比较复杂，因为架构里面最高管理委员会是澳大利亚卫生部长委员会。这个法案不是联邦法，是一个全国法，所以又必须通过每个州 / 领地议会的审批。在卫生部长委员会的下边有 14 个管理局包括中医管理局，并由 AHPRA 提供行政方面的支持。

从决策功能上来说，卫生部长劳动资源理事会是澳大利亚政府卫生医疗行业的最高决策机构，这个委员会由州部长、联邦的部长组成。他们的任务就是对法案进行评估，任命各个管理局的成员及局长。管理局的成员及局长每任是三年，最长只能担任三任。中医局有中医药行业方面的专家提供意见，它是医疗行业的管理，不是对医疗行业的评估。主要目的是对这个医疗行业可能对百姓造成伤害的管理，为百姓提供健康的保障。

公众健康保障和安全通过四个机制达到目的：一是制定注册标准，只有符合注册标准的中医师才能够获得注册，避免因为不合格人员对百姓造成不必要的伤害。二是制定教育标准，未来的中医必须接受合理教育和恰当的水平培训，使其能够成为合格的、安全的临床执业者。三是药物管理。四是处理投诉，形成一个比较统一的机制。中医局制定的标准，必须交给卫生部长委员会审批才能实施。在标准制定方面，管理局并不是最后的决策者，决策者是卫生部长委员会。

按照澳大利亚政府法律，只有进行了正式注册的中医师、针灸师、中药配药师，才能在澳大利亚合法执业。2011 年 7 月成立的澳大利亚国家中医管理局，任命了来自联邦各州和首都区的九位委员，主要负责制定全国中医师、针灸师以及中药配药师注册和资历标准等工作。立法之后，由于中医有了法律地位，多家私人保险公司承保中医治疗保险，诊费和针灸费都可按比例部分由保险公司偿付。中医管理局的职能包括制定注册标准、批准教育标准、注册医师、注册学生、评估海外医师等。国家局下设三个委员会，依法履行部分职能，委员会给管理局提供意见、支持。目前官方网站上比较重要的文件一是有关广告宣传的条例，二是医师的行为规范，比如说病人知情同意、建立在科学证据的基础之上进行临床实践。

另外，管理局的主要任务就是审批由教育标准委员会制定的一个标准，标准的主要目的是确保毕业生具备必要的临床能力、知识和技能。其他多个行业共同遵循的注册标准，包括持续教育标准、无犯罪记录标准、英语标准、专业保险标准以及近期临床实践的标准。中医师自己完成登记，管理局每年随机抽样，对部分中医师进行审核。此外，中医局还接受投诉、展开调查和举行听证会。

澳大利亚国家中医管理局还存在一些局限性：一是其职能是保护百姓，而不是推广中医药这个行业。二是注册法律不是单一的法律，要参照很多其他法律，比如药品管理法。三是要保证在财务管理方面有效，不浪费资源。中医行业的年龄分布和其他行业非常类似，绝大部分中医师都在 35—60 岁。这和十年前相比已有明显改善。过去十年有很多新的本地的、高校毕业的中医师投身到这个行业。

三、中澳合作中医药研究

澳大利亚中医药研究目前的主导方向是开展具有国际水准的循证医学包括随机临床试验、质量控制、安全评价和中药药理研究来评估针灸和中医药的有效性和安全性。着重在四个方面：一是中医的教育，社会学研究及流行病学研究，包括中医药在澳大利亚使用和接受程度的社会调查、中医教学课程设计、中医师的能力研究等；二是中医的基础研究，包括中药的质量标准、中药的鉴定、中药有效成分研究、中药药物开发和药理研究等；三是对经典文献和现代文献的整体证据评价、中药和 / 或针灸的临床疗效和安全性的评价，比如针灸治疗花粉症、针灸治疗慢性疼痛和中药治疗花粉症及慢性肺阻塞疾病的研究；四是针对慢性病的高质量的多中心临床试验。例如，皇家墨尔本理工大学已在国际知名杂志上发表 300 余篇中医药研究方面的学术论文。

2008 年开始，我们和广东省中医院的临床医生开展科研合作。笔者于 2010

年起被聘为广东省中医药科学院首席研究员。中澳合作多年来共同发表的科研论文得到了中国国家中医药管理局的认可。2013 年成立的中澳国际中医药研究中心是经中国国家中医药管理局正式批准的，旨在对国际热点研究领域一系列病种的中医药干预措施的证据基础进行系统化的严格循证评价，不仅标志着双方的合作进入了一个新的历史阶段，也是中国与澳大利亚中医药交流的崭新台阶。2015 年 9 月，中心成立两周年之际，双方的中医药合作循证研究的标志性成果，首批英文版循证临床中医学专著由世界科学出版社（新加坡）正式出版。著作首发仪式于 2015 年 9 月 29 日在澳大利亚皇家墨尔本理工大学隆重举行；首批出版的《慢性阻塞性肺病》和《银屑病》两部循证临床中医药学专著成功地将传统中医诊疗经验、现代临床研究证据和实验室证据融于一体，结合国际公认的临床证据评价与推荐标准对上述证据进行了评价和推荐，对国内外医学界客观认识中医药的临床效果并将其用于临床实践、教学和科研起到了重要的引领作用。

基于双方合作的优秀成果、实质性科研的不断深入及未来发展的良好趋势，2015 年中心就进一步加强中医药科研工作签署了十年科研合作协议（2016—2025）。此次签署的科研合作协议是对 2008—2015 年四个阶段协议的扩展，中心将致力于研究并出版高质量的循证临床中医药学专著，在每五年实现更新和再版的同时着力于成果的临床转化，通过编写临床实践指南和临床路径实现中医临床循证证据的推广应用，将研究成果运用到循证中医学临床课程的教学中，并进一步设计一系列高质量的临床研究方案，为中医药临床疗效提供循证证据。新协议的签署标志着合作双方在“建立国际知名中医药研究中心品牌、服务全球循证卫生保健”的道路上迈出了坚实的步伐。在新协议签字仪式上，皇家墨尔本理工大学校长马丁·比恩热情致辞，回顾了双方合作研究的历史，盛赞双方中心顾问委员会、中心联合主任及学科带头人对世界传统医学研究与发展的责任与担当，高度评价了双方合作成果，表示皇家墨尔本理工大学将一如既往地全力支持该中心的合作研究项目，并深信合作将对世界医学的发展和人类健康做出独特的贡献。截至 2016 年初，中澳双方合作发表了阐明中医药临床疗效和安全性的循证医学 SCI 收录论文 50 余篇，其中 50% 发表在相关学科的世界主流医学杂志上，影响因子累计超过 100。

媒体要敢于亮剑维护“一带一路”

谢戎彬

在“一带一路”倡议提出三周年之际，探讨“一带一路”，是一件非常“酷”和非常“战略”的事情。过去三年来，无论学界还是舆论界，都对“一带一路”予以极大关注，相关学术研究，尤其是公共媒体上的大量讨论，也让“一带一路”从刚提出时那个相对陌生的词汇，变成如今整个中国甚至国际社会都耳熟能详的宏伟规划。在此背景下，笔者想跟大家厘清几个问题。现在看来，弄清这些问题，对于接下来“一带一路”的顺利推进依然重要。

一、世界对中国的印象

中国变成世界老二无疑是最近30年世界格局最大、最酷的变化。世界本来老大老二老三很清楚，十几年前中国是老八老九，经济还不如意大利，结果一转眼，中国的GDP一下变成了法国、英国和德国的总和，是日本的两倍多（要知道2007年安倍第一次上台时，中国的GDP只有日本的一半），而且据说再用十几年可以成为日本的三倍。

再看人均GDP，2001年笔者在南斯拉夫当《人民日报》常驻记者时，中国的人均GDP刚刚突破1000美元，而《人民日报》和《环球时报》都把它当作一个大新闻来做。2015年，这一数字已经突破8000美元了。

经济的快速发展极大改变着中国在世界上的形象。最初，我们因为劳动密集型产业的发展而被称为“世界工厂”，但现在，随着经济结构的转型升级，中国进一步改变自身在国际产业链中的角色，通过促进创新发展苦练内功，力求实现

【作者简介】谢戎彬，《环球时报》社副总编辑。

在高端装备制造业和高新技术领域的突破甚至领先。目前为止，中国在高铁、超级计算机等领域已经毫无争议地处在了世界领先地位。就在8月初，《环球时报》记者还专门赶赴国家超级计算无锡中心，探访了中国最新型超级计算机“神威·太湖之光”（《探访全球最强超算“太湖之光”》，《环球时报》2016年8月5日，第3968期第8版）。“太湖之光”不久前赶超中国六获全球超算冠军的“天河二号”，成为全球运算速度最快的超级计算机，从而引发全世界对中国这一“神秘机器”的高度关注与好奇。

那么中国再发展会是什么样呢？虽然现在我们的经济遇到很大的困难，但从中国的经济前景上来说，再有20多年赶上美国今天的经济规模还是很有希望的，那再过50年、60年，从理论上说达到美国的两三倍确实是应该的。

过去二三十年间的这番变化，有点让世界惊讶了。就公民个人层面而言，随着收入提高，中国正在成为海外旅游目的地最看重的游客来源国，不过它们对中国游客既欢迎又头疼，一方面惊讶和欣喜于中国人的“买买买”，另一方面又吐槽我们的素质低。当然，有时候这是旅游目的国的偏见，但确实也反映出中国人当前的部分现状。《环球时报》曾对类似一些有代表性的讨论发表看法，现在看来仍然客观。

除了对于中国人的直观认知，中国是一个世界大国这个现实也越来越引起国际社会关注。就中国整体发展而言，国际上“中国威胁论”“中国崩溃论”的声音不时出现。这一方面是因为随着中国崛起成为既定事实，国际社会对中国的认知逐渐陷入理论准备不足的混乱逻辑之中。其结果就是各种声音纷扰杂乱，“中国威胁”和“中国崩溃”都是其中不太靠谱儿的论调。另一方面则是一些西方国家对中国存在种种偏见和刻意误读，它们戴着有色眼镜审视中国的发展，甚至想通过渲染“中国威胁”、鼓吹“中国崩溃”来实现其政治目的。只可惜，这些带有意识形态偏见甚至政治私利的所谓预言，最后都打了预言者自己的脸。无论如何，让世界惊讶的中国在以自具特色的方式推进自身平稳发展，并成为整个国际社会中一股重要的“正能量”。过去这两三年来，《环球时报》多次对国际上刻意抹黑中国的言论予以驳斥，比如我们多次揭露和批驳几乎是以炮制“中国威胁论”为生的美国华裔律师章家敦，无论中国稳步发展的现实还是国际社会主流对于中国的认可，都在证明“章家敦们”是何等的杞人忧天。

随着中国国力的增强和国际地位的提高，我们更为迫切地希望推动国际社会秩序向着更加公平、公正的方向发展，这与其他众多新兴国家的愿望和努力不谋而合。同时，我们不断总结自身过去 30 多年的发展历程，尤其是经济发展和基础设施建设方面的经验，希望它们能为其他国家的发展提供更多可参照的选项。

二、世界怎么看"一带一路"

作为这种努力的一部分，中国领导人 2013 年倡导发起"一带一路"，这是世界合作共赢发展的一个里程碑，它强调共商、共建、共享。"一带一路"倡议的推出时间还不算太长，但它已经受到沿线广大发展中国家的热情欢迎和公开支持，即使领土纠纷、政治制度差异、文明背景不同也难成合作障碍。因为"一带一路"是全方位开放的合作平台，平等互利是它的首要原则，不会有一个国家会因为"被迫"而进入这个合作体系，但吸引力却是真实、难以取代的。

"一带一路"的概念提出已经有三年了，世界到底怎么看"一带一路"是我们每个媒体人都迫切想知道的。不可否认，越来越多的国家接受了这一概念，越来越多的外国媒体开始较为积极地报道。从"一带一路"规划的提出到逐步推进实施，《环球时报》一直保持密切关注。2013 年年底以来，我们标题中带有"一带一路"的报道和评论就有 100 多篇。除了本国学者从不同领域和视角出发的解读外，还有众多外国现领导人、前领导人或专家学者阐述对"一带一路"倡议的态度和看法，比如哈萨克斯坦驻华大使沙赫拉特·努雷舍夫 2016 年 9 月 1 日就在《环球时报》（第 3991 期第 14 版）刊发题为"做对接'一带一路'的桥梁"的文章，表达哈萨克斯坦投身"一带一路"的热情和殷切希望，之前还有希腊前总理帕潘德里欧盛赞"一带一路"开启全球治理新局，拉脱维亚前总统弗赖贝加坚信"一带一路"给小国带来福音，等等。当然，这其中也不乏国外媒体同行对于"一带一路"的看法，比如埃及金字塔报社社长艾哈迈德 · 赛义德就在《环球时报》发表署名文章指出，"一带一路"唤起了古丝绸之路在公正、和平基础上加强世界经济合作、平等互利的伟大标志性价值，"21 世纪海上丝绸之路"设想更使得这一倡议真正具有国际性，而不仅仅局限于古丝绸之路国家。

三年多来，中国的许多企业都已积极行动起来，有国企，也有民企，很多都针对“一带一路”谋划了企业的格局。比如，针对“一带一路”新开辟的航线、火车货运线路越来越多；一些诸如钢铁、采矿类企业“走出去”的步伐也相当猛。这些好的方面我们就不多说了。但受历史文化差异、现实利益冲突、外部环境干扰等因素影响，外界在看待“一带一路”时，也出现了很多误解。比如，误认为“一带一路”是“中国版马歇尔计划”“中国版珍珠链战略”，抑或是美国“跨太平洋伙伴关系协议”（TPP）的替代品，中国通过“一带一路”建立新帝国，要建立对亚欧大陆的新霸权，沿线国家和地区会越来越向中国靠拢。有不少俄罗斯和日本的学者则担心“一带一路”会挑战现有区域乃至全球经济体制，会排挤其他国家的既有利益。部分东南亚、中东等沿线国家的当地企业和社会组织对中国的企业和项目存有抱怨，担心中国进行“能源掠夺”和“经济控制”。还有的担心沿线国家和地区的华人会越来越多。

对于这些无意中的误解甚或有意的曲解，《环球时报》都以清晰和明确的态度及时予以解释澄清或者严厉反驳。我们曾刊发《“一带一路”与马歇尔计划迥异》（《环球时报》2015年3月3日，第3548期第15版）的社评文章，强调“历史上的崛起大国没有一个是以这种推动发展的方式开拓空间的，大国对周边谈平等互利，常常受到怀疑。但中国做得正，行得端，我们的言行清澈见底，从‘一带一路’受益的国家不断增多，其正能量加速度扩散，前景一片光明”。

我们也曾约请国内的国际关系和宗教研究领域的专家，通过署名文章形式解释“一带一路”推进过程中面临哪些障碍或误区。比如我们曾刊发《理解“一带一路”需避十个误区》《“一带一路”障碍多但必须推》等学者文章，较早也较为及时地向社会展示学者有关“一带一路”的思考，总结“一带一路”推进过程中可能面临的历史情感、文化沟通、道路交通、制度建设等方面的障碍，但同时又阐明“一带一路”是中国顺应经济全球化而提出的伟大战略，中国未来数十年的改革开放都将围绕这一战略布局展开。列出以上这些“障碍”，不是对“一带一路”失去信心，相反，“一带一路”再难也要推进。提前把问题弄清，把工作做细，才能有的放矢、排除万难。这些澄清和表述都第一时间向国内和其他国家清晰准确地阐释了我们的“一带一路”。

笔者大学本科是学俄语的，在这里想以俄语地区为例，说说“一带一路”沿线国家和地区对这一倡议的看法。

2014 年和 2015 年，首届和第二届丝绸之路国际文化论坛分别在哈萨克斯坦和俄罗斯举行，笔者深度参与了此事。吉尔吉斯斯坦有位资深媒体人说，吉尔吉斯斯坦即便是学术界对“一带一路”的了解也很有限，普通民众更是漠不关心。一是相关信息太少，二是宣传力度不够。随着中国在中亚各国投资日益增多，建设丝绸之路经济带日渐提上日程，很有必要对当地民众进行有效、及时的宣传。以吉尔吉斯斯坦为例，这位媒体人认为，近年来，吉尔吉斯斯坦民间对中国投资者的消极印象有所增加，特别是 2010 年以来，当时某中资企业在吉尔吉斯斯坦的工人与当地员工发生纠纷，造成较恶劣的社会影响。他还指出，对于丝绸之路经济带，当地民间舆论仍有刻板印象，一些人认为这就是要倾销中国商品。真正研究这个问题的学者寥寥无几，而当地媒体的报道也是乏善可陈。“建设丝绸之路经济带能否顺利实行，一个好的民意基础至关重要，甚至是前提条件。现在若不及时进行舆论引导，加强宣传力度，日后再抓这项工作恐来不及，更不利于后期在此框架内深化经济合作。”他说。

再举个例子，说说“一带一路”中的俄罗斯因素。在这两次论坛上笔者注意到，对于建设丝绸之路经济带，各国文化代表的态度差异明显，吉尔吉斯斯坦、塔吉克斯坦等国代表态度明显积极，并公开强调中方的领导作用；俄罗斯代表则普遍显得保守、谨慎。在首届论坛上，吉尔吉斯斯坦文化信息旅游部副部长马克萨特·恰基耶夫在发言时强调“实施某项文化合作需要在中国的领导下”，当时俄罗斯几位代表当场纠正说：“不是在中国领导下，而是要在上合组织领导下。”可见，实施“一带一路”，俄罗斯一些人对于中国的领导地位还是比较提防、抵触的。

其实，和“一带一路”的方案，特别是“丝绸之路经济带”的倡议最初提出时对比，现在情况已经好了很多。那时候，很多俄罗斯专家认为，中国是想通过“丝绸之路经济带”，将俄罗斯排挤出俄罗斯与中亚国家之间形成的统一经济空间。《俄罗斯与中国》杂志总编辑弗拉基米尔·别列日内赫告诉记者，俄罗斯专家的警惕性其实可以理解，“因为美国已经推行了地缘政治项目——新丝绸之路，从而在经济和军事上控制高加索地区和中亚地区的前苏联国家”。他认为，对俄而言，中国提出的“这个超大型项目或许是有风险的”。譬如，发展亚洲陆路交通基础设施，会给跨西伯利亚大铁路和北方海陆路线造成激烈竞争。而一些西方媒体更是起劲，他们声称“两国在亚洲腹地的对抗关系”将远远超过上合组织框架，丝绸之路经济带与俄罗斯自己提倡的欧亚经济联盟针锋相对，是中俄各自在构建以自己为核心的排他的经济共同体，还说“中俄是刻意营造出来的蜜月关系”。现在，西方的这种声音还有，毕竟给中俄合作掺沙子、挤兑中国是他们最乐意做的事情，但现在随着咱们的不断解释和“一带一路”工作的逐步推进，这种情形已经被挤得很边缘了。比如在俄罗斯，已经有越来越多的专家认识到，如果让俄罗斯能够在保持自身利益的基础上，融入以中国雄厚经济实力为基础的超大型项目中，那么“一带一路”会为俄罗斯带来巨大机遇。

回顾这三年来，“一带一路”规划的推进获得越来越多国家的理解和支持。《环球时报》一年多前就在一篇社评中总结说，“一带一路”占据“天时、地利、人和”。亚投行、“一带一路”让人嗅到当今世界的某种新气息，它就是新元素在原有体系中的成长，预示了改良的顺理成章。中国并非世界最强大的国家，但中国倡导的合作共赢原则却最受欢迎，带来无限想象力。如今，这种总结正在不断得到验证。

国际社会的一些有识之士也已认识到，“一带一路”不是在中俄之间制造对抗，而是在拉近中俄关系。《环球时报》2016 年 8 月在“关注中国”版面上译介的一篇外国学者文章，就称 “一带一路”既是一种外交实践，也是改变如何看待世界经济和力量平衡的一种尝试。文章认为，“一带一路”和欧亚经济联盟的交汇，为这两个倡议创造了融合的必要条件。从经济视角看，这两个规划没有冲突，相反，它们互为补充。这或许意味着，俄罗斯传统上对“一带一路”的怀疑可能正被新出现的战略乐观替代。在俄罗斯“向东看”以缓解因西方制裁导致的经济困境之时，中国也在向西看。尽管“一带一路”还在推进之中，但它似乎已是中俄拉近关系的重要一环。

三、媒体要起到自己的积极作用

习近平主席 2016 年 8 月 17 日在出席推进“一带一路”建设工作座谈会时，提出了八条具体要求，其中第七条就是要切实推进舆论宣传，积极宣传“一带一路”建设的实实在在成果，加强“一带一路”建设学术研究、理论支撑、话语体系建设。可见，新闻媒体在“一带一路”中是起着关键作用的，媒体是交流合作的使者和互联互通的纽带，要切实担负起应有的历史责任，发挥自身优势，做“一带一路”建设的传播者、记录者、推动者和实践者。《环球时报》正是一直践行着这样的使命，并且一直走在媒体有关“一带一路”宣传报道的前列。

大家都在说中国的新闻媒体实力差，在世界媒体中话语权低。这是事实，但也不全是。笔者 1998 年进入《人民日报》社，基本是在跟涉外新闻打交道，曾在 1999 年驻南使馆被炸后到南斯拉夫当了三年驻外记者，也曾数次到战地采访。当时笔者非常羡慕像 CNN、BBC 这样的西方媒体在报道上投入巨资，甚至有自己的装甲车；而笔者是乘坐出租车前往战地，还要担心差旅费会不会超标。

如今随着中国成为世界第二，中国的腰包也鼓了。眼下这个时代，中国记者第一次有能力同时与西方主流媒体记者站在国际新闻报道的一线。西方媒体海外传播的布局在收缩的时候，我们的主流媒体，如《人民日报》、新华社和中央电视台的海外采访力量在不断扩大，它们在海外社交媒体，如“脸谱”“推特”上的粉丝数也在持续增加。

这就是今天我们国际新闻报道的现状，我们在硬件上是有实力的，关键是如何补好我们软件的不足。“随着各国官方媒体介入，信息武器化已成为国际冲突的中心。”这话是美国广播理事会成员温斯坦 2015 年 11 月说的。当时美国参议院专门举行听证会探讨如何应对所谓的“俄罗斯的对外宣传攻势”。从中我们可以看出，媒体报道已经一定程度“武器化”了。中国有 14 亿人，不可能都去“一带一路”沿线国家和地区亲自感受，而“一带一路”沿线国家和地区的民众更多，这两大群体要互相了解，还是要靠媒体。

四、我们具体怎么做

《环球时报》一向以尖锐创新的报道、独特深刻的分析，用中国人的视角看世界，向世界传递一个真实、复杂和变化中的中国。虽然《环球时报》报纸的发行量近两年有少许下降，但我们的环球网、微博、微信的影响力在迅速增加，成为中国舆论场上非常重要的一员。可以说，《环球时报》的影响力近几年没有减少，反而是扩大了。我们的报道被世界主流媒体转引的频率在中国也居于前列，已经超过日本和韩国的主要媒体。对于重大的国内和国际问题，《环球时报》从不缺席，代表着中国人的立场和观点，影响外国对中国的看法，也同样影响中国人对世界的看法。在具体怎么做方面，我们有自己的一些心得。

第一，我们要坚持我们的"中国立场"，关键时刻要敢于亮剑。

在报道"一带一路"的过程中，中国媒体不可避免地会跟西方媒体发生交锋、碰撞乃至过招儿，大家都说西方保持着世界舆论的话语权，这话不假，但也不全对，西方媒体并没有我们想象中的那样强大。西方媒体占据了国际话语权，但"它们的傲慢与偏见正在把它们自己赶上一条缺少阳光的道路上"。这几年，"今日俄罗斯"这家媒体在国际上很火，它让西方国家的7亿观众听到有别于西方主流媒体的报道。英国人喜欢"今日俄罗斯"，因为"200万喜欢这家俄罗斯电视台的英国人认为它向大众提供了另一种真相和视角"；喜欢"今日俄罗斯"的美国人认为它有"浓郁的深度思考和诱人的高尚思想"，他们说，他们喜欢"今日俄罗斯"的直率，喜欢它无处不在的俄罗斯调调。"今日俄罗斯"最厉害之处是它冲破了西方媒体对国际话语权的控制，让世界听到了"俄罗斯报道"。总之，最好的外宣就是不搞外宣。

冲破西方媒体对国际话语权的控制，也是《环球时报》一直以来坚持的目标。中国社会这几年变得多元而复杂，舆论场上"公知范儿"大行其道，在互联网上批判政府俨然成了所谓"政治正确性"的一种识别性标志。《环球时报》简单就简单在没有跟着这股潮流大拨轰，也许是由于我们是国际新闻媒体，天然地把维护国家利益当成习惯。在国际热点问题上，《环球时报》总能及时发出代表中国社会的主流声音；在国家利益受到外部势力威胁时，《环球时报》也总能第一时间予以驳斥和回击。就是凭着这样一种坚定的"中国立场"，《环球时报》成为最受国外关注的中国媒体之一。

在"一带一路"的报道中，中国媒体要展示我们中国式的世界观和价值观，这"不是简单地为中国的丰功伟绩歌功颂德，而是透过举世瞩目的'一带一路'的报道，来传播'中国观点'和'中国视角'"。我们要用敏锐的新闻视角去关注发生在"一带一路"上的那些吸引眼球而又错综复杂的重大新闻事件，展示角度不同的独家报道，传播和坚守我们的"中式方案"和"中式立场"。在面对一些外国媒体对我们"一带一路"总体方案的非议和对具体企业无理责难时，我们的媒体不能当和事佬或者缩头乌龟，而是应该站出来，敢于亮剑，据理力争。

比如，过去三年来，《环球时报》几乎全程跟踪报道了中国最大的工程机械生产商三一集团在美起诉美国总统奥巴马侵犯公司权利一案，该案最终以三一集团胜诉告终。在这个过程中，《环球时报》不仅及时更新案件进展，还及时刊发社评（《环球时报》2014年7月17日，第3368期第14版）、专家署名文章以及三一集团总裁向文波的署名文章（《环球时报》2013年10月12日，第3143期第7版），表明对此事的态度，形成对中国企业的舆论支持效应。这还只是《环球时报》关注中国企业在外发展的案例之一。在《环球时报》众多涉我报道中，有很大一部分是关于中国的国企、民企在国外发展、在参与"一带一路"建设中遇到的各种风波，《环球时报》都是第一时间予以关注、报道和澄清，这无形中形成了对企业的支持。当然，在此过程中，《环球时报》首先秉持公正对待事件本身的原则，否则任何舆论支持都是无力的。

第二，要善用话语体系，讲好故事。

中国媒体在对外传播"一带一路"时，要多用"倡议""合作""交流"这样的软性词汇。要突出"利益共同体""命运共同体""责任共同体"等概念。要把领导人的重要讲话、地方以及相关部门的规划措施，与"一带一路"上开拓进取的中国企业的生动事例结合起来，讲好中外共建"一带一路"的故事，塑造好中国是合作共赢的倡导者和实践者的形象。我们要注重讲大白话，强调一定要说真话和实话，写下的每一句话要同生活中的真实情形相对应。比如，我们很容易把一个企业在一个国家、一个地区遇到的状况算到整个海外市场的头上，把中国一部分人的想法当成全社会的看法来描述，不加节制地使用形容词。为此，我们在报纸、微博、微信上每写一句评论语都要问一问自己：实际情况真是这样吗？我们是不是夸大了或者减轻了？

从过去到现在，透过"有色眼镜"观察中国的西方人不在少数。在"有色眼镜"的支配下，他们认为中国存在这样那样的缺点。在他们眼中，中国在国际上的所作所为只是为了一己私利，甚至中国维护国家主权和领土完整的行为都被视作"秀肌肉"。国际上这种"有色眼镜"的危害性不容低估。虽然我们无法让所有外国人都抛弃"有色眼镜"，但确有必要促使更多外国人客观看待中国。为此，我们既要继续做好"家庭作业"，实实在在改变中国在国际舞台上的形象，也要继续做好对外宣传工作，使更多外国人听见我们的声音。

比如，国家主席习近平2016年6月对塞尔维亚、波兰和乌兹别克斯坦进行国事访问，并出席在乌兹别克斯坦首都塔什干举行的上海合作组织成员国元首理事会第十六次会议。为此，《环球时报》专程派记者跟随中国媒体代表团访问波兰，并采访波兰总统发言人马莱克·玛盖罗夫斯基，听他畅谈中波关系、"波兰梦"以及波兰现在所处的国际环境（《当"波兰梦"遇到"新丝绸之路"》，《环球时报》2016年6月16日，第3825期第7版）。总统发言人说："最近几年，中国发起的'新丝绸之路'和亚投行倡议对波兰非常有吸引力。这给加强双方关系提供了绝好机会。"据玛盖罗夫斯基介绍，波兰最感兴趣的是对基础设施方面的投资。波兰公司希望利用"一带一路"的机会，在"一带一路"沿线国家做投资，如在亚洲参与相关国家高速公路、桥梁、铁路和其他基础设施的建设项目。对"一带一路"对象国官方态度的呈现，清晰勾勒出沿线国家对"一带一路"的期盼。这种形式的报道取得了单一的评论或报道无法达到的效果。

第三，要讲清楚、反复讲"一带一路"的三个特性。

首先，"一带一路"是共享和平的机遇。无论是陆上还是海上的丝绸之路，历史一再证明，不同的国家、民族为了共同的利益可以携手并进，远离战争。其次，"一带一路"是共同发展的机遇。这其中，我们要讲好两点：一是"一带一路"这个大盘子在世界经济中的权重，二是中国在"一带一路"中的权重。再次，"一带一路"是文明互鉴的机遇。世界不只是一种颜色，"一带一路"沿线的国家和地区，人种不同、宗教不同、历史文化传统不同，但这不应该成为障碍，而应该成为让这一地区更丰富多彩的机遇。

第四，要做到精准传播，有的放矢。

"一带一路"沿线国家和地区的情况千差万别，对它们要采取不同的传播策略。如对美国，要强调中美在"一带一路"所涉及的南亚、中东等地，在反对恐怖主义、反对极端势力、促进能源运输安全等方面合作潜力巨大，我们没必要处处都要跟美国做对手。对俄罗斯，要耐心地做好解释工作，我们的"一带一路"倡议不是要跟它的"欧亚经济联盟"一争高下，更不是要抢夺它的中亚传统势力地盘。对印度，我们要强调两国都是新兴的重要经济体、金砖国家成员等，我们不是要去印度洋上撒珍珠、穿珍珠链。

第五，要善用新媒体的力量。

与传统媒体的读者相比，微博、微信、客户端的用户更加年轻。还是以《环球时报》的新媒体做个例子，第三方统计显示，每天通过 PC 站、移动站和“两微一端”访问环球网的数千万访客当中，近七成年龄在 35 岁以下。这意味着，《环球时报》新媒体的主流用户是“80 后”“90 后”，他们对发生在地球村的方方面面都有浓厚的兴趣，“一带一路”显然也是他们关心的一个方面。我们新媒体当前的用户构成，特别是新增用户是什么？我们的理解是：中年老用户退潮去了朋友圈，但对于学生、95 后、00 后，微博依然是他们人生中第一个可以公开表达自己声音的平台，而且热情很高，新增用户大部分是这些年轻人。

这里举我们做得比较好的一个方面：2011 年起，环球网每年都会组织网络“大 V”出访海外，就中国网民关注的话题与国外的政府、企业、机构进行深入交流，再将访问内容整理成文在网络发布，迄今已经访问过韩国、美国、以色列、缅甸、越南、日本等多个国家，这里面也有一些是“一带一路”的国家。如 2013 年，环球网组织一批“大 V”访问韩国釜山的 PX 工厂，后来根据交流情况撰写的文章《听中国“人气博主”感慨韩 PX 产业》（《环球时报》2013 年 8 月 29 日，第 3113 期第 7 版）引发国内外产业界和新闻界的极大关注。

笔者一直认为，让这些“大 V”，而不是我们平常的记者，在新媒体上谈谈自己对“一带一路”某些国家和地区的观感，效果或许会更好。事实上，我们也在这样做。比如 2015 年 9 月，环球网“中国网络名人海上丝路行”就选定了印尼。网络“大 V”们在探访过程中得知，很多印尼人都知道 21 世纪海上丝绸之路，当地政府、企业对中国投资和中国市场也非常重视。除了印度尼西亚，我们网络“大 V”行的以色列站和越南站等，也都既增进了对对象国的了解，也让对方更多了解了“一带一路”。

第六，创建“一带一路”媒体合作机制。

沿线各国和地区的媒体可以“一带一路”为契机，在媒体交往、稿件互换、联合采访、人员培训、高层定期互访、互派人员学习等领域，加强交流，立足长远，各国媒体应把握好国家关系的方向，积极、客观地报道各个国家的真实情况，传播全面、准确的新闻信息，解疑释惑，凝聚共识，为促进不同国家和地区之间人民的理解与互信、交流与合作，发挥建设性作用。在适当的时机成立“一带一路”

区域性的媒体合作组织或机制，通过媒体合作延伸媒体触角，积极引导中国主流媒体采取多种形式“走出去”，利用网络新媒体和社交媒体等手段，在沿线国家开展本土化传播。甚至可以构建跨国智库，为共建“一带一路”提供智力支持。比如中国新疆地区少数民族和周边国家的语言相通，合办电台、电视台、报纸、网站这些都是可能的，这样可以更好地专门宣传丝绸之路经济带的理念和活动，赢得更多国家民众的支持与理解。

就在2016年9月，《环球时报》邀请了20家外国驻华媒体走进西安，让国际媒体人对“一带一路”和中国西部地区的发展获得更为深入的认识。来自印度、日本和新加坡的媒体人都给《环球时报》记者带来了所在国家在“一带一路”大规划下加强与中国西部地区合作的希望。新加坡一位记者表示，以前他对“一带一路”构想的认识还停留在表层，这次通过在西安的实地参观和交流，看到了大概念下的诸多细节。

以上就是笔者作为一个媒体人对于“一带一路”的思考。正如很多学者所言，“一带一路”真的是事关中国未来几十年甚至更长远发展的大规划。作为媒体，我们的责任在于对外向世界、特别是“一带一路”沿线国家做好宣介和沟通工作，对内向社会公众及时传递“一带一路”的建设成果，在一点一滴中为“一带一路”顺利实施和推进贡献自己的力量。

《羊城晚报》“一带一路”新闻报道的探索与创新

刘红兵　雷　鸣　孙　唯

“一带一路”国家战略的提出，是以习近平同志为核心的党中央主动应对全球形势深刻变化、统筹国内国际两个大局做出的重大战略决策。鉴于“一带一路”的重要意义，作为中国目前的重大发展议题，同样也成为新闻舆论的焦点，吸引了世界媒体的目光。然而，我们必须要看到，“一带一路”作为中国提出的重大议题，国际话语权却不完全属于中国，世界媒体对“一带一路”的报道，在一定程度上影响着“一带一路”的进展，我们必须加以留心。

自“一带一路”提出以来，《羊城晚报》报业集团按照中央和广东省委的部署，以敏锐的眼光、精心的策划、独特的视角和浓墨重彩的报道，向读者全方位展示了“一带一路”的宏伟画卷。本文结合“一带一路”的提出及其重要意义，分析目前世界媒体对“一带一路”的报道策略，发现国内媒体面临的挑战，以及《羊城晚报》的突破策略，最终希望能够为媒体进一步做好“一带一路”报道提供有益的帮助。

一、各国媒体对“一带一路”的报道策略及国内媒体的应对困境

目前国际对于“一带一路”的报道，大致展现出“三个板块、两种声音”的格局。所谓“三个板块”指的是以欧美媒体为代表的西方媒体、以中亚国家为代表的“一带一路”沿线各国媒体和以日韩为代表的其他亚洲媒体。所谓“两种声音”

【作者简介】刘红兵，《羊城晚报》报业集团党委书记、管委会主任，《羊城晚报》社社长。
雷鸣，《羊城晚报》社总编室副主任。
孙唯，《羊城晚报》社总编室工作人员。

指的是国际上的媒体声音大概分为两种：一方面是正面的、赞扬的报道，希望中国提出的“一带一路”可以为沿线各国乃至世界带来解决发展困境的“中国方案”，对“一带一路”抱有赞赏的、期待的声音。另一方面，某些媒体对“一带一路”带着质疑的、负面的看法，片面地把“一带一路”等同于过去欧洲殖民者殖民扩张的中国版“殖民运动”，认为“一带一路”的根本目的是为了控制沿线各国的经济政治，对“一带一路”的和平、共赢、开发、包容的宗旨存疑。同时，由于沿线各国存在着复杂的宗教、政治、民族问题，因此在舆论的宣传报道上，世界媒体对“一带一路”呈现出“两种声音”之下的复杂态度。

（一）欧美媒体对“一带一路”的报道策略

美国学者赫伯特·席勒在《大众传播与美利坚帝国》中首次提出“媒介帝国主义”的概念，用以解释当今世界存在的一种跨国媒体的全球化支配现象。美国学者费耶什在《媒介帝国主义：一次分析》中认为：“媒介帝国论将以一种宽泛而普遍的方式得到使用，以便描述这样一种过程：现代媒介借此来发挥作用，以在世界范围内创造维系并扩展各种主导性和附庸性的体系。”① 目前，不少欧美媒体对“一带一路”的报道采取了质疑和否定的态度，认为“一带一路”的最终受益国是中国，“一带一路”是为了增强中国的国际话语权、重新划分中国的势力范围之举。

有学者研究了2013年9月—2015年9月的《华盛顿邮报》和《纽约时报》对“一带一路”的报道，“其中多篇报道在谈论中国‘一带一路’建设时，均采用‘雄心勃勃的’（ambitious）来形容这一倡议，也有一些报道用‘坚定自信的’(assertive)来形容……为了凸显‘一带一路’仍面临诸多挑战，更多的文章还侧重从新疆问题谈‘一带一路’，在新闻标题中出现了‘冲突’（strife）、‘不安定的’（restive）、‘动乱’（unrest）等词，在文中出现‘二等公民’（second-class citizens）、‘歧视’（discriminate）等词”②。此外，《华尔街日报》“关于‘一带一路’的报道框架中，‘北京雄心勃勃重塑亚洲地缘政治版图’(Beijing’s ambitions to

① 转引自：［英］尼克·史蒂文森《认识媒介文化》，王文斌译，商务印书馆，2001年，第173页。

② 郑华、李婧《美国媒体建构下的中国“一带一路”战略构想——基于〈纽约时报〉和〈华盛顿邮报〉相关报道的分析》，《上海对外经贸大学学报》2016年第1期，第92页。

redraw the geopolitical map of Asia) 、‘挑战美国地区主导权’(challenge the U. S. as the dominant regional power) 、‘把美国赶出东亚’(push America out of East Asia) 、‘中国扩大在东亚的影响力’(extend its influence in Asia) 等‘素材’被凸显为‘整个图像的重心’”①。由此可以看出以美国媒体为代表的欧美媒体对“一带一路”在一定程度上持质疑态度。目前，欧美媒体对“一带一路”的负面报道主要集中在三个方面：

一是认为“一带一路”是中国对沿线各国的“新殖民”。过去西方国家曾经用坚船利炮打开了封闭国家的大门，在世界各地进行殖民活动，对广大的被殖民地国家进行残酷掠夺，其资本原始积累充满了血腥和暴力。直到今天，西方某些国家对一些贫穷落后地区依旧进行武装干涉和资源掠夺，因此，西方的发展史是被殖民国家的血泪史。到了今天，某些西方媒体自然而然地“将资本主义发展的‘原罪’剪切到中国的发展上面，将‘一带一路’战略说成中国为了谋求国际霸权和超级大国地位而实施的战略”②。戴上“有色眼镜”对“一带一路”进行报道，用历史记忆捆绑现实，把西方国家过去的邪恶行径套到中国头上，抹黑“一带一路”。

二是认为“一带一路”是中国版的“马歇尔计划”。从“一带一路”提出起，就有西方国家不遗余力地以“新马歇尔计划”来称呼“一带一路”。第二次世界大战使欧洲各国经济遭受巨大创伤，美国成了最大赢家。表面上为了支持欧洲经济复苏，实际上为了控制欧洲各国，对抗社会主义阵营的马歇尔计划应运而生。美国通过马歇尔计划成功促使欧洲经济复苏，并将之变为对抗社会主义阵营的桥头堡。因此，某些西方媒体怀着冷战思维，认为“一带一路”的实质是控制丝路沿线各国，而对中国提出的“合作、共赢、开放、包容、发展”的思路视而不见，或者扭曲解读，导致沿线某些国家对“一带一路”产生了怀疑和担忧的态度，从而阻碍“一带一路”的顺利实施。

三是认为“一带一路”是中国为主导新东亚秩序而提出的战略。改革开放以来，中国经济取得了飞速发展；但是一直以来，我国在国际上的影响力与我国的经济实力不相匹配。因此，某些西方媒体认为“一带一路”是为了挑战现有的国际秩序，

---

① 周萃、康健《美国主流媒体如何为“一带一路”构建媒介框架》,《现代传播》2016 年第 6 期，第 164 页。

② 黄俊、董小玉《“一带一路”国家战略的传播困境及突围策略》，《马克思主义研究》2015 第 12 期，第 123 页。

重新划分东亚“势力范围”之举。对中国以“和平友好、开放包容的精神，不搞排他性制度设计，不针对第三方，不经营势力范围，任何有合作意愿的沿线国家都可参与，是一项完全开放的合作倡议”①为愿景的思路，或者视而不见、听而不闻，或者采取选择性的歪曲解读。这些都对我国推进“一带一路”的伟大战略构想产生了一定的阻碍。

（二）中亚媒体对“一带一路”的报道策略

作为丝路沿线国家，中亚国家身处其中，因此中亚媒体更为关注的是“一带一路”能否给中亚国家带来实实在在的利益。因此，“经贸视角是大部分涉及‘一带一路’报道的主要视角，许多报道甚至出自经贸类专业媒体”②。例如 2014 年 6 月，黎巴嫩国家新闻通讯社引述了约旦塔拉勒·阿布·格扎勒集团主席对于加强“一带一路”沿线基础设施建设、建立“一带一路”国家商品展、建立丝绸之路文化科技委员会的建议。塔拉勒·阿布·格扎勒认为：“丝绸之路经济带的基础是经济互补、平等互利、全面可持续发展、提升国际竞争力，将会促成中阿之间经济一体化”③。此外，卡塔尔《祖国报》《中东报》，还有也门通讯社、沙特阿拉伯《金融消息》等都对“一带一路”的经贸方面进行了关注。

除了经贸方面，中亚媒体对政治和文化交流方面也抱有不少期待。“2015 年 7 月，科威特《祖国报》刊登的《中国致力于复兴“丝绸之路”》一文开篇便指出：在漫长的历史岁月中，‘丝绸之路’曾对众多古代文明的繁荣产生深刻影响，例如中华文明、埃及文明、印度文明和罗马文明。‘丝绸之路’包括了多条路线，商队船只穿梭而过，带来了商业繁荣。历经几个世纪的废弃，复兴古代丝绸之路，构建大型自由贸易区域的构想重生。这一构想将促进全球地缘政治秩序的持续发展。”④中亚媒体在某些方面可能对“一带一路”有一些忧虑和疑惑，但更多的是对“一带一路”的期待和赞许。中亚媒体希望“一带一路”可以给中亚各国带

---

① 金玲《“一带一路”：中国的马歇尔计划？》，《国际问题研究》2015 年第 1 期，第 92 页。

② 陈杰、徐沛雨《阿拉伯媒体视域中的“一带一路”——兼谈中国对阿媒体公共外交》，《回族研究》2015 年第 3 期，第 122 页。

③《塔拉勒·阿布·格扎勒呼吁制订 2015 至 2040 中阿经济战略合作计划》，黎巴嫩国家新闻通讯社，2014 年 6 月 9 日。

④ 转引自：黄慧《阿拉伯媒体的“一带一路”报道倾向研究》，《西亚非洲》2016 年第 2 期，第 155 页。

来实实在在的经济发展和人民生活水平的提高，同时对中国和中亚国家的文明交流也抱有很大的期盼。

（三）其余亚洲媒体对“一带一路”的报道策略

中国作为亚洲大国，自从“一带一路”提出之后，就吸引了亚洲各国的关注。日本、韩国、印度尼西亚等国的媒体都对“一带一路”进行了持续关注。例如日本《朝日新闻》《日经新闻》《读卖新闻》、韩国《中央日报》、印度尼西亚《国际日报》等都对“一带一路”进行了报道。其中，韩国《中央日报》早在2013年11月29日就以“读者投稿”（评论）的形式进行报道和讨论。日本《读卖新闻》从2014年8月至2015年3月以《狮子的策略：经济秩序》《狮子的策略：政策决定》等为题刊发六篇系列报道，对“一带一路”进行全面的跟踪报道和深入解读。以日韩为代表的东亚媒体普遍对“一带一路”表现出复杂情感。一方面希望自己能够搭上“一带一路”的顺风车，能够共享中国经济发展的成果；另一方面对中国可能打算在东亚构建新秩序表示担忧。例如，《读卖新闻》在相关报道《狮子的策略：政策决定》中就认为中国提出的“一带一路”计划是中国谋求超级大国地位的一次尝试。而韩国媒体在寻求“一带一路”与韩国“欧亚计划”的共同点，同时对中国主导的亚洲基础设施投资银行表示关注。

（四）国内媒体“一带一路”报道面临的挑战

经过上面的分析我们可以看到，面对“一带一路”的报道，国外媒体呈现出比较复杂的态势：对“一带一路”有良好的期盼，同时也有一定的忧虑和负面情绪。反观我国媒体对“一带一路”的报道，还存在不少问题。主要问题集中在三个方面：一是我国主流媒体报道内容比较单一，基本都是构建在国家战略的宏观层面，微观的成分比较少；二是宣传手段不够多元化，比较局限于单一媒介传播形式，定位不够精准，不能深入人心；三是在国际上发声不够，在某种程度上让西方媒体占据了话语权。鉴于此，有学者认为，要“有针对性地讲好‘一带一路’故事”，建议“善用恰当的话语体系，讲好各方共建、共享的故事”，“动员中外各方力量，不断充实讲故事的队伍”，“做好精准传播，讲有差别的故事”。[①] 也有学者认为，要“加强文化领域的双向传播”，“避免以相同内容与不同国家沟通”，“尽量展现一个真实的中国”，“在对外交流中，提升自身文化的包容度”。[②] 鉴于此，讲好中国故事、改进宣传方式、发出中国声音是国内媒体更好应对“一带一路”宣传报道的复杂局势之法。《羊城晚报》对“一带一路”的报道非常有特点，在某种程度上，为“一带一路”报道提供了一些新的思路和方法，值得借鉴。

二、《羊城晚报》对“一带一路”报道的探索与创新

《羊城晚报》创刊于1957年10月，是一份大型综合性晚报。在近60年的时间里，《羊城晚报》扎根岭南，服务全国，始终注重文化品格，坚守文化传承，形成了鲜明的办报风格与传播特色，享有广泛的品牌号召力和社会影响力，被誉为岭南文化之宝。围绕“一带一路”报道这一重大主题，《羊城晚报》充分发挥自身优势，积极创新报道思路，取得较好成效。

（一）小角度做大题材

“一带一路”重大国家战略提出之后，2014年6月至10月，广东启动了“探访海上丝绸之路”海内外联合报道，《羊城晚报》作为参与联合报道的广东省级媒体之一，派出了精兵强将，兵分五路，沿着海上丝绸之路的古老航线，分赴东南亚、南亚、中东、非洲、欧洲，足迹踏遍泰国、新加坡、印度、马尔代夫、阿曼、埃及、伊朗、土耳其、瑞典、法国、意大利等十几个国家，全景式探访广东乃至中国与海上丝路沿线国家的历史往来、经贸合作、民间交流、今日新象和未来展望。从小角度来做大题材，从一斑而窥全豹。

2014年10月至11月，《羊城晚报》推出大型系列报道《海上丝路·跨越千年再远航》。该系列报道专门设计了“海上丝路·跨越千年再远航”报眉，以蓝色海洋和古代帆船为背景，吸引眼球；独家采取跨版篇幅，左右两个整版

① 孙敬鑫《“一带一路”建设面临的国际舆论环境》，《当代世界》2015年第4期，第20页。
② 梁海明《海外传播“一带一路”，须有全球视野》，《留学生》2016年第1期，第32—34页。

对仗工整，报眉和报脚彼此呼应，内容浑然一体。同时，系列报道还设计了“历史沿革”“今日新途”“文化传承”“他乡粤商”“指点丝路”“官方互动”“对话外交官”等多个栏目，全面、立体地呈现了广东与海上丝路沿线国家的历史往来、经贸交流、今日新象和未来展望。其中，“他乡粤商”为《羊城晚报》独家策划栏目，集中呈现海外粤商的生存发展面貌和经验，如展现深圳创维集团印度分公司的发展，梳理广东企业海外发展新经验，树立广东企业海外新形象，也为广东企业寻求经贸合作创造新机遇。

该系列报道推出后，人民网、新华网、中新网、新浪网、腾讯网等门户网站纷纷转载，央视对联合采访活动进行了报道，海外采访对象专程发来邮件表示感谢，中国驻外大使馆官网对联合采访活动进行了报道，国内外读者和网友也对报道予以好评。2015 年 2 月，《羊城晚报》报业集团副总编辑孙爱群应邀参加国务院新闻办公室主办的 21 世纪海上丝绸之路国际研讨会，并发表主题演讲《文化传播助建海上丝路——以广东“探访海上丝绸之路”海外联合报道为样本剖析》，进一步扩大了海内外影响。

2013 年 10 月，习近平主席在访问印度尼西亚期间，首次提出举世瞩目的建设“21 世纪海上丝绸之路”倡议。习主席的这一倡议与印度尼西亚总统佐科提出的印度尼西亚“海上高速公路”计划高度契合，雅加达至万隆高铁建设落实两国元首共识，体现两国发展战略具体对接，推动双边关系发展进入新阶段，为“一带一路”域内国家合作共赢提供了样本。2015 年 12 月，《羊城晚报》与暨南大学联合组成采访小组，专程赴印度尼西亚深入采访，所到之处，深切感受到中国和印度尼西亚两国同为发展中大国和本地区大国，共推“一带一路”形成“发展共同体”“利益共同体”“命运共同体”的卓越成效。

2016 年初，借中国与印度尼西亚合作建设的印度尼西亚首都雅加达至万隆高铁工程在万隆奠基开工之际，《羊城晚报》又独家推出系列报道《见证·走马“一带一路”》，以独特的小角度，切入“一带一路”的主题，系列报道共三篇。2016 年 1 月 21 日 A11 版，围绕雅万高铁的首篇报道《中印尼“发展共同体”拉开大幕》推出。文章介绍了雅万高铁的基本情况，从“一带一路”的高度出发，回顾历史，聚焦当下，展望未来。文章写道：“合作达到共赢，共赢推进发展。中国和印度尼西亚合作共建雅加达至万隆高铁，落实两国元首共识，体现两国发展战略对接，推动双边关系发展进入新阶段。”整组报道不仅点明雅万高铁的政治意义，也透彻分析了它给沿线群众带来的经济意义、文化意义。整组报道立意高远、目光敏锐，准确把握了雅万高铁建设的题中之意。同时，系列报道的版面设计也非常美观，报眉设计贴切大气，版面语言丰富有力。

围绕中央和广东省的最新决策部署，《羊城晚报》以政文编辑部和广州全媒体新闻编辑部为主力，掀起了一波又一波的“一带一路”报道热潮。2015 年 7 月 31 日，《羊城晚报》A8、A9 跨版联排，推出《复兴世界的十三行》系列报道，对在中国古代史和近代史的海上丝绸之路中扮演重要角色的广州十三行进行报道，从十三行的兴衰复兴看海上丝绸之路的再次勃发。文章追根溯源，邀请专家学者进行点评，形成了一组综合权威报道。跨版设计恢宏大气，生动展示了十三行的历史沿革，以及海上丝绸之路的无量前途。2016 年 8 月 30 日，适逢即将到来的 G20 峰会，《羊城晚报》再次发力，对广东省内首个以海外商贸历史为主题的“广州十三行博物馆”进行全媒体专题报道，通过《羊城晚报》以及《羊城晚报》官方 APP 羊城派进行报纸刊登、直播等一系列全媒体策划报道，详细还原十三行在整个“一带一路”中所产生的作用，并以此为由头对广东参与“一带一路”建设进行宣传。

正如有的学者所说，“新闻故事之所以有公信力、能打动人，最主要的原因是因为‘真实’，也就是平常所讲的实事求是”[①]。《羊城晚报》的报道从小角度切入，用真实的故事来宣传“一带一路”。

（二）部门联动全方位解读

“一带一路”不仅仅是政治之路、外交之路，更是经济之路、文化之路。“一带一路”的重大国家战略不仅有力地促进了沿线各国凝聚各方共识，为中国在国际舞台上增添了更有力量的话语，对构建和谐的国家关系发挥着重要作用，而且还延溯古老的丝绸之路，将中国的产品、资金、服务输送到沿线各国，互惠互利，共同发展，并将优秀的中国文化传播到世界各地，使千年古道焕发出新的生命力。

《羊城晚报》敏锐地抓住了“一带一路”的经济和文化属性，在政文编辑部、

① 马胜荣《媒体要重视“一带一路”倡议的传播效果》，《公共外交季刊》2015 年第 8 期，第 10 页。

广州全媒体新闻编辑部作为主力之外，经济编辑部、副刊编辑部、视觉新闻部、专刊编辑部等部门紧密配合，推出一系列稿件，助力“一带一路”报道。

2015 年 11 月 27 日，《羊城晚报》经济编辑部推出报道《广东在全国率先出台参与建设“一带一路”实施方案》，关注“一带一路”实施方案在广东落地的最新情况，明确广东在参与建设“一带一路”中拟打造成为“一带一路”战略枢纽、经贸合作中心和重要引擎的重要战略。以此篇报道为开端，《羊城晚报》还深入浅出地报道了一系列广东对“一带一路”的最新实践，有 2015 年 10 月 15 日的头版文章《借力“一带一路”助推智慧广交会》，将“一带一路”创造性地与广交会联系在一起，从广交会、互联网 + 等元素来看“一带一路”，文章角度新颖，选材独特，深入浅出；还有 2016 年 4 月 17 日的《广交会首日参展商“淡定”开拓“一带一路”市场成共识》、2016 年 5 月 12 日的《我国“一带一路”相关贸易额占比已超 1/4》等经济类报道，这组报道将“一带一路”的“经济之路”展现得淋漓尽致。

与此同时，《羊城晚报》副刊编辑部、视觉新闻部和专刊编辑部将目光瞄向了“一带一路”的文化属性。广东潮州是著名文化古城，也是海上丝绸之路的重要节点。2015 年 6 月，《羊城晚报》发起“文化记者潮州行”大型主题采访活动，组织全国 50 多家报刊的文化记者走进潮州，从文化的角度、以文学的方式全方位展示潮州的独特魅力，引起广泛关注。2016 年 6 月，《羊城晚报》又以举办 2016 年全国旅游媒体年会暨中国晚报摄影学会年会为契机，组织全国晚报媒体近百名摄影记者，将镜头对准海上丝绸之路的另外两个重要城市——珠海和阳江，在全国晚报媒体陆续推出数十个以“探访海上丝路，记录难忘瞬间”为主题的大型摄影专版，形成了强大传播声势。

2015 年 5 月，广东省文化厅、广东省人民政府外事办公室、广东画院共同主办的“海上丝绸之路——冯少协油画展”全球巡展拉开帷幕，《羊城晚报》随即开始全程跟踪报道，5 月 22 日，刊发《系统呈现“海上丝路”的视觉记忆》，从历史题材重大创作的角度解读作品背后的文化价值和现实意义。自 2015 年至今，该展览全球巡展已先后在中国广州艺术博物院、泰国国家美术馆、马来西亚马六甲·朵云轩艺术馆、印度尼西亚雅加达·东盟总部、中国香港会展中心、中国澳门观光塔会展中心、美国纽约联合国总部大厦以及中国国家博物馆展出。随后，《羊城晚报》跟踪巡展，报道展览如何向各国展示“一带一路”历史文化、讲好中国的故事，分别刊发《广东画家“海丝”油画被泰国国家美术馆收藏》《“海上丝绸之路”冯少协油画展扬帆马六甲》《海上丝绸之路不仅是中国故事，更是全人类的故事》《以广东为主体描绘海上丝绸之路》等多篇深度报道。借助画展这一形式，透视了“一带一路”的文化属性。2016 年 1 月 16 日，《羊城晚报》在 B6 推出半版文章《打造更精准的广东旅游文化》，以“新常态下广东旅游发展研讨会”为契机，采访专家学者，探讨如何利用“一带一路”建设，发展广东旅游业。专家学者们就重新定位广东旅游、问题与建议、机遇与发展等议题展开广泛讨论。充分肯定“一带一路”给广东带来的旅游红利，也展示了广东坚持对外开放、真诚邀请世界游客的友好声音。

“一带一路”作为一条重要的“文化之路”，我们有必要从文化属性上多加挖掘，在“软传播”上多下功夫。“中国和‘一带一路’沿线国家在历史、文化上都有着紧密的联系，通过历史、文化的宣传，唤醒国家之间的‘历史记忆’和‘文化记忆’，引发国家和民众层面的共鸣，不仅能让沿线国家更加了解中国，更能让各个国家的民众触摸、感知到‘一带一路’战略的历史意义和文化价值。”[①]《羊城晚报》对“一带一路”充满文化内涵的报道，有助于世界更多地了解“一带一路”的文化属性和文化价值，对“一带一路”宣传报道起到了非常重要的作用。

（三）新媒体与线下活动立体传播

围绕“一带一路”重大主题，《羊城晚报》采取立体化传播方式，体现出全媒体、立体化、多维度的报道态势。

除了纸媒的盛大报道，《羊城晚报》还通过举办大量活动来配合“一带一路”的宣传报道。其中金羊网举办了“‘一带一路’广东出发”全国网络媒体广东行采风活动，得到了中央网信办的表扬；制作了大型专题《海丝心语广东行》，金羊网在网站及手机网共发布原创稿件 102 篇。发布活动相关稿件超过 300 篇，专题累计点击超过 50 万。《网络名人深入潮汕腹地畅抒 21 世纪“海丝心语”》《走

① 黄俊、董小玉《“一带一路”国家战略的传播困境及突围策略》，《马克思主义研究》2015 年第 12 期，第 126 页。

进饶宗颐学术馆感受“海丝第一人”宗师襟怀》《跨越大海的来信：侨批文物唤醒的“海丝”记忆》《从军埔出发 揭阳全力打造21世纪海丝之路电商港》等正面报道均获得网友大力赞赏。活动期间，金羊网共发布相关微博超过100条，原创微信5篇，并在移动客户端推送相关文章超过30篇。通过多方位多渠道的推广报道，力求第一时间为网友传递活动的最新资讯。其中，在微博第一时间推送的图文消息深受网友好评。

此外，在广东省委宣传部的指导和支持下，《羊城晚报》报业集团活动大平台于2015年精心打造“行丝路知广东”项目，项目在广东省内、港澳台和“一带一路”沿线地区展开，分为广东首届民间国学知识大赛和摄影创作大赛两部分，取得了显著社会效益。同时，《羊城晚报》有着20年历史的手抄报创作大赛，近年来则利用华文媒体渠道，邀请海峡两岸暨香港、澳门以及东盟“一带一路”沿线国家华文学校学生共同参赛，并结合各种传统文化开展系列主题活动，鼓励更多的华文地区的学生学习汉字、体验汉字。以上项目都取得了显著效果，并在“南国书香节”等大型会展活动展出，得到广大读者的高度关注与肯定。正如有的学者所说：“面对新媒体带来的冲击和挑战，主流媒体最有效的应对策略就是适应时代发展的趋势，积极利用好新媒体这一平台，发挥其优势作用，充分培养和发展意见领袖，完善自身的信息传播和舆论引导功能。”[①]

三、《羊城晚报》“一带一路”报道的启示与价值

纵观《羊城晚报》的“一带一路”报道，可以收获以下三点启示：

一是要用真实声音、真实案例，从小角度做好大战略。例如《羊城晚报》对广州十三行的报道，就从一个小小的“十三行”来切入整个“一带一路”的大战略，这样的新闻产品，真实可信，生动形象，避免了空洞的战略描述，从实际出发做好了报道。

二是要从多角度、多方位来进行报道。“一带一路”是中国重大的战略规划，

① 徐书婕《新媒体语境下主流媒体的责任担当——以〈人民日报〉》“一带一路”报道为例》，《新闻战线》2015年第13期，第74页。

其覆盖面非常广，如果仅仅从时政、外交的角度来做，必然会流于狭隘。“一带一路”传递的不仅是经贸和大国战略，同时也有丰富的文化内涵。《羊城晚报》敏锐地抓住了这一点，打起了“文化牌”，副刊、专刊的报道取得了很好的效果。

三是要报道、活动、新媒体多端口齐发力。现在已进入立体化传播时代，仅仅依靠报纸的宣传已经远远不能达到想要的效果。因此，《羊城晚报》不仅在纸媒上下功夫，还充分利用平台优势，在新媒体和活动端口齐同发力，只有这样才能达到最好的效果。

加强化石保护研究，夯实“一带一路”人文基础

王丽霞

国家“一带一路”倡议的提出，不仅对经济发展、民生建设、文化繁荣、对外交往具有重要的战略意义，对于中国化石保护研究工作来说也提供了难得的发展契机。在此我们提出“一带一路”化石战略。

“一带一路”化石战略是一个国际化的战略，而中国古生物学所取得的辉煌成就，是打造国际性战略的前提。中国是世界公认的古生物大国、恐龙王国。中国古生物学取得了辉煌的成就。2001 年，美国《科学》杂志以“精美的中国化石为生命增添了新的篇章”为题报道了中国古生物学近年来取得的耀眼发现。同年，英国《自然》杂志编辑出版了中国古生物专集《腾飞之龙》，介绍中国古生物研究的成就。[1]中国辉煌的古生物学成就吸引着世界科学家和古生物爱好者的目光，也引起国际旅游组织、户外运动组织的关注。以化石为载体，加强国际合作，助力“一带一路”倡议是中国古生物学发展的必然选择。

以 2011 年《古生物化石保护条例》颁布施行为标志，我国的化石保护事业不断开启新的里程。化石保护要求我们不断探索如何对化石进行有效保护，这涉及多个方面，有法规标准的完善，有保护体系的建立和完善，有技术方法的探索，有如何向公众进行科普和宣传教育，还有如何更好发挥化石的社会效应，等等，化石保护研究的目的和宗旨是“依法保护，科学研究，传播文明，造福人类”。

【作者简介】王丽霞，国家古生物化石专家委员会办公室专职副主任、研究员，中国地质学会化石保护研究分会副会长兼秘书长。多年从事化石保护管理、科学研究和科普传播工作，“一带一路”化石保护战略研究负责人、丝绸之路化石论坛策展人、化石丝绸之路科学考察团团长。

① 沙金庚《辉煌的中国古生物学》，科学出版社，2009 年。

一、“一带一路”倡议对中国化石保护的意义

（一）化石对人类的意义

化石是保存在沉积地层中的地质历史时期的生物遗体和遗迹。化石与古代生物相联系，具有诸如形状、结构、纹饰和有机化学成分等生物学特征，或者是由生物活动产生并保留下来的痕迹。化石的形成条件苛刻。在地质作用过程中，绝大多数生物体及其遗迹都被破坏，只有极少部分能够保存下来最终成为化石，而能够完整被发现并发掘出来的化石标本就更少了。

化石是大自然留给人类的不可多得的遗产，对人类意义重大。它是记录地球几十亿年演化变迁的重要材料，是我们给地球各个历史时期标定时间的计时器。是我们正确认识和了解地球上生物生存、发展、消亡规律的最好教材。研究古生物对于寻找矿产资源意义重大，如20世纪30年代美国地层古生物工作者利用有孔虫化石在寻找和开发美国中部油田中做出了重大贡献。化石还能促进经济发展：第一，化石是一种物质资源，具有价值——化石燃料仍是现代经济发展的重要支撑。第二，化石是一种旅游资源，用煤精制作的云冈石窟煤雕、用震旦角石制作的镇纸、用蝙蝠虫制作的砚台等都是极具特色的旅游纪念品。同时，化石收藏特别是化石珠宝的兴起促进了经济发展。第三，化石还是一种文化资源和战略资源，在促进文化产业发展以及加强国际合作等方面发挥着重要作用，从而成为一些地方经济发展的新动力。

（二）“一带一路”倡议对化石保护的意义

在“一带一路”倡议背景下，化石保护主要工作领域就是教育、科学、文化领域，属于第三产业，面临难得的发展机遇，要坚持“政策支持、专家指导、丝路助力、社会参与”为总思路，以国家政策导向和人民群众的积极性、创造力为两大依靠，以丝绸之路科考团和化石文化巡展为两大抓手，开展以化石为载体的国际合作交流、文化发展创新、国际人才培养和美丽乡村建设；将产地的经济带上来，将海外流失的化石追回来，让化石助力“一带一路”中国梦。

第一，“一带一路”倡议有助于推动化石保护研究和基础设施建设。“一带一路”地区遍布荒漠高山，人烟稀少，基础设施落后，经济欠发达。很多化石由于强烈

的温差风化作用而面临毁灭，交通的不便使得许多富含化石的区域不能被研究人员涉足，地层和古生物研究的程度远远低于东部地区。经费缺乏更是严重制约着化石保护研究。丝绸之路经济带建设将为改善这种状态提供难得的机遇。

第二，“一带一路”倡议有助于加强化石保护研究与国际合作。“一带一路”倡议将有助于沿线化石产地及其所在市县加强国际合作，增进交流，为召开国际会议、开发国际旅游线路、开展国际科考合作和文化交流提供平台。借助国际交流，“一带一路”沿线化石产地的化石资源详查和深入研究将有机会开展，产地的保护也将得到更多的技术和投资支持。

第三，“一带一路”倡议有助于促进化石文化建设与环境保护。“一带一路”从一开始就具有了文化传播和交流的功能。而当今国际社会，经济和文化越来越密不可分。借助丰富的化石资源特别是恐龙化石来开发打造具有“一带一路”特色的文化战略具有良好的发展前景和广阔的发展空间，同时可以进一步促进生态文明和环境保护，打造绿色产业。

二、“一带一路”化石战略的条件分析

化石战略是发挥化石效应的具体体现。化石效应，包括经济效应、文化效应、科技效应和社会效应。化石效应的发挥要以保护为基础，在保护的基础上探索利用化石的有效途径。我们提出“化石 +”的概念，即以化石为载体，促使生产要素集成融合，促进产业结构优化，促进人的发展。

（一）“一带一路”化石战略的有利条件

第一，中国化石保护成果丰硕。中国化石保护事业虽然起步较晚，但取得了丰硕的成果。（1）法规标准逐步完善，已出台《古生物化石保护条例》《古生物化石保护条例实施办法》《国家古生物化石分级标准》等，这些法规标准为“一带一路”化石战略的实施奠定了坚实的基础，保障了在保护的前提下开展合理利用的可能性。（2）化石保护体系初步建立。相关部门组织成立了国家古生物化石专家委员会，各省（区市）积极筹建省级专家委员会。截至 2015 年年底，已成立 21 家省级专家委员会。新疆鄯善、贵州兴义、黑龙江青冈和北京大学分

别成立了化石保护研究中心。（3）化石产地和标本的保护管理到位。我国的化石产地保护区（点）从1979年不到10处，发展到目前150多处。截至2015年，针对国家化石产地建立了8个国家级保护区、29个国家地质公园和50多个古生物博物馆，针对一般化石产地建立了23个省级保护区和7个省级地质公园，有效保护了化石在外交、公安、海关等有关部门的协助下，严厉打击乱采滥挖和贩卖行为，查获多起走私化石事件，并从海外追缴化石5000多件。2014年，国土资源部和国家古生物化石专家委员会评定首批38家国家级重点保护古生物化石集中产地（以下简称"国家化石产地"），并指导编制产地保护规划。（4）化石保护经费投入加大。近年来，财政部、国土资源部加大了对化石保护项目的支持，地方政府及有关企业也多方筹集资金开展化石保护工作，社会组织和企业也投入到化石保护研究中来。（5）国际交流与合作不断加强。通过学术交流、展览、联合打击走私专项行动，特别是"一带一路"科学考察和化石巡回展，中国古生物学进一步走向世界。（6）公众对化石的保护意识不断增强。在全国建立了多个古生物科普教育基地，涌现出大批化石爱好者及化石保护志愿者。这些成绩为在"一带一路"倡议下加强国际化石保护合作，特别是打击化石走私、促进流失化石回归奠定了坚实基础。

第二，"一带一路"沿线有众多化石点。陆上丝绸之路根据线路走向分为西北线、北方线、西南线，加上海上丝绸之路共四条线。这四条线在我国境内经过众多化石产地。首批38家国家化石产地中，位于"一带一路"上的就有24家。西北线上的重要化石产地包括陕西蓝田、子洲，宁夏中卫、灵武，甘肃和政、刘家峡、马鬃山，新疆鄯善、哈密、吐鲁番等；北方线的重要化石产地包括内蒙古二连浩特、巴彦淖尔、鄂尔多斯、宁城，辽宁朝阳、义县、建昌、抚顺，吉林白山，黑龙江嘉荫、青冈等；西南线的重要化石产地包括四川自贡，贵州兴义、关岭、黔东南，云南澄江、禄丰、罗平，西藏昌都等；海上丝绸之路的主要化石产地包括浙江天台、东阳，福建三明，广东河源、南雄以及广西扶绥等地。"一带一路"沿线还有很多旅游景点和名胜古迹。从国内外化石文化产业的发展经验看，化石和旅游结合，更容易形成产业集群，从而成为地方新的经济增长点。

第三，"一带一路"科考历史悠久、成果显著。从20世纪20年代起，就有国外科学家和考察团沿丝绸之路进行化石科考。20世纪初美国中亚科学考察团、中国—瑞典西北科学考察团，20 世纪中期中国—苏联古生物考察团，20 世纪后期中国—加拿大恐龙计划等，在中国境内，特别是丝绸之路沿线发现了大量恐龙化石，并取得了丰硕的科研成果。北方线上的黑龙江嘉荫、辽西地区，西南线的云南禄丰和四川自贡地区，均有中华人民共和国成立前外国科学家考察并有重要发现的记录。“一带一路”沿线至今仍然是世界古生物学家重点关注地区。

（二）“一带一路”化石战略的挑战

各地在加强化石保护管理的同时，存在不知如何保护、技术手段落后等问题。特别是部分地区，由于不懂化石发掘技术，没有一套完善的馆藏、标本修复和管理技术，造成了化石标本的破坏。这就迫切要求我们加强化石保护技术研究；随着化石文化价值不断被发现，一些盲目的旅游开发项目对化石遗址造成破坏。这些问题得不到解决就很难做好化石保护工作，也很难发挥化石效应，助力“一带一路”倡议。此外，由于国际形势复杂多变，“一带一路”沿线极端宗教势力和恐怖主义有抬头的迹象，这也形成“一带一路”化石战略实施的挑战。

三、“一带一路”化石战略的实施

（一）开展“一带一路”新科考

“一带一路”沿线有悠久的科考历史，取得过重大发现，且仍有较大的发现潜力。同时“一带一路”沿线的化石产地保护也是我们面临的迫切问题。鉴于此，我们启动“一带一路”化石新科考，以化石资源普查、遗址保护研究、推动科学研究为目的，以国内著名古生物学家为先锋，是科研人员、企业及公众广泛参与的大型科考活动。

目前国家古生物化石专家委员会和中国古生物学会等组织的专家已经制定出丝绸之路化石科考路线，并于 2015 年 9 月 16 日在新疆鄯善举行丝绸之路化石科考启动仪式。丝绸之路化石科考的主要目标在于进一步查明国内化石产地、地质时代的基本情况，为科学合理制定化石研究规划、建立化石自然保护区和化石遗址博物馆提供依据；追踪过去数十年来较为重要的科考路线，补充照片和影像资料；为丝绸之路沿线化石发现与研究、保护与管理、科普和教育提供支持。2016

年 3 月 11 日，在四川自贡启动了南方丝绸之路科考活动。南方丝绸之路科考从自贡出发，在四川境内将走完广元、乐山、泸州等地，随后进入贵州和云南境内。科考将为丝绸之路西南走廊沿线的化石资源调查、发掘和研究以及未来化石保护研究工作打下基础。2016 年 4 月和 8 月，北方丝绸之路科考和草原丝绸之路科考分别从辽宁喀左和内蒙古巴彦淖尔出发，沿丝绸之路北方线，穿越东北三省和内蒙古呼伦贝尔大草原，最后进入蒙古国境内。

（二）打造“一带一路”化石文化

化石文化是人类在发现、认识和利用化石过程中创造和积累的文化活动，是人们围绕化石而开展的各方面生活的反映，可以分为化石科学和化石艺术。打造“一带一路”化石文化，我们将推动以下工作：

第一，发展化石旅游产业，建设化石科技文化产业园。推动在丝绸之路沿线化石产地建立科普基地（地质公园）、古生物博览园，借助国家重点保护化石产地，推动化石旅游及化石文化产业发展。通过引导社会投入，协调并发挥科研机构的学科优势，创新化石文化艺术品牌，推动主题公园、科普基地、科考旅游、影视动漫基地、化石科技文化产业园建设，促进地质文化产业发展。

第二，启动丝绸之路化石巡回展。丝绸之路化石巡回展旨在促进国际交流合作，展示丝绸之路化石遗址和重要标本以及中国古生物学成就；通过化石塑造完整的丝路形象，展现山水风光、人文科技，展现中国古生物学精神及化石中国梦。

第三，实施互联网 + 化石保护行动计划。在“一带一路”倡议背景下，将“互联网 +”的理念引入化石工作领域，建设数字化石，让信息网络技术服务于化石科研、科普和保护管理工作是大势所趋。

第四，策划化石文化周等活动。2016 年 5 月 3 日至 7 日，首届化石文化周活动在北京大学举行。化石文化周紧紧围绕化石展示与研究保护两条主线，精心组织了一系列丰富多彩的文化活动，包括专家院士报告、化石文化论坛、五个化石产地的主题文化日活动以及文艺会演。活动对如何将科学艺术化、将艺术科学化进行了深入探讨。此类活动可以在丝绸之路沿线推广，并成为地方旅游文化的品牌。

（三）推进化石村的建设

很多化石产地位于边远山区和农村，要让化石真正得到保护，需要让科普和保护宣传深入田间地头。在化石产地建设化石村，开启了“让化石保护深入田间地头”的先河。“化石村”是在国家古生物化石专家委员会办公室副主任王丽霞的倡议策划下，由中国地质大学（北京）化石保护研究硕士班海百合小组发起，组织单位、社会团体或化石爱好者认领并支持建设的，具有化石资源产出、保护基础和一定乡风民俗的村落。建设化石村的目的是提升化石保护意识，进行科普宣传教育，促进生态文明，建设美丽乡村，推动地方经济发展。

首个化石村的建设。2014 年 6 月 20 日，由中国地质大学（北京）2012 级地质工程硕士班与湖北远安县国土资源局共建的国家首个化石村——远安落星化石村正式落成。作为认领方，工程硕士班学员将提供政策法规与专业知识的咨询服务，开展化石宣传教育和科普活动，并捐赠化石标本、相关书籍和宣传用品；作为受助合作方，落星村为活动提供场地和人力支持，配合建设实习基地和科普基地。该模式具有自发自愿、互利共赢和优势互补等特点，又具有创新性，利于号召全社会积极参与化石保护。

化石村建设规划。截至 2016 年 9 月，全国已经有 21 个化石村签订了认领协议，还有多个化石村在积极筹建中。预计目标是在全国建设认领 100 个化石村。各地国土资源主管部门需要制定化石村建设保护规划，规划应包括如下内容：一是开展化石村周围的化石资源普查，对化石点采取工程保护或抢救性发掘措施，同时要发掘整理村落的历史文化信息，保护村中的文物古迹，传承非物质文化遗产。二是打造“五个一”工程，即“一村一馆”——化石科普馆、“一村一站”——化石保护站、“一村一品”——化石文化品牌、“一村一游”——化石产地文化旅游、“一村一乐”——化石村农家乐。

“一带一路”沿线上的化石村发展规划。目前在“一带一路”沿线已经建设认领了 11 个化石村，分别是西北线上的新疆鄯善化石村、新疆昌吉化石村，北方线上的河北平泉化石村、辽宁义县化石村、吉林延吉化石村、黑龙江青冈化石村、内蒙古巴彦淖尔化石村，西南线上四川自贡化石村、四川射洪王家沟化石村、贵州兴义化石村、云南罗平化石村。这些化石村要根据国家“一带一路”规划要求做好化石保护规划，力争申请“一带一路”专项资金，要打造国际性旅游村落，同时将化石村的建设推广到“一带一路”沿线其他国家。

（四）培养“一带一路”人才

“一带一路”化石战略，人才是根本，特别需要视野开放的、专业基础扎实的国际性人才。因此，要推动建立国际性的丝绸之路学院，培养更多高端人才。结合国家“两个一百年”战略目标，即在中国共产党成立100年时全面建成小康社会，在中华人民共和国成立100年时建成社会主义现代化国家，同时贯彻落实习近平写给中国地质博物馆百年贺信的精神，海百合小组发起了“百年计划行动”，即联合世界化石保护组织、联手百强企业认领100个化石村；建立100个化石科普馆；培养100名科学家；编辑化石百科全书，坚持“海纳百川、合作共享”的宗旨，真正实现化石保护研究“百花齐放、百家争鸣”，实现共同合作、和谐发展。

（五）推动国际化石公约的出台

要借助“一带一路”部署，加强国际合作打击化石走私的力度，加强国家间古生物学术合作和会展交流，掌握流失海外化石的动态信息，力争促成更多流失海外化石的回流。在时机成熟时联合“一带一路”沿线国家推动制定《国际化石公约》，并提交联合国。同时，要积极推动在上海合作组织框架内化石保护研究合作，加强中国与中亚和中东欧国家的古生物学术和文化交流，建立国际性的学术合作机制，签订更多的以化石为主体的文化合作项目。

中国西北丝绸之路沿线人口分布及其结构特征

米瑞华　石　英

当今世界已进入一个多元、多维的大网络、大空间时代。随着向西开放的重要性逐渐增强，丝绸之路经济带沿线地区作为国家的重要利益关切和企业贸易投资的对象日益突出。实现高标准的国际国内互联互通和经贸合作要求丝绸之路经济带沿线地区通过政策和信息沟通，形成对人口、经济环境及其不确定性等各方面的全面认识和预期。目前国内外对该地区的研究主要聚焦于交通运输等基础设施建设以及经济合作、文化交流、旅游发展、地缘关系、政治稳定和生态演变、历史考古等领域，[①] 对丝绸之路经济带人口及其分布以及人地关系的研究相对较少。[②]

丝绸之路经济带作为一种特定的区域经济空间结构，战略的最终目标和深层动力是产业的集聚发展、价值链的重整以及贸易合作的深化。在这一过程中，基于各类基础设施的投资和建设，人口将为产业发展提供市场需求和劳动力要素供给。人口是资金、技术、文化和社会关系的载体，经济活力和产业布局都是人口布局及其结构特征的外在行为表现。因此，研究丝绸之路经济带沿线地区的人

【作者简介】米瑞华，博士，华东师范大学公共管理流动站博士后，延安大学经济与管理学院讲师。主持陕西省社科基金 1 项，延安市社科规划基金 1 项，延安大学校级项目 3 项。

石英，陕西省社会科学院二级研究员，中国社会学会副会长，陕西省社会学会会长，陕西省决策咨询委员会民生组组长。

① 胡鞍钢、马伟、鄢一龙《“丝绸之路经济带”：战略内涵、定位和实现路径》，《新疆师范大学学报》（哲学社会科学版）2014 年第 2 期，第 1—11 页；王海运、赵常庆、李建民等《“丝绸之路经济带”构想的背景、潜在挑战和未来走势》，《欧亚经济》2014 年第 4 期，第 5—58、126 页；卫玲、戴江伟《丝绸之路经济带：超越地理空间的内涵识别及其当代解读》，《兰州大学学报》（社会科学版）2014 年第 1 期，第 31—39 页；孙慧、刘媛媛《丝绸之路经济带在全球价值链中的地位与作用》，《经济问题》2016 年第 1 期，第 8—14 页。

② 米瑞华《丝绸之路经济带（境内段）人口空间结构研究》，陕西师范大学博士学位论文，2015 年。

口分布及其结构特征，对帮助厘清产业和社会空间的人口学基底，分析丝绸之路沿线地区的人地关系、人口与经济社会的关系以及人与人之间的关系具有重要价值。①

一、沿线人口分布与丝路主干道耦合显著

丝绸之路经济带人口分布与丝路重要交通主干道的分布形态耦合显著，在重要的交通枢纽和工业城镇形成人口聚集。丝绸之路经济带沿线有黄河流域、河西走廊、沙漠绿洲、青藏高原四大地貌类型，由于研究区域内丰富的自然、气候、地理环境以及历史、经济等多方面原因，人口分布的空间差异性和不平衡性非常显著，主要分布于绿洲、谷地、坝子、海子、平原、川地等生活条件比较优越、经济文化环境也比较优越的地区。丝绸之路经济带沿线人口密度较高的区域主要有关中平原、陇中、陇东黄土高原、河西走廊、新疆天山北坡与准噶尔盆地南缘之间、塔城平原、伊犁平原、吐鲁番和哈密盆地、天山以南山地、塔里木盆地西北和西南外缘绿洲、阿尔泰山地等，这些地区正是丝路主干道的重点覆盖地区。

丝绸之路经济带人口密度较低的地区往往为高山大川、荒漠、沙地等生存环境较差、经济落后、谋生困难的地区，如甘肃河西走廊北部阿拉善高平原、河西走廊南部祁连山地和西部北山山地，青海昆仑山脉高原地区、柴达木盆地腹地，新疆准噶尔、塔里木盆地腹地的沙漠地带，南疆西昆仑与喀喇昆仑高山地区，东疆阿尔金山等高山地区，每平方千米不足 2 人，甚至更低。

丝绸之路经济带人口密度分布受区域地形地貌、水体气候、土壤矿产等自然环境的影响巨大，人口的聚集和丝路干道的形成，不能脱离自然地理环境的限制，但经济社会发展的地区差异性对人口分布变动和人口城镇化的作用也非常显著。丝绸之路经济带沿线地区人口密度峰值点与丝路主干道重合显著，是人在历史长河中不断追求最佳的生存环境，并通过人的建设不断补充和强化这一优势地位的结果。

① 范少言《丝绸之路沿线城镇的兴衰》，中国建筑工业出版社，2010 年，第 3—7、16 页。

二、沿线各省区人口集疏和人口结构差异显著

丝绸之路经济带沿线各省区人口承载力具有显著的差异性。[①] 长期维持较高人口密度的区域，如陕西关中地区、甘肃陇中南地区、宁夏银川平原地带、西宁海东地区、新疆天山以北准噶尔以南地带、天山以南昆仑山脉以北的塔里木外缘绿洲农业区等，其人口承载力相对较高；反之，长期地广人稀、对外来人口缺乏吸引力的地区，其人口承载力往往相当低。这种差异化的人口分布格局具有长期性、客观性和稳定性。

陕西省地处丝绸之路经济带起点，自古以来就是丝绸之路经济贸易的受益者和积极经营者。陕西省人口分布关中地区密集，南北较疏。关中地区不仅是陕西省人口最密集的地区，在整个丝绸之路经济带也是人口最密集的地区，以经济带1.66%的土地居住着23.35%的人口，其中又以丝绸之路起点城市西安的人口密度最大，西安主城区（碑林、新城、莲湖三区）平均达到2.5万人/平方千米。陕北黄土高原海拔900—1600米，地势较高，降水稀少，人口平均密度较低，以经济带2.58%的土地居住着5.73%的人口。陕南地形以中高山为主，降水、气候条件较好，植被丰富，人口较为密集，以2.26%的土地居住着经济带8.68%的人口。陕西省省会西安是古丝绸之路和今丝绸之路经济带的起点城市，目前人口再生产处于低出生、低死亡率的缓慢增长的现代型阶段，城市中心区具有严重少子化和严重老龄化的年龄结构特征，近郊区为严重少子化和年轻成年型年龄结构，远郊区为轻度少子化和严重老龄化特征；人力资本雄厚，人均受教育程度为西北五省最高。

甘肃省地处丝绸之路经济带必经之路，尤其是河西走廊，自古以来就是丝绸之路贯通的咽喉要塞。甘肃省人口分布南密北疏，东起甘陕省界、西至乌鞘岭畔的陇东、陇中地区以3.02%的土地居住着16.35%的人口，省会城市兰州城关区人口密度达到2万人/平方千米，天水、定西、陇东、临夏等地区级中心城市人口密度也较高。甘肃河西走廊是甘肃北部主要人口分布区，人口沿河西走廊呈珠串状分布，武威、金昌、张掖、嘉峪关等工业城市人口较为稠密。河西走廊以西的

① 安介生《历史时期中国人口迁移若干规律的探讨》，《地理研究》2004年第5期，第667—676页。

肃北、阿克塞、肃南等县海拔较高，人口稀少。甘肃南部陇南和甘南地区山高谷深，人口分布较为稀疏。兰州主城区人口受教育年限均超过10.5年，其中，安宁区人均受教育年限达到12.86年，人口文化素质较高，少数民族在全市各区县都有分布，但比重均不超过10%。人口再生产进入现代型缓慢增长阶段，人口年龄构成具有少子化和老龄化特征。

宁夏回族自治区地处西部黄土高原与内蒙古高原的过渡地带，地势南高北低，气候南寒北暖，人口分布北密南疏。宁夏中北部地区黄河穿流而过，广袤的银川平原灌溉农业发达，人口密度较大，且主要依黄河呈带状分布。银川、石嘴山、吴忠三地市以丝绸之路经济带1.08%的土地居住着3.84%的人口，首府银川市人口最密集的金凤区达到1.5万人/平方千米。宁夏西南部地貌有沙漠、平原、台地、山地，特别是南部固原等地区，水土流失等自然灾害频发，人口密度较中北部地区低。银川是全区政治经济、文化科研中心，是以发展轻纺工业为主的综合性工业城市，主城区人口密度大于800人/平方千米；人口再生产类型属于低出生、低死亡、缓慢增长的现代型；银川市老龄人口比重低于7%，是较为年轻的人口年龄构成，也是西北五省会城市中唯一尚未进入老年型社会的首府城市；城三区以从事二、三产业的人口为主体，人口城市化率均达到80%以上，受教育程度较高，城乡人均收入较高。

青海省全省地形差异显著，地貌以山地为主，兼有平地和丘陵，地势自西向东倾斜。青海省人口分布东密西疏。海拔较低的西宁、海东地区以青海2.92%的土地聚集全省64.08%的人口。首府西宁人口聚集度最高，人口最密集处1.3万人/平方千米。西宁和海东以外的其他地区大都地广人稀。值得注意的是矿产工业城市格尔木，由于采掘工业和加工工业的发展而招引了一定数量的外来人口，发展成为区域大型城市，人口最密集处大约1300人/平方千米。柴达木盆地北缘成矿带上的工矿城镇茫崖、柴旦和冷湖三行委，人口最密集处分别达到1055人/平方千米、110人/平方千米和30人/平方千米，但绝大部分地区人口密度低于0.5人/平方千米。西宁市位于青海省东部的湟水谷地，人口密度为全省最高，是一个少数民族聚居城市，大通、城东、湟中三区县少数民族人口占比分别达到47.6%、38.3%、26.7%，西宁市人口再生产进入低出生率、低死亡率、缓慢增长的现代型阶段，老年人口占比大于8%，少儿人口比重小于15%，是少子化和老龄化社区，劳动适龄人口和育龄妇女比重大。人口受教育程度较高，人均受教育年限 11.54 年，受过高等教育的人口占常住人口的 15%。

新疆维吾尔自治区地处亚欧大陆腹地，周边与俄罗斯、哈萨克斯坦等八国接壤，在历史上是古丝绸之路的重要通道，现在是第二座亚欧大陆桥的必经之地。新疆的人口分布依绿洲而聚集，自古以来有限的绿洲就是新疆人类活动的中心。由于天山、喀喇昆仑山等多条山脉的阻隔，以及准噶尔和塔里木两大盆地的存在，人口分布的地带性特征非常显著。由于盆地中央蒸发量大，极为干旱，人口大都分布于山下河水充盈的盆地外缘绿洲地带，在占新疆土地面积 8% 的绿洲上分布着全疆 90% 以上的人口。天山北坡城市群、伊犁平原、喀什、和田绿洲地带人口密度较大。首府乌鲁木齐人口密度最大，最密集处达到 1.1 万人 / 平方千米。人口密度最低的地区主要位于准噶尔、塔里木两大盆地腹地的沙漠区域，以及南疆东、北部的高山、沙漠等极干旱地区。乌鲁木齐市是第二座亚欧大陆桥上的重要城市，是中国向西开放的重要门户。乌鲁木齐城四区（新市区、天山区、水磨沟区、沙依巴克区）以第三产业人口占绝对多数，人口城市化率均大于 98%，是外来人口的主要迁入地，城乡人均收入较高，人口文化素质较高，平均受教育年限大于 10.5 年，人口再生产模式为低出生、低死亡的现代型，少儿人口比重较轻，家庭规模 2.5 人左右，是严重少子化和轻度老龄化的社会。由于医疗卫生事业发达且人口年龄结构较轻，人口死亡率较低，低于 3‰。

三、沿线经济社会和人的发展所处阶段差异性显著

丝绸之路经济带各区域人口结构分布各具特征，社会群体空间分异较大，沿线各地区人口发展所处阶段具有差异性。人口结构特征优越的区域集中在五大省会城市和陕北能源化工基地、甘青新交界处的成矿带以及丝路沿线的重要工矿业城市，显示了人口对经济、公共产品、自然资源以及生态环境等要素的选择和迁移意愿及其结果。

人口压力相对较大的地区主要在新疆南疆三地州、青海玉树果洛州、宁夏西海固地区，其人口再生产类型尚处在“高低高”的过渡阶段，人均收入、受教育年限等较低，是贫困人口比重大和少数民族聚居度高的叠加区域；南疆三地州

是新疆地区少数民族比重最大的地区，人口受教育水平低于全疆其他地市，城乡人均收入在全疆乃至西北五省区中处于较低水平，是新疆贫困人口集中分布的地区，当地少数民族生育意愿较强，政策内允许生育子女数高于汉族，仍属于高出生、较高死亡率的传统型人口再生产模式，人口增长惯性大，自然增长率将长期保持较高水平，是人口再生产实现转变较为艰难的地区。此外，甘肃陇中、陇东、陇南及陕西南部地区在丝绸之路经济带人口—经济系统中也处于易被边缘化的地位，人口尤其是优质劳动力资源迁出局势显著。

四、顺应规律，趋利避害，促进沿线地区全面发展

丝绸之路经济带各种人口与资源环境、经济社会之间的矛盾始终存在，在一些人口生计非常困难且人口分布相对凝固的地区，需要重点考察分析，提前认识危机，为化解危机给出必要的时间。在开放的大环境中，通过加强人口迁移的便宜性，或可使长期累积的人地矛盾在相对低成本下得到解决。王桂新认为：“每一个人的能力和专长是不同的，如果能把每一个人都安排在适合并能充分发挥其才能的‘位置’（可包括空间位置和所事工作），就可以获得更大的效益，由此推广到宏观，合理的人口分布，就可以使人口与自然、经济的关系实现在位置上的优化配置，创造巨大的宏观集聚效益和规模效益。”① 这就为人口空间结构的优化工作提出了现实需求。优化对策和建议基于丝绸之路经济带自身的人口空间结构发展规律，基于地区经济发展目标，对人口空间结构进行以市场为主导的自然优化，仅在非常必要时采取较短时间的政府直接干预。

（一）培养经济带增长极，提高西北特大城市的人口和产业规模

从整个丝绸之路经济带的全球视角来看，我国经济增长势头强劲，向西对中亚五国具有一定的贸易、技术和文化交流吸引力；但从丝绸之路国内段来看，西安、乌鲁木齐等城市经济体和人口规模还较小，作为经济带上的增长极，西安和乌鲁木齐应当继续做强做大，尤其西安作为丝绸之路起点和重要增长极，虽然目前是

① 王桂新《区域人口预测方法及应用》，华东师范大学出版社，2000年。

西部首位度最高的城市，但其人口规模、产业规模和人均 GDP 等经济指标尚有很大发展空间。

特大城市人口和资源等生产力的相对聚集是非常必要的，对丝绸之路经济带向西辐射具有正面的溢出和扩散效应。投向大、中城镇地区的经济要素应当顺应资源禀赋、市场临近等产业规律，使特大城市的工商企业顺利发展，做大、做强，更新和优化产业结构，[①] 促使西安经济活力、就业和人均收入增加。应优化城市产业结构，着力吸引优秀人力资本迁入，打造西北人力资源高地；注重基础设施的持续改善，注重都市核心区商业更新和产业更替；功能区划和产业园区规划应立足国际化大都市建设目标来进行，提前向周边卫星城、中小城镇规划产业布局，以轨道交通、中小学校、社区医院等公共服务的规划选址布局来优化人口和产业的空间布局，防止交通拥堵、生活机会成本过高等城市病降低经济效率，对规划人口聚居区加强产业布局、公共设施和服务的投入，以增强新区对人口的吸引力。本着精明增长、集约布局的现代城市理念，防止城市发展漫无边际，使城市形态和人口分布形态可控。人口适度密度可以随着技术、生态等条件的改善而提高，它取决于应用技术和知识的程度，且随着有关条件的变化而不断变化。[②] 如果环境、资源和公共服务增长不能满足城市人口快速聚集的需要，则适度提高人口准入门槛也是暂时性的调节措施，但长期而言，还是应当以优化调整产业和公共基础设施布局等方式来实现城市人口空间结构的优化。

（二）增加城市群基础设施建设，提高公共服务水平和人口承载力

当下人口由农村向城镇、由小城镇向大城镇迁移的趋势是一种客观必然。据调查，人口向特大城市迁移和集聚的“推—拉”力最大。现有外出农民工中，跨省外出打工的农民工主要集中在大城市和特大城市；全部农民工中，有一半集中于全国排名前十的大城市，其中四分之一集中于前四大城市。[③] 在经济资源相对

① 任宗哲、石英等编《丝绸之路经济带发展报告 2014》，社会科学文献出版社，2014 年，第 1—23、304—308 页。

② 李仲生《发达国家的人口变动与经济发展》，清华大学出版社，2011 年。

③ 郭晋晖、王子约《户籍制度改革方案解读：城市越大落户门槛越高》，http://news.sohu.com/20140731/n402937941.shtml。

充裕的条件下，人口在大城市聚集可以形成规模经济，促进劳动分工和技术进步，但是在大城市各项资源短缺的情况下，比如公共设施和各类自然资源达到饱和点或临界点，大量农村人口进入城市必然带来城市病。大城市聚集了最密集的生产资源和生活资源，就不能阻隔人力资本自发自动地对生产资本和物质资本的追求和匹配，因此，丝绸之路经济带城市群（主要指沿线大中型城市）应当持续增加基础设施建设和公共产品投资，以提高城市公共服务水平和人口承载能力。尤其是区域特大城市西安和乌鲁木齐，应当致力于改善公共设施，合理布局大城市周边的中小卫星城镇，使其具备部分城市功能，扩大城市人口承载力，减少城市病出现的概率，近郊社区和住房建设应优先规划，居住用地应优先提供围绕产业园区、商业聚居区、开发区、重要交通干线及交通节点周边的建设用地，形成产业定位有差别的混合型功能分区，以便减少城市浪费性通勤，缓解拥堵，提高人口居住的便利性和良好感受，以使等量城市建设资金带来更大的效应，实现城市经济体和周边城市群做大、做强，带动丝绸之路经济带各区域经济繁荣。

（三）提高农业生产力，政府或第三方参与农村公共基础设施建设

在农村人口大规模向城镇迁移的过程中，面临着人力资本流失和产出下降的危险，规避风险的关键环节就是提高农业生产的技术水平，使农业的资本利得增加。由于迁出人口多为有一定文化水平和熟练技能的青壮年劳动人口，这必然对迁出地区带来人才的流失和抚养费用、教育费用的损失。人口迁入率越高，迁入地收益越大，形成了大城市的“智能收益”和广大农村地区的“智能流失”。因此，应当在区际公共投资时对人口迁出地区进行公共资金转移。由于农民人均收入较低，无力实现水利设施和机械化，技术进步的关键环节要由政府或投资公司等第三方来补充。投向农村地区的资本，应当主要用于两个方面：一是用以提高农业生产力，如水利设施、改善土壤、技术普及等；二是用以改善农村地区的基础设施和公共服务水平，如道路、通信、医疗、基础教育等，因为只有不断改善农村地区的公共服务和基础设施建设，才能使农业生产留住必要的人力资本，并实现贫困地区人口再生产方式的转变，使其人口构成向适合农业现代化的方向发展。

（四）重视干道和辅道建设，尤其加速人口快速增长区铁路建设

封闭凝固的人口分布方式不仅不利于改善人口身体素质，对文化素质的提高也是消极的，尤其是人口承载力很低、人口分散居住的地区，在与他人、与社会基本隔绝的状态下生产生活，人的科学文化素质必然难以提高，与现代化“绝缘”。丝路干道的规划建设对延伸线地区的经济发展和人口发展具有举足轻重的作用，优先发展交通、信息、电力等基础产业，在青海南部的玉树、果洛地区也应规划和建设铁路支线，不仅会对该区域的生产生活资料运输发挥巨大经济作用，而且对该地区人口空间结构优化有很大好处：通过降低人口区际、省际流动的时间成本、经济成本和难度，改变当地少数民族人口分布相对凝固的现状，通过人口流动迁移改善当地人民生活，改善过高的人口生育率和过低的人口教育水平，增进地区之间、民族之间的往来与文化交融，减轻人口长期快速增长、分布凝固、文化单一、贫困落后等现状对区域经济社会发展造成的过大压力。

通过阿尔金山口的青海道以及和田—若羌—哈密段的古代丝路干道贯通能够使新疆最贫穷地区的人口生境得到真正改善的机会和可能，使南疆三地州的人口空间结构具有优化的经济基础条件。新疆南线铁路的建设关系到的不仅是资源配置和经济效率的改善，还有平等发展的权利和经济道德的讨论，也势必增加该地区的人口混居程度，民族融合利于地区稳定繁荣。汉代时交通手段如此有限，人们都能开拓南道，说明南道贯通的意义和价值。贸易兴旺能促进人文交流，建立互信并容易达成共识，有益于地区稳定。要使农牧民和各族群众深刻认识人口再生产的全国性、全球性变化和未来趋势，需要本地人“走出去”、外地人“走进来”，需要人口流动、经济和文化要素流动带来交流融合。因此丝路干道和辅道的延伸，对促进南疆三地州的经济发展、人口生育率下降、人口流动、人口构成转变，具有疏解功能，能够提早化解南疆三地州之人口经济困境，对沿线地区的经济发展也必将起到重要的促进作用。

（五）人口迁移和科学生育并举，解决人口年龄和性别结构失衡问题

人口结构失衡问题正在愈演愈烈，需要立足百年人口发展观来进行调整，使人口构成和人文环境向良好的人口生态发展演化。

由于少数民族地区的思想观念、生产方式、消费结构等因素，加之育龄人口

年轻型特征明显，决定了该区域人口生育转变还要走很长一段路程。由于人口惯性增长势头依然强劲，势必增加未来资源、环境和就业压力，期望在其他地区寻找到就业机会的需要，将促使该地区未来成为人口迁出热点地区。要鼓励该地区的人口迁移流动，使育龄人口生育思想受到较发达的迁入地文化的影响，促使生育偏好合理化和地区出生率的正常下降。以社会消费结构转变、借助新传媒等方式，逐渐实现育龄男女青年生育选择自觉地向现代型转变，这样的生育行为约束最为坚定、稳定且无社会压力。

陕、甘等地及城市化水平较高的地区则因严格执行计划生育、生活方式、生育观念变化等因素而进入严重少子化阶段，少年儿童比重极低，人口老龄化趋势非常严峻。人口减少一是由于家庭对子女的成本收益的改变，二是受到目前婚恋文化和消费、收入及其决定的生活方式的影响，三是由于逐步进入老龄化而使正常死亡率逐渐上升。总体而言，我们正在迎来一个人口老龄化、人口总量逐渐达到拐点的人口新常态。国家“二胎”政策的颁布以及后续生育支撑政策的出台，将促使国民逐渐增加对人口数量的投资。人口投资有较长的投入期，但如若没有长期持续、适当比例的人口数量投资，则未来人口劳动力供给断裂时的补充困难以及人口结构的深度失调所造成的文化困境也会较为突出。从一个长周期来考察，我们需要稳定人口以改善经济、社会、资源的生产和利用效率。

“一带一路”：来自泰国的另一种反映

张锡镇

“一带一路”倡议提出后，引起了多方的积极响应。多数主要发达国家都有正面评价，有57个发达国家成为中国主导的亚洲基础设施投资银行的意向创始国。亚投行也赢得了大多数发展中国家的支持和赞赏，尤其是“一带一路”沿线国家。这些国家急需这种金融支持与技术合作以加强自身的基础设施建设。在东盟国家中，21世纪海上丝绸之路倡议也得到广泛积极响应。泰国、老挝、马来西亚、缅甸、菲律宾、文莱、印尼、新加坡也成为亚投行的意向创始国。不过，在接受和欢迎中国倡议的程度上有一定差别。持积极欢迎态度的有泰国、柬埔寨、老挝；持谨慎欢迎态度的有印尼、马来西亚、新加坡、文莱；持有保留欢迎态度的有越南、菲律宾和缅甸。这在一定程度上反映了这些国家对中国的信任程度的差异。

本文在这个大背景下深入观察中泰关系的发展动向，分析中泰关系的主流与支流，并重点分析近两年中泰关系出现的一些问题，尤其是泰国公共舆论对中国态度的微妙变化，进而为两国政府提出政策建议。

一、如何观察当前的中泰关系

“中泰一家亲”是对中泰两国关系亲密程度的最准确定位。这种特殊关系，首先反映在双边政治关系方面。2013年10月，李克强访问泰国，两国发表《中泰关系发展远景规划》。李克强说：“中泰是好邻居、好亲戚、好伙伴。两国始终相互尊重信任，中泰关系走在中国与东盟国家关系前列，发挥了示范和引领作

【作者简介】张锡镇，泰国法政大学比里·帕侬荣国际学院教授。

用"。[①] 这是对中泰这种关系的高度评价。

军人政府上台后，西方国家对泰国军政府普遍采取批评和制裁态度。欧美国家批评军政权"与民主背道而驰"，美国中止了部分军事援助，欧洲中止了与泰国的合作协定谈判。[②] 欧盟还中止了对泰国的正式访问。澳大利亚也中止了与泰国的防务合作项目。巴育抱怨说："令我感到失望的是，美国并不理解我为何当时不得不加以干预，美国也不理解我们的行事方式，尽管我们两国多年来一直是关系密切的盟友。"[③] 美国《星条旗报》网站引述泰国领导人的话说："北京懂我们，华盛顿不懂我们。"[④]

主张不干涉内政的中国对军政府采取合作的态度，这自然使泰国在政治上更倒向中国。2015 年 2 月，中国国防部长访问泰国，双方达成多项共识。在国防合作方面，中方将在国防工业方面支援泰国，尤其是军事技术。中方也愿意给泰方提供军事装备，例如坦克、潜艇等。泰国也希望中国支持更多的研究和开发项目，包括军事教育。中泰双方还就两国军队进行联合军事演习达成共识。

在政治体制上，巴育流露出对中国制度某种程度的欣赏。美国助理国务卿对泰国指手画脚时，巴育表达了对西式民主的不满："他只想着美国式的民主，认为民主就应该是那样的。""不要忘了，我们是我们，自古以来我们就有自己的处事方式，有自己的政治思路，泰美之间是不同的，美国方面应该看到这一点。"[⑤] 巴育政府的智囊人士也流露出同样的政治取向，他们认为，中国的制度之所以有效，是因为那种制度有一个最高的权威——共产党。"我们也应该有一个权威，那就是国王。"在他们看来，在一个权威领导下，政府才能稳定，发展才能持续和有效。从目前巴育政府政改的方向看，的确有强化权威的趋势。

在经济合作方面，近两年，双边关系也有了长足的发展。2015 年，双边贸易额达 754 亿美元。中国目前是泰国最大贸易伙伴、出口市场和最大游客来源地。

---

①《李克强与英拉举行会谈时强调 发挥中泰关系的示范和引领作用》，http://news.xinhuanet.com/world/2013-10/12/c_125518343.htm。

②《泰国军政权因西方批评向中国靠拢》，http://world.cankaoxiaoxi.com/2014/0805/449738.shtml。

③《中泰加强防务关系 美泰军事友谊陷困境》，http://news.xinhuanet.com/cankao/2015-02/11/c_133986884.htm。

④《泰国总理巴育：中国比美国懂我们》，http://club.mil.news.sina.com.cn/viewthread.php?tid=702833。

⑤《"美式民主"在泰国遭抵制》，http://world.people.com.cn/n/2015/0131/c157278-26483210.html。

对于中国推出“一带一路”倡议，巴育表示欢迎，“泰方正在探索走符合国情的发展道路，希望同中方交流互鉴，深化合作，特别是借助丝绸之路经济带和21世纪海上丝绸之路建设，推进农业、铁路合作，促进地区互联互通，扩大泰国农产品对华出口，欢迎中企到泰国投资，促进民间交往，加强人才培训。泰方已经积极参与亚洲基础设施投资银行，赞赏中方成立丝路基金。泰方将继续致力于推动东盟同中国合作，支持中方成功举办亚太经合组织领导人非正式会议”①。巴育表示，泰中合作有利于泰国的发展，泰方坚定致力于提高两国关系水平，愿同中方抓紧落实铁路、农产品贸易等合作协议，加强经贸、金融、投资、人文等领域合作，更多惠及两国人民。泰方欢迎中国企业赴泰投资设厂。②

在文化交流方面，两国关系也走在其他东盟国家的前列。2015年，在泰国学习汉语的人数已达85万之多。泰国迄今为止已经成立了14所孔子学院和18家孔子课堂。③韩国、美国和日本长期保持着在华留学生人数的前三，但从2013年起，泰国取代了日本位居第三。泰国也成了中国留学生在亚洲的热门留学目的地。目前中国大约有30 000人在泰国留学。④

在旅游方面，中国游客人数持续增长。2015年赴泰游人数已超过790万人次，与2010年的112万人次相比，五年间增长了603%，与2014年相比，增幅亦高达71.6%。⑤2015年中国游客占曼谷游客总量的30%以上，而2009年仅有7%。⑥这些足见两国的文化交流之频繁。

中泰战略伙伴关系的主流是好的，但我们不能不承认，最近几年，尤其是中国推动“一带一路”倡议以来，泰国民间社会和舆论界出现了一股“厌华情绪”，而且有愈演愈烈的趋势。这种情绪尚处于苗头状态，还不足以影响中泰关系的主

① 《习近平会见泰国总理巴育》，http://www.fmprc.gov.cn/mfa_chn/ziliao_611306/zt_611380/dnzt_611382/ydyl_667839/zyxw_667918/t1208864.shtml。

② 《李克强：以铁路合作为契机 推动中泰关系取得新进展》，http://news.xinhuanet.com/politics/2014-12/22/c_1113737101.htm。

③ 《海上丝路孔子学院在泰国成立》，http://news.xinhuanet.com/2015-06/24/c_1115713581.htm。

④ 《泰国留学问答》下篇，http://www.mazhongedu.com/nshow.asp?c=45&i=212。

⑤ 《泰国2016年预计吸引外国游客3250万人次》，http://www.ce.cn/culture/gd/201604/30/t20160430_11086856.shtml。

⑥ 《亚太国家泰国人气最旺 中国是曼谷最大客源国》，http://www.tianshidichan.com/a/xinwendongtai/2016/0220/164.html。

流，但绝不可轻视。

观察国际关系，不能只专注于官方的表态和来往，还要密切关注民间的社会舆论。在一些国家，官方的立场和主张常常受制于国内社会舆论，以为把政府的态度搞定就万事大吉的想法，常常会使自己陷于被动。在缅甸我们有过教训，在泰国也有了教训。中泰高铁合作项目，最初我们以为胜券在握，成为中国高铁技术“走出去”的样板，但后来的发展却是一波三折，其根源就在于，泰国官方决策受到民间舆论的牵制。中泰高铁项目出现误判值得我们反思。我们的媒体常常是报喜不报忧，包括一些学术讨论会也只进行正面讨论，回避敏感或负面问题，致使我们不能全面了解泰国社会的全部信息，而陶醉于“中泰一家亲”的大好形势。

笔者观察发现，近年来泰国人对中国和中国人的看法发生了微妙的变化。十年前，从中国大陆来的人很受欢迎和尊重，泰国人对他们也非常客气，现在，态度明显冷淡。十年前，政治家们竞选，都公开称自己有华人血统，非常自豪，这些年，这种情况没有了。

我们有必要正视这种变化，分析这种变化的根源，找出扭转这一现象的措施，尽早消除泰国社会出现的这种厌华情绪。如果不引起注意，不采取措施，任其发展下去，中国的“一带一路”倡议将很难得到有效的响应，甚至可能遭遇抵制。

二、当前泰国社会舆论中的“厌华情绪”

目前，泰国社会的“厌华情绪”有三个特点：媒体对中国负面报道增多，知识界对华反感情绪尤甚，在民众中波及范围广、影响大。这种“厌华情绪”的言论和表现主要有：

“泰国要成为中国的一个省”。这是一媒体根据泰国交通部长就中泰铁路项目所透露出来的信息向政府发出的警告。报道引述泰国交通部长的话说，泰方要求中方追加泰中铁路的投资，而中方提出条件：要求享有铁路沿线土地的开发权，尤其是沿途车站的开发权。于是，该报道称，如果满足这个条件，就等于泰国“失去了自己的领土”。言下之意，这些土地就变成中国“租借”了。许多泰国人对此非常反感。报道还称，中国商人抢占泰国市场，尽管泰国是自由市场经济，“但也不是说，可以随便让人来欺负我们”。报道惊呼：“至今，还没看到政府机构采取相关措施。是否要等到泰国变成中国的一个省之后才觉醒呢？”[①]

“中国人来泰国越来越多，我们难以对他们进行控制”。在曼谷有些要开发的地方被中国公司圈起来，引起民众反感。有报道称，在曼谷的Ladkrabang区有一个中国人聚居的新中国城，这个新中国城的范围一天天扩大。如果这样下去，有可能无法控制。在泰国公立大学，有些泰国老师反对招收更多的中国老师和中国学生。一位大学副校长一方面鼓励学校国际化，招收更多的外国学生（包括中国学生），但又怕中国学生毕业后在泰国就业。一所大学计划开设一个东盟硕士专业，面向中国招生，用中文教学，但遭到所有泰国老师的反对。

“中国人不择手段留居泰国，抢夺泰国人工作机会”。中国人通过几种非法手段获得居留权。一是假结婚，和泰国人结婚后，可以利用泰国人的名义购买土地、房产。泰国人可获得一大笔佣金。也有中国人因此上当受骗，泰国人弄假成真，再离婚，依法获得中国人购买的土地和房产。二是假身份，中国商人购买泰国假身份证。三是假留学，有一些中国人在泰国三、四流学校注册学生身份，却从事代购、房产等生意。

“假合资，双方共同欺骗政府”。在泰国流行一种假合资现象。根据泰国法律，外国人不得在泰国注册独资公司，只能同泰国人合资建立公司，而且泰方必须持股51%，以便泰国人主导企业。但实际上，一些中泰合资企业，特别是小微合资公司，泰方只是名义上投资51%，捞一笔佣金，而企业绝对由中方控制。实际上是中泰双方共同欺骗政府。政府对此心知肚明，但很难制止。

“通过承包、垄断，排挤泰国商家”。近年来，中国旅游公司挤进泰国旅游行业，对泰国旅游业构成威胁。一些旅行社名义上同泰方合资，但实际上中方公司占主导地位。它们租下整座酒店，雇用中国导游，招揽中国游客，抢走了泰国旅游公司的客源。有的中国承包商收购整个果园的水果，挑选优质水果出口，将劣质水果在当地批发，排挤了当地批发商。

“少数中国商人过于唯利是图，形象不佳”。个别中国商人不讲商业道德，缺乏诚信，正式交付的货物同原先提供的样品有差距。“中国制造”至今在泰国没有

---

① 《泰国将成为中国一个省》，http://daily.khaosod.co.th/view_news.php?newsid=TURObFkyOHlOVEF4TURNMU9RPT0=§ionid=TURNd05RPT0=&day=TWpBeE5pMHdNeTB3TVE9PQ==。

建立起信誉，尤其是食品和日用百货。泰国本地华裔商人对新侨商人也有看法，认为他们唯利是图。在当地微信上流传一句对华商的警告，要“学会分享，别吃独食”。有调查显示，中国大陆商人在泰国的形象远不如日本、中国台湾、韩国商人。

“个别中国游客缺乏公德，损害泰国旅游形象”。近年来，到泰国旅游的中国人越来越多，游客素养良莠不齐，损害中国人形象的丑闻屡见不鲜，从水泼空姐的闹机事件到在大王宫和寺庙大小便，从随地吐痰、大声喧哗到插队加塞儿，引起泰国民众的反感。不少民众要求政府限制中国游客数量，但政府要求“忍迎”中国游客。这反映泰国对中国游客好恶交织的矛盾心理。随着自驾游的兴起，从云南过境老挝再到泰国的自驾游引起新的不满舆论。一些中国自驾游客不顾泰国风俗，随意在沿途露营，乱扔垃圾，乱停车，引发各种不满。泰国舆论称，这些自驾游客免费使用泰国公路、停车场等公共设施却不缴一分钱。有报道说，中国旅游者的不文明行为破坏了泰国的旅游形象和秩序，导致西方游客的减少。因此，他们呼吁政府限制中国游客来泰数量。

“泰国受控于中国”。这种论调是在一次学生主题游行上反映出来的。泰国的两所顶级大学朱拉隆功大学和法政大学每年举行年度足球赛。在开幕式上，两校学生要抬着自制的大型道具举行游行，主题一般是对国内政治问题和政治人物的讽刺，而2016年的主题却涉及中泰关系。道具是一条盘踞着的巨龙，龙爪向上张开，在龙爪的中央站着一个泰国人。一目了然，这条龙就是指中国。游行者向观众解说：“我们泰国就在人家手心，人家一攥拳，我们就完了。”

三、引起“厌华情绪”的根源

一是缺乏沟通，存在误解。中泰两国虽然是近邻，但由于语言不通，双方常常出现误解。例如关于中泰铁路项目的谈判，泰国交通部长的那番讲话，到底是否属实，值得怀疑。即使存在，是如何表述的，也不得而知。所以，这种说法一出，一片哗然，这很容易被解读成新殖民主义，导致对公众的严重误导。

二是国人和中资企业的不良形象。中国游客国际形象不佳的报道并不罕见。近年来出国游客与日俱增使得一些不文明行为更加突显。个别中国商人唯利是图、投机取巧、善于钻营的劣根性造成了不良的社会影响，严重损害了中国人的形象。

三是小国的多疑和恐惧心理。东盟成员均为中小国家，它们对大国有一种天然的疑虑。就像一个弱者站在一个巨人身旁，尽管巨人说，“你放心，我不会碰你”，但弱者仍然会有顾虑：如果你一不高兴，踢我一脚，怎么办?

四是持有意识形态的偏见。泰国有一批较为固执的厌华派，他们从心底里不认同中国的意识形态，有一种本能的排斥。这些人比较崇尚西方的价值观，往往迎合西方对中国的批评。这些人虽然不多，但能量很大，是最能发声的群体。他们同一些媒体人联手，很大程度上主导了泰国社会舆论。

五是我国媒体对“一带一路”的过度解读。《推动共建丝绸之路经济带和21世纪海上丝绸之路的愿景与行动》明确表示“一带一路”是“重大倡议”，但一些媒体宣传却说成是对外战略。后来，高调使用高政治敏感度的大概念，如“地缘政治战略”“改变世界格局的大战略”。也有的媒体把某个城市说成推行“一带一路”的“桥头堡”。这些字眼都让外界心生疑虑。如果把“一带一路”说成是中国的大战略，人家必然要问，你的战略目标是什么?如果接受这一战略，不就等于在配合中国，实现中国自己的战略目标吗?如果说是“地缘政治战略”，就可能被解读为，中国要在东南亚与美国争夺势力范围。如果说是“改变世界格局的大战略”，那就等于说，将美国主导的世界格局变成中国主导的世界格局吗?这就把经济合作倡议解读出了政治和安全意涵。这恰好迎合了西方的舆论：中国在东南亚推行中国版的“门罗主义”，要把东南亚变成中国的后院。这就是为什么一些东盟国家怀疑中国有“政治图谋”，要当“地区领袖”。

六是疾风暴雨式宣传攻势产生副作用。目前，“一带一路”的舆论热潮可以说是排山倒海，从国内到国外，大有泰山压顶之势。在大多数国人看来，这是互利双赢的大好事，大家都应当接受和欢迎。然而，这种看法太过“中国本位”和一厢情愿。你认为对人家有好处的事，人家不一定这样看。强迫别人接受幸福也是一种“强加于人”，其效果也可能适得其反。我们太过急切和迫切。本来是双赢的好事，人家也愿意干，可当你催得太急，人家即开始怀疑你的动机。

七是中国式的傲慢态度。一个泰国学者对笔者说，“10+1”（东盟国家 + 中国）合作框架，本来是东盟来主导，中国只是客人，而实际上常常是喧宾夺主，中国成了合作框架的主导。泰国军队培训部门邀请外国教官来任教，有学员反映中国教官架子大。在大学，笔者看到有的中国学者不够谦和。

四、对中泰决策者的建议

第一，要对"一带一路"准确定位。建议媒体不要过度解读，要统一口径，不要醉心于耸人听闻、吸引眼球的宣传，要回归"一带一路"的经济本位概念。"一带一路"的本意就是加强亚洲基础设施建设，促进经济合作，实现互惠双赢。一定要定位在经济层面。要淡化"中国本位"，突出"振兴亚洲"的地区主义。要坚持中国官方立场：真正体现"共商、共建、共享"的基本原则。中国既不能当救世主，也不要强加于人，更不能附加各种非分要求和条件。不能引起人家反感，而要照顾其舒适度。必须坚持平等、自愿、互利的原则。

第二，轻声势而重实效。近年来，"一带一路"的宣传攻势过于强大和操之过急。在东南亚，尤其泰国，人们的性格比较缓慢，势头太猛人家不适应。要少说多做，力求实效。官方和媒体应把注意力放在具体合作的项目以及扎扎实实的沟通工作上。举国体制是个双刃剑，用得恰当，有积极一面，能动员力量办大事，如奥运会。但如用得不当，也有消极一面，变成"一阵风"。现在从国内到国际，从中央到地方，从商界到学界，几乎都在讨论"一带一路"。明智的做法是，少开造声势、撑场面的会议，减少口号式的宣传、空洞的宏观议论，多注重具体合作项目的研讨，注重经济合作中有利和不利条件的分析，注重中外双方不同意见的交换。对外舆论工作应重实效，而不只是造声势。

第三，多了解对象国的民间情绪。中国官方和媒体在观察合作对象国时，常常偏重于官方反映。而官方反映受制于外交礼仪和自身文化传统，往往是冠冕堂皇。这常常导致对形势估计过于乐观，产生误判。泰国的文化就是这样，尽管心里有看法，但当面仍说"好好好"。而面临来自民间的强大压力时，官方又不得不倒退和改口。不观察社会舆论，只求把政府搞定，早晚要失败。必须认真调查民意，针对民间的误解和疑虑，进行深入交流和沟通，增信释疑，让人家心悦诚服。了解对象国对我国的情绪是民间外交的重要组成部分。要充分利用多种渠道，如驻外使馆、驻外新闻媒体、中资企业商会、侨界团体等，但应该特别重视长期在对象国工作和居住的中国学者，他们一般具有对社会舆论的观察和分析能力，对社会舆论的发展动向又比较敏感，具有所在国广泛的社会联系和信息渠道，而且还有切身感受。我驻外使馆应该调动这些人的积极性，给他们提供经费，撰写社情调研报告，这样的研究成果更真实、更可靠，对政府决策更有参考价值。

第四，下大力气改善自身形象。自身形象就是软实力。不要以为学中文的人越来越多就说明我们的软实力越来越强。学中文是想同你做生意，赚你的钱。真正的软实力是看人家是否欣赏你、从心底里敬佩你。政府应当加大力度，采取更严厉措施，对出境游的中国游客行为举止严加管束。对"走出去"的商家，尤其是中小商人，应该出台行为准则条例，进行培训，要求他们尊重当地文化风俗，遵守所在国法律法规。建立黑名单制度。应当充分发挥在各国的中资商会和行业协会组织的作用，引导、规范、监督中资企业的行为。

第五，要放低身段，做到耐心、谦卑和有礼。小国与大国相处和交往，小国有天然的弱势，极容易产生不平等感，因此小国对大国一举一动极为敏感。大国稍有不慎，便会以老大自居，引起对方的反感。要学会换位思考，设身处地为对方着想，照顾他们的心理舒适度。坚持睦邻、安邻、富邻和多予少取的周边政策。严防大国傲慢的恶习滋生和蔓延。

第六，泰国政府要健全外资管理和执法。任何国家都存在对外资和外籍劳工的管理问题。政府对外资的引进和利用应严格遵循保护和促进民族产业发展的原则。对于那些同本国产业形成竞争和构成威胁的外国企业，应当严格限制。对外国人力资源的引进也应有严格的条件，不能危及本国国民的就业。为了维护本国和国民的经济利益，政府有责任制定管理外资和外劳的法律和条例，对于违反法律和条例的外商和外劳应有严格的监督和惩罚机制和措施，避免一切不法分子的违法行为。

泰国政府也应当注意引导媒体对中国的形象进行客观报道，避免以偏概全，有意夸大负面形象，对公众进行误导。可喜的是，近来泰国政府和旅游部门开始发声，号召民众正确看待中国游客。最近，清迈旅游业者高调打出"我爱中国人"的横幅，同时还推出"我们爱中国人"的贴纸活动。贴纸图案是由中国的熊猫和泰国的大象组成的卡通，两只可爱的国宝手拉手象征两国人民相亲相爱，上面用汉字写着"我们热烈欢迎您，我的中国朋友"。

通过两国政府和两国人民的共同努力，相信中国在泰国的形象会越来越好，"中泰一家亲"的特殊友好关系会越来越密切。

后 记

《“一带一路”年度报告》是一带一路百人论坛与商务印书馆联合打造的文化精品。“创刊号”《“一带一路”年度报告：从愿景到行动》（2016）推出后引起了社会各界的广泛关注，在此基础上，我们继续打造有观点、有案例、接地气、有底气的《“一带一路”年度报告：行者智见》（2017）。如果说《报告》（2016）重在“以理服人”，那么，我们希望《报告》（2017）在“以理服人”的基础上凸显“以例服人”，用事实说话，即通过与“一带一路”相关的精品案例来呈现年度成果，进而吸引更多的“一带一路”主体参与其中。

作为国内首份“一带一路”年度报告，《报告》由一带一路百人论坛组织长期在“一带一路”上行走的权威专家以及实践者撰写。报告旨在提供最有代表性的学术成果，深度剖析“一带一路”倡议所带来的现实机遇，并对所面临的具体问题与挑战提出务实建议。我们希望能够借助《报告》这个平台推广社会各界的成功案例，通过这些案例获得可复制、可推广的经验，从而将“一带一路”由相对抽象的倡议“落地”为客观实践的成果。也只有通过“实践”大家才能获得“真知”，并对“一带一路”产生更深层次的思考。

2016 年 3 月 28 日，在参加《“一带一路”年度报告》（2016）发布暨百人论坛专家峰会时，我略有遗憾地说：自 2013 年 9 月至今，国内外对“一带一路”的认知，逐渐形成了两个群体：一个群体依然对此是一无所知，分不清“一带一路”还是“一路一带”，分不清是“新丝绸之路”还是“古丝绸之路”，反美战略、过剩产能等是基本印象；另一个群体对“一带一路”有审美疲劳，一看到这四个字就忍不住翻篇，认为相关成果实在缺乏新意。对此，不能自娱自乐、老炒旧货。

2016 年 8 月 28 日，在一带一路百人论坛第二届年会上，我高兴地分享：其实，“一带一路”还有第三个群体，即早已上路、默默无闻打造精品的人群。这类人多了，是件好事，他们的专注、投入、热情会直接消减前两类人的抱怨、纠结、冷漠。如果说2013年是“一带一路”提出之年、2014年是规划之年、2015年是顶层设计和理论支撑之年，那么，2016年就要打造标志性项目，开始用事实说话，用精品案例去说服沿线民众。在这一阶段，“一带一路”要由泼墨写意进入到工笔细描。

2016年是“一带一路”的大年：

4月29日，“一带一路”成为中共中央政治局第三十一次集体学习的主要内容。习近平在主持学习时指出，“一带一路”建设是我国在新的历史条件下实行全方位对外开放的重大举措、推行互利共赢的重要平台。他强调，“一带一路”建设不能急功近利，“真正要建成‘一带一路’，必须在沿线国家民众中形成一个相互欣赏、相互理解、相互尊重的人文格局”。

8月17日，习近平出席推进“一带一路”建设工作座谈会并发表重要讲话，强调要总结经验、坚定信心、扎实推进，聚焦政策沟通、设施联通、贸易畅通、资金融通、民心相通，聚焦构建互利合作网络、新型合作模式、多元合作平台，聚焦携手打造绿色丝绸之路、健康丝绸之路、智力丝绸之路、和平丝绸之路，以钉钉子精神抓下去，一步一步把“一带一路”建设推向前进，让“一带一路”建设造福沿线各国人民。习近平就推进“一带一路”建设提出八项要求。

9月26日，“一带一路”国际研讨会在西安召开，刘奇葆指出，“一带一路”，一端连着历史，一端指向未来；一端连着中国，一端通往世界。共建“一带一路”，既需要各方的诚意决心，也需要各方的远见卓识；既需要战略对接、规划对接、项目对接，也需要智慧对接、舆论对接、行动对接。

2016年也是一带一路百人论坛的大年：

1月，南航《Nihao空中之家》杂志与百人论坛专家共组的封面专题讨论版——“21世纪，海上丝绸之路怎么走”刊发。

2月17日—22日，百人论坛专家赴澳大利亚访问、做学术交流，发布了调研报告《澳大利亚可率先成为海上丝绸之路的节点国家》。

6月12日—14日，百人论坛专家赴柬埔寨考察，发布了调研报告《红杏枝头春意闹——柬埔寨有望成为“海丝样板国家”》。

5月至今，百人论坛专家受聘为中央电视台《海上丝绸之路》纪录片的顾问，分别参与《解码“一带一路”》《直通“一带一路”》等节目的录制。

8月28日，百人论坛第二届年会在镇江举行，主题为“‘一带一路’双引擎——城市与企业”，全国各地200余名政府、企业、高校和智库的代表参加。

9月5日—7日，百人论坛专家受邀赴波兰参加第26届东欧经济论坛，就“新丝绸之路：机遇与挑战”等议题做了主旨发言。

9月22日，智库网络影响力排行榜200强出炉，百人论坛排全国第100位。

9月26日，“‘一带一路’：共同的记忆和共赢的发展”国际研讨会在西安举行。会议开幕式发布了《坚持规划引领、有序务实推进：“一带一路”建设三周年进展报告》，百人论坛同智库合作联盟、国际智库合作联盟、丝路国际智库网络、高校智库联盟等11个联盟性组织和机制，榜上有名。

10月26日，百人论坛入选首批中国智库索引（CTTI）来源智库名单。

10月28日，国家发展改革委国家信息中心发布《“一带一路”大数据报告》（2016），报告中对130余个国外智库和30余家国内智库进行调研，百人论坛入选“一带一路”重点智库，多位专家入选“一带一路”发声最多的专家，等等。

2016年11月5日，由一带一路百人论坛与商务印书馆联合举办的“一带一路百人论坛研究院成立暨学术研讨会”在京举办。研究院主要由年度报告编委会以及研究员团队组成。年度报告编委会成员均为国内“一带一路”研究权威的专家，研究员团队以中青年骨干学者为主。《“一带一路”年度报告》将成为一带一路百人论坛研究院的发力重点，并将打造“一带一路”的精品案例作为年度报告的核心内容。

最后，要感谢一带一路百人论坛的所有专家，他们有很多令我感动的故事，大家不求名利，充满激情，只为使命。同时，由衷感谢商务印书馆的于殿利总经理、周洪波总编辑、余桂林主任、刘婷婷编辑以及《汉语世界》杂志社的李梦溪，大家也都是值得尊敬的“一带一路人”。

我们始终在路上……

赵磊

2016年11月17日

图书在版编目(CIP)数据

“一带一路”年度报告.行者智见:2017/赵磊主编;一带一路百人论坛研究院编.—北京:商务印书馆,2017(2017.4重印)
ISBN 978-7-100-12953-4

Ⅰ.①一… Ⅱ.①赵…②一… Ⅲ.①区域经济合作—国际合作—研究报告—中国—2017 Ⅳ.①F125.5

中国版本图书馆CIP数据核字(2017)第029972号

“一带一路”年度报告:行者智见
(2017)

赵 磊 主编
一带一路百人论坛研究院 编

商 务 印 书 馆 出 版
(北京王府井大街36号 邮政编码100710)
商 务 印 书 馆 发 行
北京新华印刷有限公司印刷
ISBN 978-7-100-12953-4

2017年2月第1版　　开本787×1092 1/16
2017年4月北京第2次印刷　　印张19½
定价:58.00元